Anonymous

# Prospekt des ganzen Erdkreises, in fünf absonderlichen Karten, namentlich Europa, Asia, Afrika und dem Mitternächtig- und Mittägigen Amerika

Samt einer ausführlichen Beschreibung derselben Länder, Provinzien,

Königreiche, Herrschaften, Fürstentümer

Anonymous

**Prospekt des ganzen Erdkreises, in fünf absonderlichen Karten, namentlich Europa, Asia, Afrika und dem Mitternächtig- und Mittägigen Amerika**
*Samt einer ausführlichen Beschreibung derselben Länder, Provinzien, Königreiche, Herrschaften, Fürstentümer*

ISBN/EAN: 9783743675773

Hergestellt in Europa, USA, Kanada, Australien, Japan

Cover: Foto ©Andreas Hilbeck / pixelio.de

Weitere Bücher finden Sie auf **www.hansebooks.com**

# Prospect
### Des
## ganzen Erdkreisses/
#### In
#### Fünff absonderlichen Carten/
#### Namentlich

# Europa/ Asia/ Africa
#### Und
#### Dem Mitternächtig-und Mittägigen

# America/

Samt einer ausführlichen Beschreibung derselben

## Länder / Provinzien / Königreiche /
## Herrschafften/ Fürstenthümer/
## und Inseln/
#### Wie auch

## Städte/ Vestungen und Schlösser

bestehend/

Vor Augen gestellet und zum Druck übergeben.

Nürnberg/
Zu finden bey Johann Hoffmann/ Buch-und Kunsthändlern.
Gedruckt bey Andreas Knorzen Seel. Wittib.
Anno M. DC. LXXXVI.

# Prospect des ganzen Erdkreises
### in vier
## Abtheilungen
## Europa/Asia/Africa und America bestehend.

### Das Erste Capitel.
### Von allgemeiner Abtheilung des Erdkreises.

Wiewohl die Heyden/ von dem wahren GOtt/ eine sattsame Wissenschafft gehabt/ vermög deren sie zu einer fernern und seligmachenden Erkäntnis hätten gelangen können/ wann sie nur durch eigne Verwarlosung ihnen nicht selbst wären im Weg gestanden; jedoch weil sie lieber ihren Irrwegen gefolget/ dannenhero hat sie auch Gott aus gerechten Ursachen hingegeben/ und in ihres Hertzens Gedancken wandeln lassen/ daß sie also nicht nur des rechten Wegs verschlet/ sondern auch folgends/ in allerley Irrwahn/ von denen natürlichen Sachen/ und Geschöpffen gerathen/ woraus sie meistentheils sich nimmermehr entwickeln kunten. Zwar es ist nicht zu laugnen/ daß durch Führung der gesunden Vernunfft/ die meisten Heyden dahin kommen/ wohin heutigs Tags die Christen mit grossen Fleiß gelangen müssen: nichts destoweniger haben sie in denen Sachen/ welche Gottes Werk betreffen/ offt und viel gröblich geschlet/ und wann man nur mit wenigen wird erwegen/ was viel von ihnen von der Welt Anfang vor ungereimte Meinung hervor gebracht/ (da doch eine grosse Zahl der weisen Heyden zu finden/ welche blos/ aus dem Licht der Natur/ behauptet/ daß diß Weltgebäu seinen Anfang von einem Göttlichen Wesen hab/ so wird es sich hell und klar erweisen/ daß sie auch darinnen nicht einmal dem Licht der Natur recht nachgefolget.

*(Marginalie: Was die Christen von der Welt Anfang halten.)* Wir Christen aber wissen aus Heiliger Göttlicher Schrifft daß die gantze Welt/ und in derselben die völlige Erdkreiß samt allen sichtbaren und unsichtbaren Geschöpffen/ zugleich mit der Zeit/ von dem ämächtigen/ ewigen/ einigen und unendlichen GOtt/ der sich in dreyen unterschiedenen Personen geoffenbaret hat/ aus nichts geschaffen/ und in sechs sonderbaren Tagen höchst-wunderbarlich zubereitet/ auch bis auf diese Stunde und Augenblick durch seine unbegreiffliche Weisheit und unerforschliche Allmacht/ in trefflichstem Flor und Aufnehmen seye erhalten worden/ der sie auch bis an ihr Ende (so sich in der allgemeinen Auferstehung des Fleisches und am Jüngsten Gericht unschlbar ereignen wird) solcher Gestalt nach seinem Willen und Wolgefallen/ und laut seines theuren Versprechens verpflegen und erhalten werde.

*(Marginalie: Form und Gestalt des Erdkreises.)* Was nun diese von Gott so weißlich und preißwürdig geschaffene Erde vor eine Form und Gestalt habe/ davon haben die Alten sehr widerrärtige und gantz gegeneinander lauffende Meinungen gehabt. Der 609. Jahr vor Christi Geburt gelebte Heyd Anaximander hielte steif und fest davor/ die Erde sehe aus wie ein Cilinder oder runde Seule. Anaximenes/ so vor Christi Zukunfft 609. Jahr diese Erde betretten/ war in der gäntzlichen Meinung/ dieselbe wäre gantz gleich/ und zwar wie eine viereckige/ doch ungleich winkelichte Figur. Des Leucippi/ der auch lange vor Christi Geburt gelebet/ Meinung gienge dahin/ es seye zwar die Erde umher rund/ oben her aber gleich/ wie eine Pauke. Der Welt-weise Heraclitus wolte kurtz um behaupten/ die Erde habe die Figur eines Schiffes. Democritus gabe vor die Erde seye flächich ausgehölet. Solche und dergleichen Meinungen mehr haben mehr andere Weltweise/ als Aristoteles/ Plinius rc. schon längst widerleget und alsfertig vor worffen/ und gehet der meisten Theil beständige Meinung dahin/ daß Wasser und Erde zusammen eine vermischte Rundung machen/ welchen (alle Weitläufftigkeiten zu vermeiden) kan erwiesen werden: Es ist nemlich aus der Natur Is rund bekandt/ daß/ wann der volle Mond der Sonnen Scheur recht entgegen gesehet/ und also die Erde zwischen beyden grossen Liechtern in einer Schnut-gleichen Linie ist/ dieselbe der Sonnen Strahlen verhindere/ damit der Mond sein Liecht von der Sonnen nicht bekommen könne/ alsdann eine Finsternis des Monden geschehe. Wann nun der Schatten der Erde den Mond antritt/ und bißweilen halb/ zuweilen fast gar verfinstert/ so verspüret man/daß der Schatte allezeit rund seye. Nun ist aus der Optica oder Seh-Kunst kund und unlaugbar/ daß der Schatte die Form und Gestalt eines jeden Dinges erweise. Deto wegen wie der Schatten ist/ so ist auch dasselbe/ das den Schatten giebet. So nun der Schatte der Erden rund ist/ wie hier erwiesen/ so muß dieselbe auch unwidersprechlich rund und kughch/ und gantz keiner andern Form und Figur seyn.

*(Marginalie: Dessen Abtheilung.)* Dieser runde Erdreiß nun wird gar füglich in zwey Haupt-Theile unterschieden/ deren einer die alte und der andere die neue Welt insgemein pflegt genennet zu werden. Die alte Welt hat deswegen diesen Namen bekommen/ weil sie mehrentheils schon vor uralten Zeiten bekannt gewesen/ und von den Alten beschrieben worden/ und wird wieder in drey absonderliche Theile unterschieden/ und heissen selbige Europa/ Asia und Africa. Die neue Welt aber wird destwegen also genennet/ weil sie den Alten unbekannt gewesen/ und lang nach ihrer Zeit völlig erfunden worden/ wie davon unten etwas außführlich solle gehandelt werden. Diese sogenannte neue Welt bestehet im Mitternächtigen und Mittägigen America. Von diesen vier Welt-Theilen nun soll in nachfolgenden Blättern/ und zwar von Europa zu erst einige kurtz-gefaßte doch warhafftige Meldung geschehen. Dann wann *(Marginalie: Welcher unter den Welt-Theilen der seye der vorausserste neulste seye.)* gefraget wird/ welcher unter allen Welt-Theilen der

A ij

auserlesenste und vornemste heutiges Tages seye? so
wird nicht unschicklich geantwortet/ es sey vor diesem
er auserlesenste Theil Asien gewesen/nun aber sey es
Europa. Das erste wird bewiesen: Erstlich weil Asia/
erstendheils Vaterland ist/ dannenhero alle
ankommen Menschen Vaterland ist/ dem Ursprung nach/Asiatische
sind. (2.) Weil Asia der erste Sitz der Kirchen ist/wel-
cher durch die Mosaische Regierung/ Christi Geburt/
Lehre und Tod hochberühmt gemachet worden. (3.)
Weil Asia eine trefflich gemässigte Lufft hat/ und mit
allerhand anmuthigen Sachen erfüllet ist. Dan-
nenher/ sagt man / es seye im Asianischen Indien alles besser/ als in andern Welt-Theilen; so wird auch
das Asiatische Land selbst/ die Landschafft des Para-
dieses genennet. (4.) Weil Asia der tapffersten Helden Vatterland ist: Nemlich Mosis/ Josua/ Ale-
xanders des Grossen rc. (5.) Weil die ersten und
mächtigsten Monarchien der Assyrer/ Perser/ Grie-
chen/ und heut zu Tage auch allda die weitläuff-
tigsten Königreiche / nemlich China / das Reich des
grossen Chams/ das Türkische Reich rc. höchst be-

rühmt sind. (6.) Weil es wegen der trefflichsten Künsten in grossem Ansehen gewesen. Dann die ersten
Erfinder und Vermehrer der Künsten waren die He-
bräer/Chaldäer/Egypter. So ist auch die erste Erfin-
dung der Buchdruckerey und Geschoss oder Büchsen
den Chinesern zuzuschreiben.(7.) Weil Asia mit allerhand kostbaren Waaren überflüssig versehen. (8.)
Weil es der allerweitläufftigste und grösste Theil des
Erdkreisses ist. Das andere wird also bewiesen: 1.
weil Europa mit sehr heilsamer Lufft begabet ist/ und
hierinnen dem Asien im geringsten nichts nachgiebt/
wiewol Europa nicht so anmuthig als Asia. (2.) weil
der Ackerbau in keinem Ort der ganzen Welt/ also
floriret/ als wie in Europa. (3.) Weil Europa der
allervolkreichste Theil ist. (4.) Weil Europa trefflich
fruchtbar zu seyn pfleget (5.) weil die Europäer allen
andern Nationen in Freyen- und Handwerks-Kün-
sten vorgehen. (6.) Weil die Reiche und Herrschafften nirgend berühmter sind/als in Europa.(7.) Weil
die Europäer wegen Heiligkeit der Religion allen andern Nationen in der ganzen Welt vorzuziehen.

## Das Ander Capitel
# Von dem ersten und vornemsten Theil des Erd-Kreisses Europa
## insgemein.

Woher Eu-
ropa den
Namen be-
kommen.

Ober Europa eigentlich ihren Namen
habe/ ist bey den Scribenten eine grosse Uneinigkeit: Etliche vermeinen/ sie
seye von dem König Europo/ dessen
Justinus gedenket/ also genennet worden. Andere führen der Europa Na-
men von des Agenoris/Königs zu Tyro Tochter her/
die also geheissen/ daher auch Theocritus und Sene-
ca diesen Theil der Welt Tyriam nennen; doch will
Herodotus / man wisse ihres Namens Ursprung
nicht. Dem sey nun wie ihm wolle / den Namen/
den sie so lange gehabt/wird sie auch ferner wol behal-
ten/er sey auch hergekommen wo er wolle. Diese un-
sere Europa / weil sie von einer Königlichen Jungfrauen den Namen haben solle/ als haben ihr etliche
Scribenten auch eine Figur und Gestalt derselben
gegeben/ also daß Hispania das Haupt seye/ Italia
der rechte/ Chersonesus der linke Arm/ und Gallia der
Hals und die Schultern/ Teutschland der Leib/ und
die folgende und zu Europa gehörige Länder mit in
den weit / ausgebreiteten Rock begriffen wären.
Strabo will Weegs breit ist/das Stück des Meeres/der
Kopff Hispania / die beyden Flügel Italia und Ober-
sonesus Cimbrica seyn sollen.

Die Grenzen dieses ersten Welt- Theils Europä sind folgende: Von Mitternacht hat es die kalte
Nord-See/ vom Abend ist die grosse West-See/ und
ein Theil des Atlantischen Meeres. Gegen Mittag hat es das Mittel-Meer. Gegen Morgen hat
ihre Grenze viel Stücke/ als da sind das Egeische
Meer (welches ist Archipelagus genennet wird) der
Hellespont/ welcher / nach Plinii Meinung/ kaum ein
Viertheil Weegs breit ist/das Stück des Meeres/so
Propontis heisset/und die enge Strasse bey Constan-
tinopel/ so Bosphorus Thracius genennet wird/ des-
gleichen das Eurinische Meer/und der enge Schlund/
so sonst Bosphorus Cimmerius heisset/wie dann auch
die See Maeotis,/welche die Scythen das Eurinischen
Meeres Mutter nennen/weil diese See durch den gedachten engen Cimmerischen Schlund durch einen
immerwährenden Fluß viel Wassers in das Eurinische Meer führet. Bisher ist die Morgen-Grenze
unsers Europä richtig/ nun ist übrig das Theil / so
zwischen dem Maeotischen Sumpf und der Nord-
See lieget/wor über die Geographi gar widersinniger
und nicht einerley Meinung sind. Die einfältige

Scheidung ist / daß man den Fluß Tanain / so von
Mitternacht her/ in den Maeotischen fliesset/ hinauf
gehe/ und von der Stadt Tuja (da sich gemeldter
Fluß am meinsten krümmet) bis an das nechste Ufer
des Flusses Oby/der in die Nord-See fliesset/eine Linie ziehe/so ist die Morgen-Grenze richtig.

Liegt also Europa zwischen 36. und 37. Läger.
Grad Latitudinis, der Erden Breite/ vom Äqua-
tore anzurechnen/ und zwischen dem 7. und 107. Gr.
Longitudinis, der Erden Länge/vom ersten Meridia-
no zu rechnen/ wann man selbigen in den Canarischen
Inseln nimmt. Seine Länge vom Gebürge St.
Vincentii/oder Promontorio Sacro in Spanien/bis Länge.
an des Flusses Oby Einfluß ins Meer/ ist 900. Teut-
sche Meilen. Die Breite von des Peloponnesi Breite.
Vorgeburg Tænaro,/itzo Matapan/bis an das Vorgeburg Scricksinnid Kutubas itzo Nordkyn/ 550.
Meilen. Folgende ohne einige Prærogativ gesetzte
Länder gehören zu Europa: Scandinavien/ oder Länder.
Schweden/Dennemark und Norwegen; Hol-
stein/Moscau/Frankreich/ Teutschland/ nemlich das Obere und Niedere/ darinn die folgende zehen Creiße: Der Oesterreichische/ Bayerische/
Fränkische/Schwäbische/Burgundische/Ober-
Rheinische/ Nieder- Rheinische/ Westphäli-
sche/Nieder-Sächsische und Ober-Sächsische.
ferner : Pohlen/Preussen/Spanien/Portugall/
Italien/Hungarn/Siebenbürgen/Thracia/oder
Servien/Bulgarey und Romänien/Griechen-
land. Wie auch die Britannischen Inseln: En- Inseln.
gelland/Schottland/Irland/Sicilien/Candi-
en/Sardinien/Corsica/Majorca. Die vornem-
sten Städte in allen diesen Ländern/ Provinzien/Kö- Städte.
nigreichen/ Herzschafften und Fürstenthümern sind:
In Irland ist Dublin berühmt/ als eine treffliche
Handels-Stadt und Erz-Bischoflicher Sitz. In
Engelland / Londen/ Eborach/ Canterby oder Cam-
bridge/ Orfurt/ Bristol/ Glocester / Schrensburi/
Worcester/ unter denen die Stadt Londen vor allen
Handels-Städten in der ganzen Christenheit den
Preiß davon trägt. In Cambria oder Wallis ist
die Stadt Landosf/ welche 165. Pfarren unter sich
hat. In Schottland / Edenburg/ Scont / Aber-
don/ Sterling/ Fordun: In Spanien Granata/
Hispalis oder Sevilla/hält in ihrem Umkreiß 6. Mei-
len/ ist die berühmteste/ zierlichste / und reichste Han-
dels-

Figur und
Gestalt.

Europens
Grenze.

deisstadt in ganz Spanien/ indem der König jährlich anderthalb Tonnen Goldes von ihr aufhebet) Corbua/ Valentia/ Murcia/ Saragossa/ Tolosa/ Barcelona/ Tarragona/ Compostell/ Bajona/ Burgos/ Salamanca/ Conimbra/ Valladolid/ Toledo (hat im Umkreiß 4. Meilen) Madrid/ Palma in Majorca/ Citadella in Minorca rc. In Portugall Lisbona/ oder Ullissbon. In Frankreich sind berühmt Paris/ Bourdeaux/ Poictiers/ Tholouse/ Lyon/ Roan/ Marsilien/ Grenoblex. In Niederland (allwo mehr als CCX. besestigte Städte gezehlet werden) Löven/ Brüssel/ Antwerpen/ mit mehr andern weiter andten. In Teutschland (dessen berühmteste Städte hernach sollen ausführlich abgehandelt werden) sind unter andern die Hanse-Städte. Selbige aber werden in vier Cirkel oder Landschafften getheilet/ nemlich in den Lübeckischen/ Cöllnischen/ Braunschweigischen und Preussischen/ haben auch LXVI. ihnen vereinigte Städte/ nemlich 6. Wendischer 8. Pommerische/ 6. Preussische/ 13. Lieffländische/ 13. Sächsische/ 10. Westphälische/ 7. Clevische oder Märkische/ 3. Ober-Isselische/ 7. Geldrische/ 3. Friesische. In Böhmen ist berühmt die dreysache Stadt Prag. In Mähren/ Olmütz und Brinn. In Schweizerland Zürch (welcher Stadt neun grosse und 22. kleine Vogteyen unterwürffig) Bern/ (hat 31. Teutsche/ und 8. französische Vogteyen unter sich) Lucern / (hat 12. Vogteyen) Uri (hat 10. Gemeinschafften) Schweiz (ist abgetheilet in sechs Viertel) Unterwalden (ist abgetheilet in zwo Convent) Zug (hat zwey Theil/ und darinnen vier Conventen) Glaris (hat 4. Theil oder Tagwen) Basel (hat 6. Vogteyen) Freyburg (hat 6. mit den Bernern gemeine Vogteyen) Schaffhausen/ Soleturn und Appenzell. Im Walliser Land ist Sitten. In Rhätier oder Graupünter Land/ Cur und Claren. In Norwegen Truntheim und Bergen. In Schweden Stockholm/ Upsal und Nyköping. In Göthland/ Lodusia/ Waldburg und Calmar. In Finnland Abo und Wiburg. In Jutland Wiburg. In Dennemark sind XLVII. Städte/ unter denen die vornemste ist Coppenhagen. In Holstein sind Gottorff/ Schleswig/ Flensburg und Kiel. In Dietmarsen/ Meldorp/ Heyde/ Lunden und Hamma. In Stormaren das Schloß Werdenburg / in Italien waren vor Zeiten 166. Städte/ wie Aelianus berichtet; heut zu Tage sind folgende berühmt: In Piemont Turine/ Vercell. In Montferat Alba/ Alexandria/ Saluzzo/ Casal/ Asti/ Valenza/ Nizza Carmamola/ Aequi oder Aich. In Ligurien oder Genuesischem Gebiet Genua und Savona. In Tuscia oder Toscana/ Pisa/ Volaterra/ Perusia/ Florenz/ Vitteria/ Luca/ Siena/ Cortona/ Piombino. In Latio oder Campagna di Roma/ Rom/ Ostia/ Cajeta/ Tivoli / Präneste oder Palastrina. In Umbria oder Herzogthum Spolete/ Burgus/ Euzubium/ Nocera/ Nursia/ Amelia. In Sabinien/ Reate oder Riete/ Narnia rc. In Campanien/ Capua/ Neapolis/ Cumä. In Picentinis S. Severino/ Salerno rc. In Lucanien/ Biesto/ Acropolis. In Unter-Calabrien/ Consentia/ Siciglio/ Montalto/ Terra Nova. In Ober-Calabrien/ Taranto. In Terra d'Otranto/ Otranto/ Brindisi. In Apulien Bari / Trans/ Manfredonien/ Ascoli rc. In Aprutio oder Abruzzo/ Aquila/ Benevento/ Sulmona/ Aquino/ Theti/ Penne. In der Aconitaner-Marck/ Ancona/ Recanati/ Loreto/ Camerinum/ Macerata/ Urbino/ Pesaro. In Fla-

minien oder Romaney/ Ferrara/ Bononia/ Imola (oder Form Cornelii) Faenza/ Forli/ Ravenna/ Rimini/ Cesena/ Sarsina. In der Trevisiner-Marck Venedig/ Padua/ Vicenza/ Verona/ Treviso/ Trident. In der Lombardey/ jenseits des Po/ Mantua/ Brixen/ Bergamo/ Cremona/ Meyland (allwo ein Schloß/ Portä Joviä genannt / welches unter die vornemsten Vestungen der ganzen Welt gezehlet wird) Laudun/ Papia oder Ticino (derer fruchtbare Gegend der Mayländische Garten genennet wird) Novara/ Comum/ welche fünff letztere Städte den Insubriern zugehörig. In Friaul/ Aquilea oder Aglar / Tergeft/ Goritia/ Monte Falcone/ Utina. In Histereich Pola und Justinopolis / oder Capo d'Istria. In Sardinien oder Sardegna/ Calaris oder Cagler/ Oristagni/ Saffaris. In Sicilien sind heut zu Tage 273. grosse und kleine Städte/ unter denen die berühmtesten Palermo/ Messina/ Milago/ Saragusa/ Catana. In der Insul Malta ist die Stadt Malta oder Melita. In Klein-Pohlen sind vornemsten 3. Städte/ Crakau/ Sandemir und Lublin/ oder jede noch andere Städte hat/ die sie umgeben und Klein-Pohlen beschliessen. In Groß-Pohlen sind Posen/ Gniesen/ und andere. In Liefland sind berühmt Riga/ Derpt/ Revel/ Velin. In Littauen / Wilde und Novegrod. In Masau/ Warschau. In Podolien/ Caminiec und Lemberg. In Russland Lemberg. In Preussen sind fünff berühmte Handels-Städte/ nemlich Danzig/ Elbingen/ Braunsberg/ Königsberg und Memel. In Ungarn sind Ofen/ Stul Weissenburg/ Gran/ Griechisch/ Weissenburg/ Vesprin/ Sigeth/ Comorra/ Raab. In Dacien sind unterschiedliche Länder/ und darinnen unterschiedliche Städte/ als in Wossen/ Bagnialuca die Haupt-Stadt. In Ober-Mösien oder Servien Sanderin oder Zenderiny/ Vidino/ Novograd/ Monseniger. In der Bulgarey Sophia die Haupt-Stadt. In Groß-Wallachen / Cisarum/ Varna/ Barlavia/ Cucina rc. In Gessarabien/ Kisum und Moncastro ; welche sind in der Provinz Groß-Wallachen. In Klein-Wallachen/ Targevisco oder Trevis/ Braila und Trescot. In Siebenbürgen/ Weissenburg/ des Fürsten Residenz/ Hermanstadt/ Kronstadt und Clausenburg. In Dalmatien/ Spalatro/ Ragusi/ Zagaria. In Thracien/ Nicopoli/ Philippopoli/ Andrinopoli/ Trajanopoli/ Heraclea/ Phinopoli/ Apolonia/ Bezani/ oder Constantinopel/ oder Stambel. In der Thracischen Halb-Insul / Gallipoli. In Griechenland sind unterschiedliche Städte/ nach der Ordnung unterschiedlicher Landschafften. In Macedonien sind Salonica/ Philia/ Stagira/ Durazzo rc. In Epiro/ Nicopoli und Actium / oder C. Figolo. In Achaja Aegora/ Aegium/ Drate rc. In Sicyonien/ Sicion. In Aetolien Calydon. In der Landschafft der Locrier und Opuntier/ Amphissa/ und Naupactus. In Phocide/ Delphis. In Bœotien/ Thebe. In Attica/ Athen oder Sithenes. In Corinth/ Corintho. In Argia/ Napoli und Epidaurus. In Laconica/ heut zu Tage Sammia genannt/ Lacedämon oder Spartha/ izund Misithra. In Messenien/ Modon oder Medon/ Coron/ Arcadia; in Elide/ Elis und Olympia. In Megaride/ Megalepolis. In Peloponneso/ Megalepolis. In Eubœa/ Chalcis und Carpstus. In Creta/ Candia/ Canea/ Retimo/ Sittia. In Klein-Tartarey/ Theodosia oder Capha/ und Tanas.

# Das Dritte Capitel.

## Von Scandinavien/oder denen drey Königreichen

# Schweden/ Dennemark und Norwegen/

### Und zwar zu erst vom Königreich

# Schweden.

Als Königreich Schweden ist ein Theil des sehr grossen Landes Scanien oder Scandinavien in Europa/welches sich nach Mitternacht wendet/ und zu Grenzen hat vom Abend Norwegen/ von Mitternacht einen Theil des Lapplandes/so nicht Schwedisch/vom Morgen Reussen/und vom Mittag die Ost-See und Dennemark. Es sind die Einwohner dieses sehr mächtigen Königreichs Sveones, Sidones, und Gothi genennet worden; und nennen sich noch heutiges Tages die Schweden in ihrer Sprache Duensche/ oder Svedos, gleichsam Sveehen/ als wie die Nordweger Norweden/ aus welchem Wort Se-Veden/ hernach Sveden/ Suedenread/ oder/ wie es die Einwohner nennen/ Suerricke/ gekommen seyn mag. Welcher Name vielleicht von den dreyen berühmten Seen-Venner/Vetter und Meller/ so dieses Königreich hat/ entsprungen ist. Heutiges Tages wird dieses Königreich getheilet in folgende grosse Landschafften/ Schweden/ Gothen/ Lapland/ Finnland/ Ingermanland und Liefland.

Schweden wird wieder abgetheilet in Sveciam/ Svediam der Sveoniam/ eigentlich genennet/ und in die Nordlanden. Sveonia oder Svedia hat zu Grenzen gegen Mittag das Gothland/ gegen Mitternacht Lappland und Bothnien/gegen Auffgang das Meer und gegen Westen Finnland und Liessland/und gegen Niedergang Nordwegen. Es sind im Schweden/eigentlich also genannt/folgende Provinzen: Upland/ Westmasterland/ Dalecarlen/ Nericien und Sudermannien. Upland wird vom Abend durch den Fluß Saga von Westmannia abgesondert/ von Mitternacht laufft der Fluß Dalecarlus/zwischen Upland und Gestrigerland/ von Morgen aber und Mittag liegt das Schwedische Meer/und der Meller-See. In diesem Upland/und im ganzen Königreich/ist die vornemste Stadt Stockholm/ auf welche Upsal/ und auf diese Eneeöping/ Sigtun/ oder Sittuna und Oregrund folgen. Westmannerland/ weichet etwas weniges an Fruchtbarkeit dem Upland/ übertrifft aber dasselbe an Ertz-und Berg-Werken weit. Dann es hat ein fürtrefflich Silber-Bergwerk/ und sind an vielen Orten unerschöpfliche Eisen-und Stahl-Ertz-Adern/ auch theils Enden Kupffer/ Bley und Schwefel. Die vornemste Stadt ist Arosia oder Westeraas/darnach sind Arbogen und Köping. Dalecarlen/wird getheilet in Osterdal/Westerdal/und Söndal/hat aber keine Stadt. Nicolaus Sanson sagt/der fürnemste Ort allda sey Jdra. Dieses Landschafft ist viel Kupffer reicher/als Westmannerland/und andere Provinzen/hat auch sehr viel Schwefel/Alaun und Vitriol. Das Wasser/so aus der Gruben geschöpffet wird/verwandelt das Eisen in das allerfürtresslichste Kupffer/daß nur der vierdte Theil des Eisens/ wann es dünn gemacht wird/ am Gewicht mangelt/so man es aber dicker bereitet/ so bleibet der dritte Theil am Gewicht dahinten. Es hat dieses Land viel Wälde und Wasser/Quellen: Es trägt auch Getraide/ aber nicht gnugsam für so viel Leute/ welche wol arbeiten/ und Kälte ausstehen/ benebens aber auch wol ziehen/und gute Soldaten geben. Nericia hat auch Silber/ Eisen und Schwefel-Adern/wiewol die Silber-Adern nicht gebauet werden/

sondern die Einwohner sich an Eisen/ Schwefel und Alaun begnügen lassen/ die benebens künstliche Schmiede geben/ welche allerley nothdürftigen Werkzeug von Eisen in grosser Menge machen/ und andern Völkern mittheilen. Diese Landschafft hat eine einige Stadt/ Namens Orebrog. Sudermanland liegt an dem Mittägigen Gestad des Meller-Sees/ und ist von Abend gegen Morgen ungefehr 5. Tag-Reisen lang. Hat Ertz/und das beste Getraid/ und einen Bischof in der Stadt Strengnes/ die Haupt-Stadt aber ist Nicöping/darnach sind Telgas Torsil und Trosa/ in welchen ziemlicher Gewerb getrieben wird.

Das Gothland scheidet der Wald Kolmord von Sidwedh von Schweden ab; liegt zwischen Völkern/ welche niemals recht mit einander sind zu frieden gewesen/nemlich des Schweden und Dähnen. Wird abgetheilet/in Ost-Gothland und West-Gothland. Die Provinzen von West-Gothland sind Westrogothia/ Dalia/ und Wermeland. In Westro-Gothien sind die Städte Gotheburg eine Kauffstadt/Scara/ eine Bischöffliche Stadt/ Marißstadt/ Lidecopia/ Item die kleine Städte Falecöpia/Skofdi/Hio/ Böge-Sund/Bretta/ und alt Lusdosia. In Dalia ist Daleborg/ und in Vermeland Carolen-Stadt re. Die Provin/ von Ost-Gothland sind: Ostro-Gothia/ Smalandia und Oeland. Ostrogothia ist von Westrogothia durch den See-Neter-abgetheilet; die Schwedische See aber stösset von Osten oder vom Aufgang hieran/ die Städte sind Nadsten/Scheningien/u. Lincöping eine Bischöffliche Stadt/ Norcöping und Sudercöping/ Kauff-und Handels-Städte. Smaland ist von Ostro-Gothien durch den Wald Holavedh abgeschieden; Es sind darinn Calmarnia/ Jenecöping/ Vexio/ eine Bischof. Stadt/ samt Ekesio und Westerweck. Oeland ist eine schöne und fruchtbare Insel/ darinnen das Schloß Borcholm. Das ganze Gothland/ so wege seiner Fruchtbarkeit/ an Getreid andern Früchten/Honig/Waide und allerley Viehzucht sild als gut Land heisset/ hat zu Grenzen von Mitternacht Schweden; vom Abend das Norwegische Gebürge; gegen Mittag und Morgen aber das Meer. Das West-Gothland ist ganz eben/bestehet etliche Flüsse als Tiba/Lida/Nosi/ gegen Mitternacht in den See Vener fallen. Der Theil von Westhgothland / so Dalia / oder Daly genennet wird / liegt zwischen dem See Vener/ und Norwegen/ und ist meistentheils bergicht/ hat aber See/und Fischreiche Wasser-Flüsse/auch gute Eisenweyde. Wermeland ist ein Bergicht und Waldächtig Land/und hat Ertz-Adern/ und fürnemlich eine überaus reiche Kupffer-Ader/ item Wasser-Flüsse/ Lachsfang und die Stadt Carol-Stadt. Ostgothland übertrifft gar weit an Fruchtbarkeit die andern Landschafften; dann es hat guten Traidboden/ grosse Viehzucht/ Honig/ allerley Weedwerk/ Vogelfang/und Fischereyen/ und anders mehr/zu Unterhaltung des menschlichen Lebens nöthig/ ausgenommen Wein und Saltz. Smaland solle den Namen vom Schwedischen Wort Smala / so ein Vieh bedeutet / haben / damit auch das Land allenthalben erfüllet ist / welches auch die Einwohner alle Jahr in grosser Menge in Dennemark verkauffen/ damit die grossen

grossen Hauffen der Ochsen/ die Dennemark jährlich in Teutsch- und Niederland verschicket/ nicht wenig vermehret werden. Es hat dieses Land fast unzehlich viel Fischreiche See/ unter welchen die vornemsten sind/ Bolm/ Vioster/ Möllen und Asnan; und unter den Flüssen Nysina/ Laga/ Helga/ Marbon/ und Aem. Es wird Smaland in viel Theil abgetheilet/darunter sind Ticherab/ Verendia/ Tiustia Finheidia/ und Maurinia. In Tiustia sind neu-erfundne Kupffer-Adern; in Taberg Stahl-Erz-Adern/allda man hin und wieder aus den Sumpfigten Oertern gräbet/und aus den Seen einen unformirten Klumpen Eisen sihet/ aus welchem man nachmals mit geringer Mühe und Unkosten das beste Eisen schmelzet. Oeland ist eine liebliche und fruchtbare Insel an Vieh und Last-Thieren sehr reich; hat auch wilde Rosse/Weidwerck/und Vogelfang/und nebe obgesagtem Schloß Burckolm/so theils Bornholm nennen/32. Kirchen. Es habe die Gothen bißweilen ihre eigne einheimische Könige gehabt/ meistentheils aber haben sie sich den Schwed. Königen untergeben.

Lappland wird das Bothnische Meer in das Ostliche und Westliche getheilet/ und ist dieses Meeres äusserstes Land Thornia; von Morgen stösset es an das weisse Meer/ gegen Norden begreifft es unterschiedliche Landschafft/ und erstrecket sich an unbewandte Oerter. Gegen Abend liegt es gleich gegen Ostland/ und grenzet mit einem Theil von Norwegen. Von der andern Norwegischen Seite wird es mit Schweden Finland/und beederley Bothnien umgeben. Erstrecket sich in die Länge auf hundert und mehr Teutsche Meilen/ und die Breite auf neunzig. Es liegt Lappland dem Norderpol gar nahe/dannenhero geschicht es/ daß in etlichen Monaten der Sommers die Sonne daselbst gar nicht untergehet/ hergegen des Winters ebenfalls in etlichen Monaten nicht aufgehet. Es giebt allhier viel Wälder/ Berge/ Pfützen/ See und Blaser/und theils Orten gute Weide/ aber keine Aecker. Die Inwohner ernehren sich von Jagen Vögl und Fischfahen. Sie haben keine Städte und gewisse Wohnungen/ sondern nach Gelegenheit des Fischens und Jagens/ halten sie sich eine Zeitlang bey einem See/Wasser/Wald rc. auf/ darnach wandern sie an einen andern Ort; aber im Winter/ wann sie den Tribut erlegen sollen/ so kommen sie zu gewisser Zeit an etlichen gewissen Orten zusammen/ da dann auch die Priester vorhanden sind/ die ihre Kinder tauffen/ ihnen die Glaubens-Artickel/und andere Christliche Ubungen vorhalten/ und ob sie es examiniren/was sie das Jahr über von deme/ so denselben das vergangene Jahr vorgehalten worden/ behalten haben. König Carl in Schweden hat an denen Orten/so unter ihn gehöret/ Kirchen erbauen lassen/ und dardurch zu wegen gebracht/daß der grösste Theil unter sich den Lappländern einen Abscheu ob der Zauberey/ deren sie vorhin insgemein ergeben gewesen/ bekommen haben. Sie sind im übrigen einfältige Leute/fromm und guter Sitten begierig. Wie man denn unter ihnen selten vom Ehebruch/ noch seltner von Todschlag/ und fast ganz nichts von Mörder-und Strassen-Raubereyen höret. Sie wohnen unter schlechten Hättlein/ die sie ihnen bald machen können/ wo sie sich aufhalten/ und Kleiden sich in die Felle/ so sie dem Vieh abziehen/ und sonden von den Rennthieren/so sie zu ihren Schlitten/ an der Pferde statt/gebrauchen/und mit solchen in 12. Stunden 30. Teutsche Meilen fahren können. Von diesen Thieren verfertigen die Lappen die Häute zur Kleidung/ und wenden das Rauhe heraus/ werden auch also Stiefl und Schuhe von diesen Thier-Häuten verkaufft/ welche sonderlich gut wider die Kälte sind. Die Lappländer brauchen kein Geld/ sondern sie vertauschen ihre dürre Fische und allerhand Feltwerk gegen andere Sachen. Keinen Flachs haben sie/hergegen aber spinnen sie aus den Nerven/ oder Spann-Adern der Thiere/so sie trücknen/stossen und bereiten/ gleichsam ein Garn/daraus sie ihnen Kleider machen/ und reissen sie das Zinn/ gleich wie das Gold/also subtil zu ziehen/daß sie besagte Nerven damit überziehen/ und also ihre Kleider zieren/ damit auch die Hoffart unter diesen Leuten verspühret werde.

Das Groß-Fürstenthum Finnland breitet sich gar weit aus/ und solle der Name so viel als Fiendeland oder Feindes-Land heissen; dann als die Finnen noch ihre eigne Könige hatten/ waren sie der Schweden Feinde/biß sie ums Jahr Christi 1155. von St. Erich dem König in Schweden bezwungen und zum Christlichen Glauben gebracht worden. Solle wie Olaus Magnus berichtet/300. Teutsche Meilen in der Länge/ und 60. in der Breite haben. Wird getheilet in das Mitternächtische und Mittägische Finland/ Cajaniam/ Savolaxiam/ Tavastiam/ Nylandiam, und Careliam. Das Mittägige Finnland scheidet der Fluß Aujavoki/ der bey der Bischofflichen Stadt Abo über fliesset/von dem Mitternächtischen/ und erstrecket sich in der Länge neben dem krummen Finnischen Meeres-Gestade/ gar weit gegen Morgen/ daselbst das Schloß und Herrschafft Naseborg lieget. Das Mitternächtische Finnland ziehet sich her neben dem Bothnischen Meeres-Gestade/ in der Länge/ noch Mitternacht/und begreifft beyde Satagundiam/ Vicmo, oder Wiemo und Masco/und hat einen zum Lachsfang und andern Fischereyen sehr fürtrefflichen und berühmten Fluß/Cumo-elff genannt/ welcher nahend der Stadt Biorneborg ins Meer oder in den Sinum Botnicum fället/zwischen welchem/und der obbesagten Stadt Abo/die Städtlein Raumo/Nystadh und Nadhenbal liegen.

Ingermanland hat in seinem Bezirk die sehr veste Schlösser Notteburg/ oder Oreffa/ Ivanogorod/ Caporia/ oder Capuria/ und Jamagorod/ oder Jama/ samt ihrem Gebiet liegen/ so vorhin Schlüssel des Moscowitischen Reichs gewesen. Hat ein fruchtbares Erdreich/ überaus Fischreiche Wasser/ und auch allerley Weidwerk und Vogelfang. Unter den Jagenist die fürnemste der Eland-Thier/ welche die Schweden Elch nennen/ und die zweymal des Jahres in grosser Menge über-oder durch den Fluß Newa/ nemlich im Frühling und Herbst/ kommen/ und alsdann in grosser Menge gefangen werden. Ist erst An. 1617. durch damalige Friedens-Tractaten und Mokau/zur Kron Schweden gekommen.

Liefland wird vom Duna-Strom an/ biß an den Sinum Finnicum oder Finnischen Meerbusen abgetheilet in Letthland und Esthoniam. Dieses abso begreiffet in sich fürnemlich 5. Kreisse/ als Harrien/Wirland/Allentocken/Jerdan und Wieck/ sind alle sehr fruchtbar und Kornreiche Landschafften. Und obwol die vielfältige Kriege sehr viel Ländereyen verwüstet und verwaldert/ wird doch jährlich viel Busch und Hölzung abgebrandt/und wieder zu Ackergemacht/ welches dann in den ersten Jahren das schönste Getraid gibt; und muß man sich mit Verwunderung ansehen/ wie selbiges Korn so geil und schön wächset/da doch der Same ohne Bemisung des Landes bloß in die Asche geworffen wird. Es hat auch allhier sehr gute Viehzucht/ auch viel Klein und Federwild/daß man jährlich gantz Teutschland zu rechnen/ mit geringen Unkosten einen herzlichen Tisch halten kan. Die Ritterschafft allhier hat stattliche Freyheiten/ das Politische Regiment bestehet in ihrem Land-Gericht/ welches von 12. Adelichen Land-Räthen besetzet/ und jährlich gemeiniglich im Jenner gehalten wird/ haben zum Präsidenten den Königl. Gubernatorn über Liefland. So haben sie auch 4. Hacken-Richter in den 4. Kreissen Harien/Wirland/ Jerven und

B ij

und Wieck. Die Einwohner sind Teutsche und Un-
teutsche/ diese waren ehedessen Heyden und Göhen-
Diener/und ob sie gleich von A. C. 1170. zum Christlichen Glauben gebracht worden / hänget ihnen doch
ihr wildes Wesen immer an / dannenhero man
Sprichworts weise von ihnen saget:

Ick bin een Isländisch Bur/
Myn Levend werdt me Sur/
Ick stige up den Bessen-Bohm/
Darvon haw ick Sadel und Thom.
Ick binde de Schoe mit Baste/
Und fülle dem Junker de Kaste/
Ich gebe dem Pastor de Plicht/
Und weil van Gott und sin Worde nicht.

Die vornehmsten Städte allhier sind: Riga/ Revel/
Narva x. wovon etwas besser unten.

Über ist erzehlte Landschafften / so zum Königreich Schweden gehören / erhielten die Schweden A.
C. 1645. von Dennemark durch Friedens-Handlung
zum Bremsebrod/ nebst die beeden abgenommenen
Provinzen Jempterland und Herrenthal / sondern auch die Insel Gottland und Oesel abgetretten
wurden. Durch den Roeskildischen Frieden mit
Dennemark bekamen sie die Länder Schonen/ Hal-
land und Blecking / zusamt der Vestung Bahus in
Norwegen und der Insel Ween / unfern des
Sundes.

Stockholm. Unter den vornehmsten Städten des Königreichs Schweden hat Stockholm billig den Vorzug. Sie liegt auf einer Insel recht in dem Schlund
des Meeres/ doch gefährlich wegen der vielen Felsen/
so da unter dem Wasser liegen; hat grosse Vorstädte.
Das Schloß ist ein vortreffliches Gebäu. Der Königliche Lust Garten und Palast sind sehens-würdig.
Die Stadt hat fünf Haupt-Kirchen/ welche alle mit
Kupffer bedecket sind. Die Kauffmannschafft stori-
ret allhier. Die Zunfftkammer und Bibliotheck sind
wol angerichtet. In der Stadt sind keine Wirths-
häuser/ sondern man nimmt seine Einkehr bey einem
Burger. Sie wurde ehedessen unterschiedlichmal
erobert/ und zwar A. 1481. vom Dähnischen König
Johanne / An. 1501. vom Reichs-Rath Svanto/
und A. 1520. vom König Christiern II. A. 1523.von
Gustav und endlich A. 1568. von Johann Hertzog in
Finland.

Upsal. Die uralte Krönungs-Stadt Upsal ist ein Bischofflicher Sitz mitten in Upland/ hat eine berühmte
Dom-Kirche / und eine nahe dabei auf einem hohen
und jehen Hügel gelegenen schönen Schloß/ist ziemlich
groß/ aber nicht fest. Anno 1275. wurde die Hohe
Schule allhier aufgerichtet/ und An. 1595. mit stattlichen Freyheiten versehen.

Abo. Abo ist die Bischoffliche Haupt-Stadt in ganz
Finland/ lustig und groß/aber ohne Ringmauer.Das
Schloß allda ist fest und wolgebauet/ und stehen über
die 400. Windm lien umher. Die Hohe Schul
wurde von der Königin Christina allhier angerichtet.
An. 1509. ist diese Stadt von den Dähnen gesplün-
dert worden.

Wiburg. Wiburg ist die Haupt-und Bischoffliche Stadt
im Finnländischen Carellen/ sehr mit Wällen/ Gräben
und Pasteyen/ auch einem sehr vesten Schloß/ wohl
verwahret/ und eine Niederlag ist / allwo grosser
Handel getrieben wird. An. 1456. wurde dieser Ort
von den Dähnen erobert.

Birka. Birka ist vorzeiten die Haupt-Stadt in Ost-
Gothen und Residenz der Schwedischen Könige/
auch die allerberühmteste Niederlag an Kauffmanns-
Gütern im ganzen Königreich gewesen.

Lunden. Lunden ware ehedessen eine Ertz-Bischoffliche
Dähnische Haupt-Stadt in Schonen. Kam aber
An. 1658. vermöge des Roeskildischen Vertrages
an das Königreich Schweden.

Calmar. Calmar ist eine berühmte Schwedische und
Haupt-Stadt in Smaland/ hat ein stattlich vestes
Schloß. A. 1389. wurde sie von der Königin in Dennemark Margaretha/A. 1500. vom Dähnischen König Johanne/ A. 1529. von Gustavo Erici A. 1599.
von Hertzog Carln von Sudermannien/An. 1611.
von Christiano IV. König in Dennemark erobert/
wurde aber A. 1613. den 20. Jenner/ vermög Frie-
den-Schlusses/ der Kron Schweden wieder zu-
gestellet.

Westeraas. Westeraas ist die fürnehmste Stadt in West-
mannerland/ welcher der Bischoffliche Sitz und die
Dom-Kirche/ so wol auch das Schloß/ ein sonderba-
res Ansehen machen. A.1520. wurde dieser Ort von
den Dähnen erobert.Das folgende Jahr aber haben
die Schweden wieder bekommen.

Sudercö-ping. Sudercöping ist eine Stadt in Ost-Gothen/
da man keines Gewerbs und Handel treibet/ hat
Mauren/ sondern ist unbeschlossen/ und hat ein
Wasser / darauf man in die offenbare See kommen kan.

Norcö-ping. Norcöping ist eine Kauff-und Handelsstadt
in Ost-Gothland zwischen Sudercöpping und Neu-
cöpping/an einem gar grossen stillen See/ von fissem
Wasser. Hat einen herrlichen Lachsfang.

Neucö-ping. Neucöpping ist eine Stadt in Sudermann-
land/allwo Hertzog Carl von Sudermannien/ ehe er
Schwedischer König worden/Hof gehalten hat.

Carlstadt. Carlstadt ist eine Gothische Stadt in Wermer-
land / so von König Carolo IX. erbauet worden/ von
welchem sie auch den Namen hat.

Stregnes. Stregnes ist eine Bischoffliche Stadt in Su-
dermannien/ an dem Meiler-See gelegen/ hat ein
schönes Schloß.In der schönen und grossen Kirchen
liegen etliche Fürstl. Personen in herrlichen Mar-
morsteinernen Gräbern.

Jenecö-ping. Jenecöpping ist eine Stadt in Smaland / of-
fen/ ohne keiner Mauer / noch sonst mit Gräben be-
schlossen/ aber das Schloß ist mit einem aufgeworff-
nen Wall verwahrt.

Enecö-ping. Enecöping ist ein Städtlein in Upland/ allda
feine Kauffmannschafft getrieben wird.

Gotheburg. Gotheburg ist eine vorneme Gewerb- und
Handels-Stadt in West-Gothland/und wird für eine Haupt-Vestung des ganzen Königreichs Schweden gehalten.

Lincö-ping. Lincöpping ist eine Bischoffliche Stadt/ in
Ost-Gothland/allwo der längste Tag von 19. Stunden ist. Ist zwar nicht groß/ aber lustig/darinn alles
zur Nothdurfft wol zubekommen.

Noteburg. Noteburg ist vor Zeiten für einen Schlüssel
des Moscowitischen Reichs gehalten. Kö-
nig Gustav Adolph eroberte diese Vestung verwun-
derlicher Weise/indem die ganze Besatzung durch eine
ansteckende Seuche/ die sie im Mund und Hals be-
kommen/ und darinn erstirken müssen/ bis auf sieben
Männer / so die Vestung übergeben/ umgekom-
men wäre.

Scara. Scara ist eine Bischoffliche Stadt in West-
Gothen/liegt an einem mit Teichen und Pfützen wol
verwahrten Ort / ist heutiges Tages in grosses Abnehmen gerathen.

Riga. Riga ist das Haupt des ganzen Lifflandes/
liegt an einer Ebne am Dünastrom/ welcher vor der
Stadt eine starke viertel Meile breit ist. Die For-
tification bestehet aus 6. Bastionen/samt unterschiedlichen halben Monden. Wurde An. 1621. von König Gustav Adolphen aus Schweden erobert. Der
Moscowitische Czar konte An. 1656. nichts davor
ausrichten / sondern muste mit grossem Verlust
abziehen.

Revel. Revel giebt an Grösse / Gebäuen und Vestungen Riga nicht viel bevor/ ist mit starken Wällen
und

und Bollwerken umgeben / eine vornehme Handels-Stadt/ und wegen des Orts schönen Gelegenheit von Natur zu den Handlungen gleichsam gewidmet. Brauchet sich des Lübischen Rechts / und wird auf Democratisch regieret.

Narva. Narva ist eine Stadt in Lieffland/ zwar anizo nicht gar groß/aber doch mit starcken Wällen und steinernen Mauren/ neben guter Besatzung/wol versehen/ hat kostbare und herrliche steinerne Häuser/ und darf niemand mehr mit Holtz bauen.

## Das Vierdte Capitel.
### Von denen Königreichen Dennemark und Norwegen/
### Wie auch von denen
### Herzogthümern Schleßwig und Holstein.

UNter dem Namen dieses Königreichs wird ein merckliches Stück Landes und Wassers verstanden/viel Inseln/samt der Halb-Insel/ die sich ferne gegen Norden erstrecket/ vor Alters Cimbrica Chersonesus genannt/wie auch Dietmarsen/ Seeland/ Fuynen/ samt allen denen Inseln der Ost-See so zwischen Jütland und Schonen liegen. Was Schonen jenseits des Meers betrifft/ist dasselbe durch die ehemalige Friedens-Handlung der Kron Schweden überlassen worden. Es besitzet der König auch das Reich Norwegen/ dahin viel fruchtbare Schiffungen aus Dennemark gehen. Ihme gehöret auch das Herzogthum Schleßwig/ samt der Insel Joland.

*Jütland.* Jütland hängt an Teutschland/ mit einem breiten Halß an Holstein/ die Inseln liegen gegen Mecklenburg und Pommern über/ dann diß sind die Dähnischen Grenzen/ gegen Niedergang der Teutsche Meer/ oder die West-See/ gegen Aufgang die Ost-See/gegen Mitternacht Norwegen und Schweden/gegen Mittag Holstein/ Mecklburg und Pommern. Jütland ist die Wohnung und Vatterland der alten Cimbern/ und wird getheilet in *Nord-Jütland* und *Suder-Jütland.* Der Marckstein gegen Mittag ist der Fluß Ender. Die länge Jütlands erstrecket sich in die 80. Meilen/ so man eine Linie von der Elbe gegen Norden zeucht/ wo es am breitesten ist/ hält es zwölff Meilen. Nord-Jütland erstrecket sich gegen Norwegen/ endet sich am Schloß Schagen/ darbey ein Städtlein den Schiffleuten nicht unbekandt/ dann allda ein Wechsel und Lauffschlag ist. Bey Alborg ist Jütland am breitesten/ allwo der Meerbusem Pomsfort ins Land laufft/ und solches fast gar voneinander theilet/ biß auf einen kleinen Theil/ daß also Weahnsfsel fast gar eine Insel ist. *Vier Bißthümer allda.* Dieses Jütland wird in 4. Bißthümer getheilet/ welche nicht klein sind/nemlich Ripen/ Arhusen/ Alborch und Wiburg. Das Bißtum Ripen begreifft in sich 30. Aempter/ 7. Städte und 10. fürneme Schlösser. Das Bißtum Arhusen hält in sich 31. Aempter/ 7. Städte/und 5. feine Schlösser/ dazu gehören die Inseln Samsoe/Helm/Thuen/Hieno/ und etliche andere. Das Bißtum Alborch so auch das Wandalische genennet wird/hat 13. Aempter und 6.Städte/dessen fürnemste Theile sind Wensüssel/Handtheret/Thyland und Morsoa. Wensüssel hat den Namen als der Wenden Sitz/ hält in sich 6. Aempter/ drey Städte und ein Schloß. In diesem Bißtum ist der Berg Alberg/ an deme scheinbare Anzeigungen und Gebeine der Riesen gefunden werde.Die Inseln darzu gehörig/sind diese Grißholm/Herzholm/ Erdesholm/ samt andern. In Handtheret ist ein hoher Felß/Starrinkind genannt/ und darbey ein Meeres-Wirbel/ den sie Sandor nennen. Die Insuln zu Thyland gehörig/ sind: Oland und Drenholm. Allda sind vier Aempter und eine Stadt nemlich Thystadt/da Christiernus der III. eine Schule aufgerichtet hat/und ein Schloß Orum. Die Inseln zu Morsoe gehörig/sind: Handsholm/Ostholm/

Jegen/Eiffland/Egholm/ Bodhum/ und Morsoa/ da drey Aempter sind/ und eine Stadt Neucöpen/ samt einem Schloß Lundeslot/daben die Insel Angeroa liegt. Das Bißtum Wiburg begreiffet sechzehen Aempter/drey Städte/und drey Schlösser. In Wensseffel gegen Nord-Osten ist das Jütländische Eck/dafür sich die Schiffleute fürchten/ und wol zuzusehen haben/ und also verhält sich mit Nord-Jütland/welches alle die/so aus der West-See in die Ost-See wollen/umschiffen müssen.

*Suder-Jütland.* Suder-Jütland haben die alten Nord-Albingen genennet/ begreifft in sich die zwey Herzogthümer Schleßwig und Holstein. *Schleßwig.* Das Herzogthum Schleßwig hat den Namen von der Stadt gleiches Namens. In diesem Herzogthum haben weiland die Völcker Angeln gewohnet/ dermalen beherrschet es der Herzog von Holstein/ dessen Residenz auf dem Schloß Gottorp/ben der Stadt Schleßwig ist/ um welche Stadt noch viel alter Wercke gesehen werden/ so zu des Landes Schutz gedienet/allwo auch Rendsburg ist. Es ist das Herzogthum vormals ein Lehen von Dennemarck gewesen / letzmal aber bey ergangenem Frieden-Schluß beyder Nordischer Kronen enthalten worden. *Holstein.* Holstein/(meinet man) hat die den Namen von den vielen Wäldern/ dann die Dähnen so wol als die Teutschen einen Wald Holt und Holtz nennen. Dessen Grenzen sind gegen Osten der Fluß Bielen/gegen Mittag die Stöer/gegen Westen das Meer/gegen Norden die Ender/ gegen Südwesten die Elbe. Es wird in vier Theile getheilet: in Dietmarsen/ Holstein/ Stormaren und Wagrien. Die vornemste Städte in Holstein sind/ Segeberg in Wagrien/vier Theile am Meer/ Itzhoe/Kiel/ Krempen und Reinboldsburg. In Dietmarsen ist Meldorp/ Heminigstede/ Tellingstet.

*Seeland.* Die größesten Inseln Dennemarks sind Seeland/ Seeland ist zweyer Tagreise lang/ und auch fast so breit. Es sind 15. Städte darinn/ und 12. Königl. Schlösser/ allda ist Kopenhagen die Hauptstadt. Gegen diesem Nord-Osten liegt Helsingöra/ allda ist das Königl. Schloß Kronenburg. Gegen diesem liegt Helsenburg und Schloß und Stadt/ an welchen beyden Orten das Land Schonen/ und die Insel Seeland so nahe zusammen reichen/ daß kaum einen kleinen Meil Wegs Meer darzwischen/ und ist es der so berühmte Dähnische Sund/da müssen alle Schiffer hindurch/welche in die Ostsee wollen/ und den Zoll ausrichten. An beyden Uffern sind Königliche Schlösser/ so legt auch der König/wann es die Noth erfordert/etliche Orlog-Schiffe allda/in die Mitten/und beschleußt also diesen Paß/ daß nichts aus oder ein kan. Da kommen etwan auf einen Tag 200. auch wol in 300. Schiffe zusammen/ von allen Orten der Christenheit. In Seeland liegt auch die Bischöffliche Stadt Roschild. Hiehör gehören etliche Inseln: Amacker/Ween/Motsland/in deren die Stadt Stegoa/und noch viel andere Inseln.

*Fünen.* Die Insel Fuynen oder Feinland/ hat den Namen von der Schöne/als welche beydes des Orts/ da sie

C
sie

sie liegt/ und dann auch seiner eignen Gestalt halber vortrefflich ist. Wird durch einen dermassen geringen Fluß/ dessen Name Mittelfahr/Sunt/von den seiten Lande des Königreichs Dennemark unterschieden/daß man keinen Unterscheid spühret/und es derowegen sämtlich vor ein Land hält. Jurland liegt ihe gegen Niedergang/gegen Aufgang Seeland/ist 12. Meilen lang und 6. breit. Die Hauptstadt liegt in der Mitten/und Otten See. Wird in 24. Aempter getheilet/hat 16. Städte/ und 6. Schlösser. Die fürnemsten sind: Niburg/Sienburg/Fahburg/Assens/Bogens/Mittelsahl/Kettenrunde. Unter den Schlössern ist das beste Neuburg/ darnach kommet Hagenschau/Eschburg/ und andere. Zu Funnen gehören wol 80. Inseln/fast alle bewohnet/ unter denen die vornemsten sind:

**Langeland.** Langeland/Lawland/Sahlsteren/Arr/Tossing. Langeland ist sieben Teutscher Meilen lang/darinn die Stadt Ruköping samt dem Schloß Tranecket/ vielen Dörffern/Pfarren und Welschhäusern.

**Falster.** Falster ist vier Meilen lang/hat die Städte Stubencopen und Niekopen.

**Arr.** Arr hat drey Pfarrkirchen/ etliche Adeliche Häuser/im Schloß und Städtlein Kopingen/ und gehört zum Herzogthum Schleswig.

**Alsen.** Alsen ist eine grosse Insel/ vier Meilen lang und zwo breit/ ligt hart an dem Fürstenthum Schleswig/ die fürnemste Stadt ist Sunderburg/darnach Norburg/Osterholm/die Holle/ und Gameharde. Dreyzehn Pfarren sind darinnen/ sehr Volkreich/ aus welchen im Fall der Noth ein feines Kriegs-Volk kan aufgebracht werden.

**Tossing.** Tossing ist nicht weit von Schroinenburg/ einer guten Meil Wegs lang/ hat etliche Adeliche Häuser und Dörffer/wie dann nicht weniger bewohner sind die Inseln Romsö/Endelo/Ebelo/Fernio/Bocke/Brando/Birtholm und viel andere.

**Norwegen.** Das Königreich Norwegen hat gegen Mittag Dennemark/ gegen Occident das grosse Meer/ gegen Orient das Königreich Schweden/ und gegen Mitternacht das Lappland am nächsten liegen/ und wird von allen diesen durch grosse und rauhe Berge/ so allezeit mit Schnee bedeckt sind/ abgesondert. Ware vor Zeiten ein mächtiges Königreich/nunmehr aber gehöret es zur Dähnischen Krone. Es sind heutiges Tages nicht mehr als 5. Königliche Schlösser darinnen/ unter welchem das äusserste gegen Mittag Bahusen heisset. Die Städte/ so darzu gehören/sind Marstrand/Koengel/Oldenwold/ und Congel.

**Bahusen.**

**Aggerhusen.** Das zweyte Schloß ist Aggerohusen/ darzu gehören Aslow/Königsberg/Friedreichsstadt/Salzburg/Schon/groß und klein Hammar. Das dritte

**Bergenhusen.** Schloß ist Bergenhusen/ darzu gehören die Städte Bergen und Staffanger. Das vierdte Schloß ist

**Drunheim.** Drunheim/vor Zeiten eine Hauptstadt dieses Landen/aber itzo faum ein Flecken. Das fünffte und letzte

**Warthusen.** weit gegen Norden heisset Warthusen/ auf einer kleinen unfruchtbaren Insel gleiches Namens.

**Eißland.** Eißland oder Joland liegt acht Grad von dem ersten Meridian/hat in der Länge 100. Teutsche Meilen / in der Breite 60. Ist unter dem König in Dennemark/ und hat vier Theil: das gegen Aufgang heisset Ostlending Viertung/ oder wie sie sagen/ Fioedung. Das Theil gegen Niedergang/ Westlending Viertung.Das gegen Mitternacht/Nortlending Viertung/ das gegen Mittag Sudlending Viertung. Es sind keine Städte darinnen/ und gleichwol zwey Bißthümer/ das eine heisset Holam/darzu die Klöster Pingora/ Remstedt/ Modur und Münchenrick gehören. Das andere Bistum heisset Skalhold/ hat diese Klöster Biden/Bienebar/ Kirchenbar/und Stirda. Das Land hat drey sonderbare Berge/ deren oberste Theile mit ewigem Schnee bedeckt sind/ wiewol sie inwendig und zu unterst Feuer in sich halten/ heissen Heckla/ zum

Creutz und Helga / oder der Heilige Berg.

**Fruchtbarkeit des Königreichs.**
Etwas von Fruchtbarkeit des Königreichs in Nord-Jütland Dennemark zu melden/ so wächst in Nord-Jütland viel Getreid/hat herzliche Vieh-Weide/ zeugt schöne Pferde/ und ist Fischreich. Süder-Jütland ist reich an Vieh und nutzbaren Wäldern und Früchten. In Gothland ist die Menge an Kornfrüchten/ Butter/ Käs und allerley Vieh. Das Seeländische Korn wird sehr gelobet. In Fünen bedörffen die Aecker keines Düngens/ und ist eine unglaubliche Menge an Ochsen/ Kühen und Pferden allda. Norwegen ist nicht fruchtbar/und kan es seine eigne Einwohner ohne ausländische Hülffe nicht ernehren.An Stockfischen wird allhier eine solche Menge gefangen/ daß es nicht wol zu glauben. Eißland ist das kälteste Land/ bringt doch gute Weide vor das Vieh. Weisse Falken/ weisse Raben/ Bären und Hasen werden hier gefunden; die Menge der Fische ist unzehlich.

**Städte: Copenhagen.** Des ganzen Königreichs Dennemark Hauptstadt ist Copenhagen auf der Insel Seeland/ über-ausheratich und lustig gelegen/ ist groß/ mächtig reich und fest/auch des Königs Residenz. Die Hauptkirche zu Unser Frauen/die Kirche zum H. Geist/die zu S. Niclas/zu St. Peter/das Königliche Schloß/das Zeug-Haus/ Kauff-Haus/der Königl. Garten und lust-Haus sind sehens-würdig. Die Hohe Schule/ so An. 1479. vom König Christiano I. aufgerichtet worden/ ist in trefflichem Ruff. An. 1248. haben die Lübecker diese Stadt angezündet. A. 1160. hat sie Jarimir der Fürst zu Rügen/ An. 1361. die Schweden.An.1369. die Hanse-Städte/An. 1524. König Friederich der Erste/ und Anno 1536. König Christian der III. erobert. An. 1659. belagerte sie der Schwedische König Carl Gustav vergeblich.

**Roschild.** Roschild ist eine berühmte Bischoffliche Stadt in Seeland/allwo in dem Thum viel Könige/auch andere Fürstliche Personen ruhen. An. 1658. den 26. Febr. wurde allhier zwischen den beyden Kronen Schweden und Dennemark der Friede geschlossen.

**Cronenburg.** Cronenburg ist ein Königl. Schloß in Seeland/sehr fest und prächtig erbauet. In der Kirchen siehet man viel Bilder aus weissen Alabaster mit vergüldeter Arbeit. König Friederich der II. hat es Anno 1577. angefangen zu bauen/ und An. 1583. vollendet.

**Friederichsburg.** Friederichsburg in Seeland/ ist ein überaus herzliches Schloß/ von Friderico II. anfänglich erbauet/ und von seinem Sohn Christian IV. erweitert und vollzogen worden.

**Ripen.** Ripen ist eine berühmte Stadt in Nort-Jütland/ hat gegen den Abend und am Meer ein vestes Königliches Schloß/ wie auch eine schöne weite und grosse Bischoffliche Kirche/welche wo die älteste im Königreich Dennemark gehalten wird.

**Arhusen.** Arhusen ist eine Handelsstadt in Nort-Jütland/ wegen des Meerhafens/den das grosse Vorgebürg Hellenis machet/sehr berühmt.

**Aalborg.** Aalborg solle von der Menge der Aalen/so allda gefangen werden/den Namen haben. Ligt sehr wol an dem Meerschloß Lymfort in Nort-Jütland/ allwo der Wandalische Bischoff seinen Sitz hat. Wurde A. 1535. von Königs Christiani III. Soldaten eingenommen.

**Coldingen.** Coldingen ist eine berühmte Stadt in Nort-Jütland/alt/zwar nicht sehr groß/aber lustig/ hat ein schönes vestes Schloß. König Christianus III. hat diesen Ort sehr lieb gehabt/ und besagtes Schloß/die Arnsburg/ganz erneuert/allwo er auch An. 1559. den 1. Jenner gestorben.

**Schleßwig.** Schleßwig in Holstein/liegt gar wol hat einen stattlichen Hafen oder Port/ aus dem man bald in den

**Gottorff.** den Belt kommen kan. Der Zoll allda soll von den Ochsen/die man aus Dennemark nach Teutschland treibet/jährlich ein sehr grosses ertragen.

Gottorff ist das fürnemste Schloß/ und der eigentliche Sitz der Hertzogen von Holstein/ nahe bey der alten Stadt Schleßwig/trefflich fortificiret. Die Bibliotheck ist sehens würdig.

**Friedrichs Orte.** Friederichs-Ode/ oder/wie es theils nennen/ Friedrichs-Ort/ist eine neue/zwo Meilen von Coldingen am kleinen Belt erbauete Stadt und Vestung/ so wol sehens wehrt.

**Kiel.** Kiel ist eine Holsteinische Stadt/ schön/ welche bauet und lustig. Allda wird eine grosse Handthierung getrieben. Hat eine stattliche Universität/ so An.1665. von Hertzog Christian Albrecht ist aufgerichtet worden. Sehens würdig sind allhier das Schloß/ die Pfarr-Kirche zu St. Niclas/und das Rahthaus.

**Crempen.** Crempen liegt in Stormarn/ ist mit Wällen/ Gräben und Brustwehren sehr befestiget. Ist A.1628 von den Kayserischen erobert worden.

**Glückstatt.** Glückstatt ist eine veste Stadt und Schloß in Stormarn/wurde von König Christian dem IV. erbauet/wurde An.1629. erweitert/und noch mehr befestiget.

**Rensburg.** Rensburg oder Rendesburg liegt in Holstein/ an der Grentze des Hertzogthums Schleßwig an der Eyder. Ist wol fertificiret/ und einer realen Vestung nicht ungleich. An.1626. haben die Kayserschen das Schloß allhier mit Accord eingenommen. An.1643.bemeisterten sich dessen die Schweden/ verlohrens aber bald wieder.

**Bergen.** Bergen in Norwegen ist eine uralte Stadt/ mit Bergen und Felsen umgeben/allwo das Schloß insonderheit zu besichtigen. Die Kirchen sind schön/ die Häuser aber sind von schlechtem Ansehen/ zumalen sie nur von Holtz aufgebauet sind; doch wird allhier eine grosse Handthierung von allerhand Sachen getrieben.

**Marstand.** Marstrand ist eine Stadt im Norwegen/auf einem schroffigten Felsen/und in einer Halb-Insel gelegen/wurde A.1586.abgebrennet.

**Stasanger.** Stafanger ist eine Norwegische Stadt/ so ihren eignen Bischoff hat/ aber in dem Weltlichen dem Königlichen Dähnischen Hauptmann oder Ober-Amptmann auf dem Schloß Bergerhusen unterworffen.

**Truntheim.** Truntheim ware vor Zeiten eine mächtige Ertz-Bischofliche Stadt und Königl. Norwegischer Sitz/ aber heute nur ein offner Ort/doch der Gewerb-und Kauffmannschafften halber sehr berühmt. Die stattliche Domkirche ist A.1530. durchs Feuer ins gäntzliche Verderben gerathen.

## Das Fünffte Capitel.
## Von dem Groß-Fürstenthum Moscau/ oder Rußland.

Ußland/ oder/ wie etliche sagen/ weiß Rußland/ welches man auch wegen seiner Haupt-und Residentz-Stadt Muscow/ so mitten im Lande gelegen/ insgemein Muscovien/ oder Moscovien zu nennen pfleget/ ist eines von den äussersten Theilen Europens/an Asien grentzend/ sehr weit unfangen. Sintemal dasselbe nach der Länge auf 30.und 40.Grad oder 440.Teutsche Meilen/nach der Breite aber auf 16.Grad oder 140. Meilen sich erstrecket. Es hat sonderlich einen man nach dem/ was itzo unter der Herrschafft des Zaars oder Moscowitischen Groß-Fürsten begriffen/ sehen will/ seine Grentzen nach Norden oder Mitternacht den unter dem Circulum Arcticum gesetzt/welche daselbst das Eyß-Meer/gegen Osten oder Morgen aber der grosse Fluß Oby/ so durch die Nagaische Tartarey streichet/ beschliessen. Am Suder-Theil/ oder gegen Mittag/ hat es die Crimischen oder Präcopenßischen Tartern. Nach Westen oder Abend Littav/ Pohlen/ Lißland und Schweden zu Nachbaren. Es wird das Rußische Reich in unterschiedliche Fürstenthümer und Provintzien abgetheilet/welche meist in des Groß-Fürsten Titul verfasset/der also lautet:

**Titul des Groß-Fürsten.** Der Grosse Herr Czaar und Groß-Fürst/ aller Reußen Selbst-Erhalter/ zu Vladimer/Muscow/Naugarde/Zaar zu Castan/ Zaar zu Astrachan/Zaar zu Siberien/Herr zu Pleskow/ Groß-Fürst zu Twerschi/Jügerschi/Permeki/ Wadski/Bolgarski und anderer. Herr und Groß-Fürst zu Naugardt in Niedrigen Landen/Rosanoski/ Rostofski/Beteslofski/Beloserski/Uborski/Obdorski/ Condinski/ der gantzen Nord-Seiten Gebieter/

**Provintzien.** Herr der Iverischen Länder/ Kartalinski/Igrußinski/Czaar Tabardinski Landen/ Czercaski und Joreski Fürst/ und anderer vieler Herrschafften ein Herr und Herrscher.

**Wolodimir.** Wolodimir ist ein Hertzogthum/ von seiner Haupt-Stadt also genennet/ ligt an dem Ufer des Fluses Clesma/der sich in die Wolga ergiesset/und ist eine dermassen fruchtbare Proving/ daß ein einiger Sack Weitzen zu rechter Zeit gesäet/ deren zwantzig trägt.

**Naugart.** Novogrod oder Naugart/ ist zwar an Werd etwas geringer/jedoch an Menge des Getraides dem itzt-gemeldten fast gleich/ hat eine Stadt gleiches Namens.

**Rhezan.** Rhezan ist eine Proving zwischen den beyden fliessenden Wassern Occa und Tanais/ oder Dohn gelegen/an Weitzen/Honig/allerley Fischen und Vögeln vor andern fast reich/hat etliche Städte/so gantz von Holtz gebauet/ als die Stadt Rhezan am Ufer des Wassers Occa/ item Cenfram/ Collugam und Tulgam/bey welcher der Tanais oder Dohn entspringet.Das Hertzogthum Worotin hat 3. Meilen von Colluga/ und hat mehr nicht/ als ein Castell oder Schloß/so eben wie das Hertzogthum selbst genennet werden.

**Worotin.**

**Severia.** Severia ist ein grosses Hertzogthum/ mit aller Nothwendigkeit wol versehen/hat grosse Felder/welche jedoch allesamt öd und unerbauet/ und viel Städte/unter welchen die fürnemsten Starodub/ Novogrod/ Siwerski/ Cziewigow genennet sind: Seine Wälder sind der Hermelin und Marder gantz voll/ wie gleichfalls auch der nutzbaren Immen oder Bienen. Seine Einwohner sind wegen des stetigen Streits/ den sie mit den Tartern haben/ des Kriegs wol gewohnet/ und dannenhero fast streitbare und geübte Leute. Das Hertzogthum Smolensko liegt an dem Nieper/ hat ein einige Stadt/die nach seinem Namen wird genennet/ und an der Seiten mit dem itzt gemeldten Fluß/ auf den andern aber mit tieffen Gräben ist verwahret. Die übrigen Hertzogthümer und Provintzien sind Moßaiski/ Ruschov/ia Tuverda/ Plescovia/ Volzka/ Corella/ Biolhero/Wolachba/Ustfyng/ Jaroslavia/ Rostovia/ Durvina/ Sufdalia/ Wiathka/ Permia/

**Smolensko.**

**Petzora.**

Jugra / Petzora / und groß Naugard so die Inwohner Novogrod Welki nennen / die begreifft eine Stadt ihres Namens in sich / welche sich an Größe der Stadt Rom vergleichet. Petzora hat seinen Namen von dem Wasser / welches beyderseits von den Bergen und unwegsamen Felsen umgeben wird.

**Reichthum und Fruchtbarkeit.**

Das Groß-Fürstenthum Moscau ist zum Theil ebenselbig / auch an vielen Orten / insonderheit zu Sommers-Zeiten / gar sumpffig / wol versehen mit guter Weyde vor das Vieh / und an Hanff und Flachs gar fruchtbar. Von Honig ist sie so überflüssig reich / daß in den grossen Wäldern ganze Klufften und ausgehölete Bäume desselben voll / und also zu reden / grosse Honigberge gefunden werden / von Edelgesteinen / wie auch so wol geringen / als köstlichen Metallen / ausgenommen das Eisen / ist dieß Landschafft ganz leer / dargegen aber hat sie an allerhand wilden Thieren und Vögeln einen Überfluß. Der Groß-Fürst hat beydes über Leben und Tod seiner Unterthanen Gewalt / dessen Gutdünken vor ein unwandelbar Gesetz geachtet wird / Er hat beydes weltliche und geistliche Stände in harter Dienstbarkeit ihm unterworffen. Wann er sich befreyen will / so werden aus dem ganzen Reich die schönsten Jungfrauen zusammen gebracht / aus welchen er zur Gemahlin erwehlet / so im am besten gefället / und theilet die übrigen unter seine Fürsten und Edelleute.

**Königreich Casan.**

Unter des Groß-Fürsten in Moscau Gebiet gehören auch die Königreiche Casan und Astracan / die weiland von denen Tartern sind beherrschet worden / und ihre eigne Könige hatten / zusamt denen Horden Jawolha und Nagaja. Das Land Casan / so zur linken der Wolga nach Norden bis an Sibirien: Nach Orient aber / bis an die Nagaische Tartern sich erstrecket / ist vor Zeiten ein Tartarisch Königreich gewesen. Weil es sehr mächtig von Volck / indem es bey 60000. Mann zu Felde bringen kennten / haben sie mit den Russen schwere blutige Kriege geführet / und bisweilen sie gezwungen / daß sie ihnen Tribut geben musten / endlich aber sind sie doch dem Zaarischen Reiche unterwürffig gemachet worden.

**und**

**Astracan.**

Astracan / sonst auch Nagaia genannt / liegt unfern / wo der Wolga-Strom in das Persische Meer eintritt / die Hauptstadt heisset ebenfalls Astracan. Disseit der Wolga nach Westen ist eine grosse / ebne und dürre Heyde / so nach dem Pontus oder schwarzen Meer zu / bey 70. und nach Süden an der Caspischen See hinbey 80. Teutscher Meilen sich erstrecket. Selbige Wüste gibt das herzliche Saltz / welches man in unterschiedlichen Gruben / Pfützen / oder dergleichen Seen antrifft. Allhier in dieser Landschafft Astracan giebt es viel Fische und Krebse / item Federwildt / sonderlich viele Gänse und grosse rothe Enden / welche die Tartern mit abgerichteten Falken und Sperbern / deren sie sehr viel haben / geschwind zu fangen wissen. Item viel wilde Schweine / so auch von den Tartern verfolget / und weil es / vermög ihres Gesetzes / nicht ihre Speise / an die Russen um ein schlechtes Geld verkauffet werden. An Aepffeln / Quitten / Wallnüssen und Melonen ist allhier nicht der geringste Mangel. So wird auch heutiges Tages in Astrachan so viel Wein gebauet / daß jährlich 50. in 60. Pipen / oder grosse Faß Wein davon nach Moscau gebracht werden. Die Haupt-Stadt dieses Landes wird auch Astrachan genennet / und wird den einheimischen Tartern / theils Nagaische / theils Crimische sind / nicht in-sondern ausserhalb der Stadt auf gewissen Plätzen / welche sie nicht / als nur mit einem Stacket schliessen dürffen / zu wohnen vergönnet. Sie haben auch sonst im Lande noch feste Städte noch Dörffer / wohnen in Hütten / welche rund / im diametro gemeiniglich 10. Schuhe / von Schilff oder Rohr

geflochten / gleich bey uns die Hüner-Körbe anzusehen; oben mit Filtz bedecket / in dessen Mitte ein Rauchloch / daran auch ein Stück Filtz / so man nach dem Winde drehen kan / aufgestaffelt. Sie haben des Sommers an keinem gewissen Ort ihre stetswährende Wohnstelle / sondern verändern und versehen dieselbe so offt / als sie vor die Vieh frische und gute Weide suchen / setzen alsdann ihre Häuser auf hohe Karren / die man stets neben denselben stehen findet / wandern mit Weib Kind und Haus-Geräth / so auf Kühen / Ochsen / Pferden und Camelen sitzen und liegen / fürder; dahero werden sie von den Russen Polowetzky / Platz-Jäger genannt / weil sie von einem Platz zum andern jagen. Sie können in Eil etliche 1000. Mann zusammen bringen / und sind beherzt den Feind anzufallen. Die Nagaischen / wie auch die Crimischen Tartern sind vom Leib dick / untersetzt / haben breite Angesichter und kleine Augen / schwartz gelbe Haut / die Mannspersonen haben eingeschrumpfte Gesichter / wie alte Weiber / und wenig Haare am Bart / dem Kopff lassen sie glatt bescheren. Sie tragen alle lange Röcke meistens von Schaf Fellen / das rauhe heraus gekehret / und die Weiber tragen von weisser Leinwand Röcke und gefaltene runde Mützen / einer Sturmhauben nicht ungleich. Ihre Nahrung haben sie von Viehzucht / Fisch-und Vogelfang. Ihre gemeine Speisen sind an der Sonnen gedörrete Fische / so sie an statt des Brods essen / Camel und Pferdfleisch / ihr Getränk ist Wasser / und Pferd-Milch. Ihre Religion ist Mahumedisch.

**Moscau.**

Moscau an ihm selbst wieder belangend / so ist allda der Grund sehr fett und fruchtbar: Weitzen / Korn / Gersten / Haber / Erbsen / Bohnen / Gurken / Kürbis / Kirschen / Pflaumen / Aepffel / Birne und ander Obst wächst allda sehr gut. Es wächst auch viel Flachs und Hanff ; Man sammlet viel Wachs und Honig ; der Weinstock wird hier nicht gefunden / so findet man auch kein ander Metall als Eisen. Moscovien hat viel Grass und klein Vieh / und allerley Art wilde Thiere / ausgenommen Hirschen / Zobel / Marder / Füchse / so viel / daß die ganze Welt damit unterhalten wird. Viel Raubthiere / als Wölffe und Bären / wie auch unzehlich viel Vögel giebt es / und sonderlich Lerchen / Finken und dergleichen kleine nicht verspeiset / sondern von den Raubvögeln verzehret. Von der Einwohner Kleidung / Speise / Gestalt und Eigenschafft kan Olearius gelesen werden.

Die vornemsten Städte sind:

Moscau ist die Hauptstadt und Residenz des Moscovischen Kaysers/hat ihren Namen von dem Fluß Moscua bekommen/ist sehr groß und begreifft in ihrem Umkreiß 9. Stunden. Wird in vier Theil getheilet / nemlich Kitaygorod / oder Mittelstadt / Zaargorod oder Kayserstadt / Skorodom und Strelitza Slowoda. In Kitaygorod stehet ein sehr grosses weites Schloß / und werden allda in 56. Kirchen gezehlet. In einem Thurn allda hänget eine ungeheure Glocke / welche mehr als 3940000. Pfund schwer ist / wovon der Klöpfel allein 11000. Pf. gewogen. Die Glocke ist 23. Schuh weit / und 2. Schuh dick / und werden 50. Männer / auf beyden Seiten stehen / dieselbe mit grosser Macht und Stärke bewegen. Der grosse Markt ist ebenfalls allda mit Verwunderung zu betrachten. In Zaargorod sind des Czarn Pferdställe / grosse Ochsen und Viehmärkte / auch Fleischhäuser oder Hallen. In Skorodom ist der Häuser-Markt / allwo man vor ein geringes Geld / von Höltzernen Balken bestehende Häuser kauffen kan. In Strelitza Slowoda wohnen des Czaren Soldaten oder Streligen.

Plescou ist eine grosse Stadt / und wol zwo Plescou. Stunden

Stunden in ihrem Umkreiß / zum theil mit einer steinernen Mauer / und zum Theil mit schweren Balken-Werk umringet. Ausserhalb hat sie wegen der Menge ihrer Kirchen und Thürme ein herzliches Ansehen / doch innerhalb ist sie nicht mehr als ein Nest.

*Archangel.* Archangel liegt an der weissen See / am Ausfluß des Dwina-Stroms / hat ein ziemlich Schloß und guten Hafen / dann die Handelschafft floriret allhier zumaln / ehrlich Holländische / Englische und Hamburgische Schiffe mit allerhand Waaren daselbst ankommen. Der Zoll soll jährlich mehr als 6. mal hundert tausend Thaler eintragen.

*Wolodimer.* Wolodimer ist 42. Meilen von Niesen / und 29. von Moscau. Man siehet es an den alten Rudern / und den heutiges Tages zerfallnen Mauren / der Thürme und Häuser / daß es vor diesem eine grosse Stadt müsse gewesen seyn.

*Groß Naugard.* Groß-Naugard liegt an dem Fischreichen Strom Wolga / hält eine Meile im Umkreiß / hat von aussen wegen der vielen Klöster / Kirchen und Spitzen ein herzliches Ansehen / aber die Häuser / wie auch die Wälle und Bollwerke der Stadt sind gleich den meisten Städten in gantz Rußland mit Balken auseinander geschichtet und aufgebauet. Ist der Handlung halber sehr wol gelegen. Die schönsten Juftenfelle werden allhier bereitet / mit welchen die Einwohner grosse Handlungen treiben. Von thy nigen verzeihen ein Sprichwort: Wer kan wider GOtt und groß Naugard. Der Tyrann Iwan Wasilowitz hausete An. 1569. allhier abscheulich.

*Nisenau-gard.* Nisenaugard liegt an der Occa zur rechten Hand am hohen Lande / ist mit einer steinernen Mauer und Thürmen umgeben. Wird von Russen / Tartern und Teutschen bewohnet. Ausserhalb der Stadtmauren sind fast mehr Häuser und Leute als in der Stadt / so zusammen in einem Umkreiß auf eine halbe Meile begreiffen.

*Smolensko.* Smolensko liegt an dem Dniper 80. Meilen von Moskau / an einem erhabenen Ort / hat 52. Thürne / und mitten in der Stadt ein festes Schloß. Gehörte bald den Pohlen / bald den Moscowitern / dann A. 1514. bekam sie Groß-Fürst Basilius / An. 1611. König Sigmund III. in Pohlen / Vasili / An. 1654. die Moscowiter / als sie vorhero 1632. davor eine schwere Niederlage erlitten hatten.

*Casan.* Casan liegt zur linken Hand der Wolga / an einem Felde / an einem kleinen Hügel / und fleust un die Stadt ein Rivir Casanka / von welchem es / wie auch das gantze Land / seinen Namen bekommen. Die Stadt ist zwar an Ringmauren / Thürnen und Häusern mit Holz aufgebauet / und ziemlich groß: Das Schloß aber mit starken dicken steinernen Mauren / Geschützen / und Soldaten wol versehen. Wurde A. 1552. dem Groß-Fürsten Vasili Iwanowitz erobert.

*Astracan.* Astracan liegt auf der Insel Delgoy / in der Landschafft der Nagaischen Tartern / ungefehr 50. Meilen von den Caspischen See / eine wohl verwahrte Handelsstadt / ware vorzeiten ein Königischer Sitz der Nagaischen Tartern / nunmehr aber ist sie unter dem Moscowitischen Groß-Fürsten. Und so viel von Moscau und dessen Gebiet.

## Das Sechste Capitel.
# Von dem Königreich Frankreich.

*Woher Frankreich den Namen bekommen.* Als mächtige und weit-berüffte Königreich Frankreich hat den Namen von den Franken / welche aus Teutschland in dieses Reich / welches damals Gallien genennet worden / gezogen / und solches eingenommen. Als sich nun beyde Völker zusammen gesetzet / und die Uberwinder bey den Uberwundenen gewohnet / haben sich dieselben nach der Franken auch Francos genennet / oder François, das wir nun aussprechen Franzosen / zum Unterschied der Franken / so noch heutiges Tages in Frankenland wohnen.

*Grenzen dieses Reichs.* Die Grenzen dieses Reichs sind / gegen Norden / Nieder-Teutschland / also daß man von Straßburg eine Linie ziehe / biß gen Cales in die Englische See / da wird man auf der rechten Seiten haben Artoys / Hennegau und das Lützenburger Land. Auf der linken aber die Picarden und Lottringen. Gegen Engelland stößt das grosse Meer daran / gegen Niedergang gleicher Gestalt / wiewol solches einen andern Namen hat. Gegen Südwesten grenzet es schlems an Hispanien / doch ligt das Gebürg / der Renzeval genannt / darzwischen. Gegen Süden wird es mit dem Mittelmeer beschlossen / und der Begriff des Landes am engsten. Von Schweitzerland scheidet es der Berg Jura / und von Hoch-Teutschland / oberhalb Straßburg / der Rhein.

*Länge und Breite.* Die Länge dieses Reichs erstrecket sich auf 330. Meilen / die Breite auf 220. und der runde Bezirk gibt 1020. Französische Meilen. Hat vier Haupt-Ströme / welche dieses Königreich durchstreichen / nämlich die Seine / Loire / Garonne und Rhosie.

*Provinzen.* Das gantze Reich kan abgetheilet werden in 12. grosse Gouvernementen oder Provinzen / nemlich / Picardi / Normandi / l'Jole de France / Champanien / Bretagne / Bourgogne oder Burgund /

Orleans / Lyonnois / Guyenne / Langvedoc / Delphinat und Provence.

*Picardi.* Die Grenzen der Picardi sind die Niederlande / la France / die Normandie und das Meer / ist 25. Meilen lang und weit abgetheilet in Ober- und Nieder-Picardie; wird mit vielen Wasserflüssen begossen / und also ein Kornreich Land / und rechter Fruchtboden der Stadt Paris / mangelt doch des Weinwachses.

*Normandi.* Die sehr grosse Proviñz Normandi hat zu Grenzen gegen Morgen die Picardi / gegen Abend Bretaigne; gegen Mittag Lemaine / und gegen Mitternacht die See. Führet den Namen von den Normannen / welche sich An. C. 1000. hier aufgehalten. Wird getheilet in die Obere und Nieder-Normandi; in der Obern liegen die Herzogthümer d'Alencen d'Aumale / und die Longueville / item die Grafschafften d'Eu / d'Harcourt / d'Evreux / Draconville / Maleuries / Mortain / Montgommeri / Thorigni / und Gisors. In dieser Proviñz Normandi giebts viel Vieh / Korn und Obst / daraus die Einwohner guten Most zu pressen wissen. An statt deß Weins haben sie sehr gutes Bier. Die Ort am Meer sind sandig und unfruchtbar.

*l'Isle de France.* l'Isle de France oder la France ist die vornemste Französische Landschafft / begreiffet nach ihrer / der Franzosen-selbst-eigenen Beschreibung / alles dasjenige / so von S. Denys biß gen Possiacum und Mommorance / und also insgemein zwischen den Meerschiffen und Krümmen der Seine / und disseits gegen Picardi / jenseits aber gegen Normandi gelegen / in sich / wiewol etliche solche Grenzen anders beschreiben. In diesem Land liegt die Haupt-Stadt des gantzen Reichs / nämlich Paris / wovon etwas besser unten unter den Städten wird gehandelt werden. Hier herum ist das Land schön und fruchtbar / und mangelt da wieder

D

weder an Wein noch Korn / wie auch nicht an Küchen-Kräutern und Baum-Früchten / an Graß und Heu/Viehzucht / Wasser und Brunnen / daher es auch kommet/das Paris so volkreich ist / und so groß als eine Stadt in Europa seyn mag. Es fleusst ein klein Wasser dabey/Sentie genennet / das sehr gut ist zu der Carmesinfarb.

*Champagne.* Schampanien oder Champaigne ist eine der schönsten und grösten Landschafften von Frankreich / von Lottringen / dem Ländlein Barrois / der Grafschafft und Herzogthum Burgund / dem Ländlein Gastinois/la France/der Normandie und der Piccardi umgeben. Es wird zu dieser Provinz von etlichen gerechnet la Brie / ist voller Wälder / aber darum nit zu verachten/weil sie einen gesundenLufft und schöne Flüßlein alda hat. Auch giebt es Wein/Vieh/Holz/Wildpret/Fisch und Vögel in Champaigne.

*Bretaigne.* Bretaigne wird von der Normandie durch das Wasser Tesnou unterschieden / ist meistentheils mit der See umgeben / nur daß sie gegen Morgen an le Maine und Anjou / und gegen Mittag etwas an Poictou stösset. Ist sechs Tagreisen lang und breit. Allhier sind Frucht/Felder/ Wend und Wälder genug. Auf dem Meer treiben die Einwohner Kauffmannschafften / und wird viel Saltz gemachet/so sie verkauffen. Der Metallen ist diese Provinz/auch nicht beraubet/dann es hat Eissen und Bley an etlichen Orten auch Silber-Adern. Der Wein wächset hier schlecht / darum holen sie ihn in Anjou und Gascogne.

*Bourgogne.* Bourgogne oder Burgund ist zweyerley/ die Grafschafft gegen Morgen Franche Comte genannt (wovon etwas besser unten/) das Herzogthum gegen Abend; dieses letzbenandte liegt zwischen Savoyen/ dem Lionnois / Nivernois/ Bourbonnis und Champaigne. Hierzu gehöret die Landschafft Bresse. Bourgogne ist allenthalben fast eben/ und an Getreid und Wein trefflich reich.

*Orleans.* Ins Orleansische werden heut zu Tage gezogen Beause/ la Maine / Nivernois /Touraine/ Anjou/ Poictou/ Angoumois und Berri. Die Orleansische Landschafft giebt an Fruchtbarkeit keiner andern bevor / weil nicht allein gemeine Sachen/ sondern auch Schleckwerk allda wächst. Der Wein hat vor andern den Preiß/dannenhero auch dessen viel in Engelland verführet wird. *Beause.* Beause hat einen grossen Uberfluß an Korn / Früchten und ist dieses gleichsam eine gemeine Scheure Frankreichs. *Nivernois.* Das Herzogthum Nivernois ist ein ebnes Land mit Wäldern und Wend besetzt/daß also dies Ortsgut *la Maine.* Vieh zu halten. La Maine wird mit vielen Wassern begossen/ daher es auch viel Vieh giebt und *Touraine.* Vieh. Touraine ist eine fruchtbare und lustige *Anjou.* Landschafft zwischen Beause / Berry / Poictou und Anjou gelegen. Im Lande Anjou / da es mit Hügeln besetzt/ findet man schöne Weingärten / auf der Ebne hat es lustige Thäler / in den Thälern grüne Wiesen/ da eine grosse Menge Viehes weidet / daß *Poictu.* also weder zur Noth noch Wollust etwas mangelt / doch wird vor andern der weisse Wein gut allhier. Das Land Poictu hat allenthalben einen guten und fetten Boden/da alle Dinge gerne wachsen/sonderlich Weizen und Wein. Da ist genug Fleisch / Fischwerk/Wolle/Flachs/Obs und Holz/und in den Wäl- *Angoulesme.* dern viel Wild und Weidwerks. Angoumois oder Angoulesme / ist zwar nicht groß / aber doch sehr fruchtbar an allerhand Getraid / guten Wein/ Holzwachs; das Frauen-Volk wird hier insgemein vor schön und von sonderbarem Verstand gehalten. Das *Berry.* Land oder Herzogthum Berry ist sehr reich an Weinbergen/Getraid/Holz/Viehzucht/und Gartenbau. *Lyonnois.* Lyonnois stösst gegen Mitternacht an Bresse/ gegen Morgen an Savoyen/gegen Mittag an Dau-

phine und Langvedoc/und gegen Abend an Forest und Auvergne. Ist an theils Orten ziemlich fruchtbar/ hierzu werden von etlichen gerechnet Auvergne/ *Auvergne.* Bourbonnois / und la Marche. Auvergne ist eine von den Mittelländischen Landschafften in Frankreich/so gegen Osten an Forest und Lyonnois / gegen Suden an Vellay/Gevoudan und Rovergue/ gegen Westen an Querey und Limosin / gegen Norden an Berri / und Bourbonnois grenzet. Wird abgetheilet in Ober-und Unter-Auvergne; das Obere hat keinen Weinwachs/ aber viel Wein und Korn; das Untere hat Uberfluß an Korn/Wein/Holz/Weide/ Fischreichen Wassern und Seen. Es wächset auch Saffran allda / und gibt an etlichen Orten Silber- *Bourbonnois.* Adern. Bourbonnois ist eine fruchtbare Landschafft/ doch immer an einem Ort besser als an andern/ weil an etlichen Orten der Boden steinigt / und anderswo mit Wäldern bewachsen ist.

La Marche ist eine sehr lustige/aber dabey kalte *la Marche.* Landschafft. Der Haupt-Ort ist Gueret. Die Einwohner sind hier artige Leute ; allhier gibts die besten Kälber in ganz Frankreich/und hat man allda sonst viel Lustbarkeiten.

Zu der Landschafft Guienne wird von etlichen ge- *Guienne.* rechnet Gascogne/Bearne/Comingeois/Limosin *Gascogne.* Perigord/Querey/ und Rovergue/ Gascogne ist eine sehr grosse Landschafft an der West-See und den Spanischen Grenzen gelegen/ an theils Orten gegen das Gebürg ziemlich rauh/doch von guter Viehzucht/ auch Getreid und Weinwachs/ und anderer Nothdurfft / an der Garonne aber voll Weid/ Wein und Getreidwachs. In Bearne ist gute Weine *Bearne.* und herzliche warme Bäder/auch Berg-Werke. Es ist diese Landschafft so reich an Flachs und Wolle / als eine Provinz in ganz Frankreich. Comingeois hat *Comingeois.* viel Korn/Wein/Obst/Nüsse zum Oele / Hirsen und andere nutzbare Sachen. Limosin ist eine Land- *Limosin.* schafft zwischen Auvergne/Querey/Perigort/Angoumois / Poictou und Berro gelegen / und wird eine Marggrafschafft genennet/wird abgetheilet in Ober-und Unter-Limosin. Der Boden ist allhier kalt und mager/ daher er auch nicht viel Kornfrüchte träget/ ausserhalb Gersten/Habern und Heyden-Korn. Pe- *Perigord.* rigord ist sehr bergicht/steinigt und rauh/doch hat es sehr gute Lufft und warhaffte Einwohner. Viel Castanien gibt es allda / also daß sie auch die Schweine damit mästen. Es gibt auch allda Schwefel-Brunnen und warme Bäder. Querey ist eine berühmte *Querey.* Landschafft / sehr reich und fruchtbar / und wird in Ober-und Nieder-Querey abgetheilet. Rovergue *Rovergue.* liegt oberhalb Langvedoc/ist reich/und hat einen Uberfluß an allen Dingen / ob es gleich sehr gebirgicht ist/ wird insgemein in Ober-und Unter- Rovergue abgetheilet.

Langvedoc ist eine grosse Landschafft im Su- *Langvedoc.* der-Theil Frankreichs/zwischen der Rhone/dem Mittelländischen Meer / den Pyreneischen Gebürgen/der Garonne/und den Landschafften Querey und Auvergne ; ist eines von den besten Landern in Frankreich. Der Boden ist so fett / daß man bey grossem Regenwetter wegen der zähen Lettens nicht wol gehen kan. Hiezu rechnen etliche die Landschafft Albigeois / wel- *Albigeois.* che an Rovergue/Querey und das Thoulusische grenzet / und sehr reich ist an Getreid und Wein / sonderlich aber gutem Saffran / der allhier in grosser Menge wächset.

Delphinat oder Dauphine ist eine vornehme *Delphinat.* Landschafft zwischen Lionnois/Viverey/Velay/Provenze und Savoyen gelegen. Wird getheilet in Ober-und Nieder-Dauphine. Ist sehr Bergicht/ bringet gleichwol viel Korn-Früchte/ ist sonst geschickter zur Viehzucht/als zum Ackerbau/daher es reich an Käs und Butter,

**Provence.** Provence ist eine schöne Landschafft am Mittelländischen Meer/ mit Langvedoc und Dauphine gren-
zend/ ist sehr fruchtbar an Pomeranzen/ Citronen/
Oliven/ Cappern/ Feigen/ Saffran und vortrefflichem
Wein/ also daß die Natur alles/ was die bisher er-
zehlten Landschafften Frankreich absonderliches gutes haben und vermögen/ in dieses Land zugleich aus-
gegossen hat.

**Xaintoigne.** Xaintoigne ist eine trefflich schöne weite Landschafft und mit den edelsten Provinzien in ganz Frankreich zu vergleichen/ daß von dannen viel Wein in
Engelland/ und viel Korn in Spannien geführet
wird. Hieher gehöret auch die Grafschafft Aulnis.

Über diese itzt erzehlte Provinzien sind auch noch
andere Ländlein in Frankreich/ nemlich Barrois/
Bassigni/ Bovillon/ Forests/ Gastinois/ Givau-
dan/ Soissons/ Vivarais.

**Städte.** Die vornemsten und berühmtesten unter allen
Städten des Königreiche Frankreichs sind folgende:

**Amiens.** Amiens ist die Hauptstadt der Landschafft Pic-
cardi/ schön und hat ein starkes Castell. Über
einem Thor haben stehet: Amiens fut prise en re-
nard, & reprise en Lion: Amiens ist eingenommen
worden durch Fuchslist/ aber wieder bekommen auf
Löwen-Art. Das Rath und Zeughaus/ samt der
Bibliothek und Garten sind wol zu sehen.

**Abbeville.** Abbeville ist die Hauptstadt in der Grafschafft
Ponthieu zur Provinz Picardi gehörig/ schön/ groß
und fest/ allwo es einen Baillivat und Präsidenten-
Sitz oder Ober-Gericht hat/ so unter dem Parlement
Paris ist.

**Calais.** Calais ist ein Schlüssel von Frankreich gegen
Engelland und die Niederlanden/ so sehr fest und mit
einem guten Hafen versehen. Das Castell ist sehr
fest und stark. An. 1347. wurde dieser Ort von den
Engelländern/ A. 1558. von den Franzosen/ A. 1596.
von Erzherzog Albert von Oesterreich erobert/ An.
1598. vermög Friedenschlusses den Franzosen wieder
restituiret.

**Boulogne.** Boulogne hat ein Bistum/ so unter das Erzstifft Rheims gehörig/ welches 460. Pfarr-Kirchen
unter sich hat. Die Stadt führet den Titul einer
Grafschafft.

**Alenson.** Alencon ist eine Stadt in Normandie/ hat
fünf Thore/ und seine Häuser/ und ist lustig allhier
zu wohnen.

**Rouen.** Rouen ist die Hauptstadt in Normandi/ hat
ein trefflich Erzstifft. Das Parlement ist A. 1499.
vom König Ludwig dem XII. hier angestellet worden.
Auf Liechtmeß Pfingsten/ und auf den Ablaß werden
3. freye Messen oder Märkte gehalten.

**Havre de Grace.** Havre de Grace hat einen auserlesenen See-
hafen/ der vor 2000. Schiffe groß genug ist. Wurde
vom König Francisco I. zu einem Schlüssel der Krone wider die Engelländer erbauet.

**Paris.** Paris ist die Haupt-Stadt nicht nur in der
Landschafft Isle de France/ sondern in ganz Frank-
reich/ und wird für eine der grösten in Europa gehalten. Hat ihren Namen von Paris/ dem 18. König
der Celten. Ligt an einem doppelten Arm der Sei-
ne/ welche allhier sich schlüpferig wird/ und wird in 3.
Theile getheilet/ deren eines Universität/ oder die Uni-
versität/ das andere la Cité/ oder die Hauptstadt/ das
dritte la Ville/ oder die Stadt bloß weg genennet
wird. Die Universität wurde A. C. 796. von Carolo M. gestifftet. Das Parlements-Haus wurde Anno 1294. vom König Philipp dem Schönen
erbauet.

**Fontaine-bleau.** Fontainebleau ist ein vortrefflich Königliches
Lusthaus und Schloß/ mit allerhand Raritäten und
Kunststücken aus dermassen wol versehen/ solle 900.
Zimmer haben.

**Rheims.** Rheims ist die Hauptstadt in Champaigne/

hat ein Erzstifft/ und werden allhier alle Könige ge-
salbet; ist mit trefflichen Gebäuen versehen und an-
gefüllet/ darunter sonderlich die Erz-Bischoffliche Kirche a nostre Dame, oder zu unser Frauen/ eine aus den
stattlichsten in Frankreich ist.

**Nantes.** Nantes ist eine Bischoffliche Hauptstadt in
Bretaigne/ unter das Erzstifft Tours gehörig/ hat
auf die 388. Pfarren unter sich. Ist sehr vest/ mit
einem guten Schloß und herzlichen Gebäuen versehen. Allhier ist das Pacifications-Edict zwischen
den Catholischen und Reformirten gemachet worden.

**Renes.** Renes ist eine Bischoffliche Stadt in
Bretaigne/ und eine von den ältesten in Frankreich;
allda ist ein Parlement vom König Francisco I. angerichtet.

**Dyon.** Dyon ist die Hauptstadt in der Provinz Bour-
gogne/ allwo das Parlement des Landes befindlich.
Die Citadelle ist Sehens-würdig/ welche König Ludwig XI. erbauet.

**Orleans.** Orleans ist nach Paris die berühmteste Stadt
in Frankreich/ in der Landschafft Beausse. Die Universität allda ist An. 1312. vom König Philipp dem
Schönen gestifftet worden. Das Erz-Bischoffliche
Stifft hat 700. Pfarren unter sich. In der Stadt
sind 4. Concilia gehalten worden.

**Nevers.** Nevers ist die Hauptstadt der Landschafft Ni-
vernois/ hat ein sehr veste und schönes Schloß; das
Bistum gehöret unter das Erzstifft Rems/ und hat
211. Pfarren unter sich. Sonderlich ist allhier berühmt die schöne steinerne Brücke von 20. Schwib-
bögen.

**Tours.** Tours ist die Hauptstadt der Landschafft Tou-
raine/ hat ein Erz-Bistum/ Präsidenten-Sitz oder
Ober-Gericht und Generalität/ wegen der Königli-
lichen Einkommen. Allhier sind 2. Concilia gehalten worden.

**Angers.** Angers ligt in der Provinz Anjou/ und ist die
Hauptstadt am Wasser Mayenne/ hat ein unter das
Erzstifft Tours gehöriges Bistum/ so in die 668.
Pfarrkirchen unter sich hat. Die Universität allda
wurde Anno 1364. gestifftet. Das Schloß allda ist
sehr fest.

**Poictiers.** Poictiers ist die Hauptstadt in Poictou/ und
eine der grösten in Frankreich/ hat ein Bistum unter
Bourdeaur gehörig/ so 709. Pfarren unter sich hat.
Die Universität ist An. 1431. vom König Carln dem
VII. und Pabst Eugenio gestifftet worden.

**Bourges.** Bourges ist das Haupt des Herzogthums
Berry/ und eine der grösten und stärksten Städten
des ganzen Königreichs vom König Philipp Augu-
sto Anno 1190. erbauet. Hat ein Erzstifft/ und ist
die Universität/ von König Ludwigen dem XI. angerichtet worden.

**Lyon.** Lyon ist die Hauptstadt des Landes Lyonnois/
eine der schönsten/ reichsten/ grösten und besten in ganz
Frankreich/ sonderlich eine unvergleichliche Handels-
stadt/ so fast durch die ganze Welt bekant ist. Das
Erz-Bistum allda ist das erste und vornemste.

**Clairmont.** Clairmont ist die Hauptstadt der Landschafft
Auvergne/ hat ein Bistum. Merkwürdig ist allda ein
Brücke von Wasser/ so zu Stein worden/ 36. Ellen
lang/ 6. dick/ und 4. breit.

**Moulins.** Moulins ist die Hauptstadt der Landschafft
Bourbonnois/ und von diesem die Residenz der Herzogen dieser Landschafft gewesen. Hat eine Königli-
liche Regierung samt einem Präsidenten.

**Aux.** Aux ist eine Erz-Bischoffliche Stadt in Gascog-
ne/ darinn viel Antiquitäten zu sehen. Das Einkommen des Erzbistums erstrecket sich jährlich auf die
50000. Reichsthaler.

**Bajonna.** Bajonna ist eine Bischoffliche Stadt und das
Haupt im Ländlein Basave/ ein Schlüssel zum Kö-
nigreich/ und eine Grenz-Stadt gegen Spanien;

D ij
dahero

daher sie wol befestiget / und niemand mit Gewehr / als der König und die Prinzen von Königlichem Geblüt / hinein gelassen wird.

**Bourdeaux.** Bourdeaux in Guienne ist eine sehr alt und feste Stadt / wegen der starken Mauren und festen Schlösser. Hat ein Erzstift. Die Universität ist Anno 1473. von König Ludwig XI. gestifftet worden.

**Limoges.** Limoges ist das Haupt der Landschafft Limosin / und eine der ältesten und berühmtesten Städte in Frankreich / hat ein Bistum / unter das Erzstift Bourges gehörig / und 1600. Pfarren in sich hat.

**Perigueux.** Perigueux ist die Hauptstadt der Landschafft Perigord / allwo ein Bistum unter Bourdeaux gehörig / so auf die 1302. Pfarrkirchen in sich hat.

**Montauban.** Montauban ist eine Bischoffliche Stadt in der Landschafft Quercy / gehört unter das Erzstift Tholouse / soll auf die 414. Pfarren unter sich haben.

**Toulouse.** Toulouse ist eine Erz-Bischoffliche Stadt in Langvedoc / hat eine stattliche Universität / item ein Parlement / von welchem fast alle arme Sünder zum Tode verurtheilet werden.

**Montpelier.** Montpelier ist eine vornehme Bischoffliche Stadt / unter das Erzstift Narbonne gehörig / hat 491. Pfarren unter sich. Die Universität / Citadelle / der Königliche Garten und das Theatrum Anatomicum sind wol zu sehen.

**Pamiers.** Pamiers ist eine Bischoffliche Stadt / unter das Erzstift Tours gehörig mit guter Bequemlichkeit versehen.

**Narbonne.** Narbonne ist ebenfalls eine Erz-Bischoffliche Stadt / allwo viel schöne Gebäu und Antiquitäten zu sehen sind.

**Troyes.** Troyes ist eine Bischoffliche Stadt / in Champaigne / allwo merkwürdig die Stiffts-Kirche zu St.

Peter / 6. andere Pfarrkirchen / und das Kloster der Bernardinerinnen.

**Beziers.** Beziers ist eine vornehme Bischoffliche Stadt / unter das Erzstifft Narbonne gehörig / hat 300. Pfarren unter sich. Um diese Stadt ist die Gegend so lustig und fruchtbar / daß das Sprichwort entstanden: So GOtt auf Erden wohnen wolte / würde er sich zu Beziers aufhalten.

**Grenoble.** Grenoble ist eine vortreffliche schöne Stadt im Delphinat. Das Parlement wurde allda vom König Ludwig dem XI. A. 1453. aufgerichtet.

**Aix.** Aix ist die Hauptstadt in Provence 211. Jahr vor Christi Geburt erbauet / und mit einem Parlement / Erzbistum und Universität versehen.

**Arles.** Arles ist eine Erz-Bischoffliche Stadt an der Rhone / ware vor Zeiten die Hauptstadt des Königreichs Arelate / und die Residenz der Burgundischen Königen.

**Marsilien.** Marsilien ist eine vorneme Stadt An. 1351. sehr fest erbauet / und mit einer stattlichen Citadella versehen. Sprichworts-weis sagt man von diesem Ort: Marseille sey ein Paradeis der Weiber / weil dieselben die besten Tage haben / ein Fegfeuer der Männer / weil diese ihre meiste Zeit auf der See zubringen / und nicht viel um ihr Weib und Kind sind; und eine Hölle für die Esel / weil man diese sehr zu überladen pfleget.

**Rochelle.** Rochelle ist die Hauptstadt in der Grafschafft d'Aulnis und der Landschafft Xaintonge. Allda florieret die Kauffmannschafft.

**Soissons.** Soissons ist die vornemste Stadt im alten Belgischen Gallien nach Rheims / so vor Zeiten ein eigenes Königreich gewesen / dessen Einwohner allezeit vor tapfere Leute sind gehalten worden.

## Das Siebende Capitel.

# Vom Herzogthum Lottringen / der Grafschafft Burgund / dem Fürstenthum Uranien / der Grafschafft Avignon / und dem Herzogthum Savojen.

**Grenzen des Herzogthums Lottringen.** Als Herzogthum Lottringen hat seinen Namen von Lothario / Lotharii des zweyten Römisch-Teutschen Kaysers Sohn / und Ludovici VII. Enkel. Hat zu Grenzen gegen Morgen Elsaß und Westerreich / gegen Abend Champaigne; gegen Mittag Burgund / von Mitternacht aber das Herzogthum Lützenburg / und das Erzstifft Trier. Es wird in drey Bailliages oder Gubernamenten eingetheilet / die sind Nancy / Vaudrevange und Vauge. Unter Lottringen wird auch das Herzogthum Bar begriffen. Neben diesen sind noch verschiedene Ort / die man nennet de Surseance / und die drey Bißtümer / Metz / Tull und Verdun. Obwol dieses Land der allerhöchsten Berg / und dicken grossen Wälder viel hin und wieder hat / so ist es doch an Wein und Getraid dermassen reich / daß es in solchem keiner äusserlichen Hülffe bedarf: Hat beneben solchem auch allerley Metalle von Silber / Kupfer / Eisen / Zinn und Bley; wie dann auch die Einwohner bey den Wurzeln des Berges Vogesi jährlich auch viel Perlen fischen / und der Lasurstein eine grosse Menge einsamlen / und mit stattlichem Gewinn verkauffen; der Materien / daraus man Spiegel und anders dergleichen zu machen pfleget / zu geschweigen. Ja es wachsen in diesem Land auch die allergrösten Chalcedonier / aus deren Stücken man etwann grosse Kelch und Trinkgeschirr machen kan. Unter andern Thieren / deren es allenthalben voll ist / zielet es auch die allerbesten Pferde / die sich den Neapolitanischen und Türkischen an der Güte nahe beygleichen.

**Abtheilung.**

**Stätte.** Die vornemsten Städte / unter vielen andern / sind folgende:

**Nancy.** Nancy ist die Hauptstadt des ganzen Herzogthums / und ware noch vor kurzer Zeit die Fürstl. Residenz des Herzogen / in ziemlich ebnem Lande / aber gleichwol auf einer Seiten etwas höher / als auf der andern gelegen. Man hat die unterschiedliche Kirchen zu sehen / darunter die zu St. Georgen die vornemste. Der Palast ist prächtig und zierlich erbauet / hat gar einen schönen Prospect. Der regierende König in Frankreich hat diese Stadt vortrefflich befestiget.

**Blamont.** Blamont ist zwar nicht groß / aber lustig und schön erbauet. Hat ein alt weit und ansehnlich Schloß. Der allda befindliche Palast ist wol zu sehen. Die Innwohner legen sich fast alle auf den Ackerbau.

**Espinal.** Espinal liegt an der Mosel / dann die vornemsten Flüsse des Landes sind / die Maas / Mosel / Saone und Saar / und wird allda viel leinen Tuch gemachet.

**Fontenay.** Fontenay ist eine Stadt im Gebürg / und beym Wald le Boys de la Voyge genannt. Ist berühmt wegen des Eisenbergwerks / und der Eisenhämmer und Schmeltzhütten.

**St. Niclas.** S. Niclas ist wegen seiner Jahrmessen und der Reliquien seines Patrons / die hier gar sorgfältig bewahret berwahret sind / und zu welchen eine grosse Wallfahrt ist/ wol bekannt.

Pont à Mousson. Pont à Mousson hat eine Fürstliche Hohe Schule/ oder Universität/ mit vielen Freyheiten versehen.

Luneville. Remiremont. Luneville hat ein schönes Schloß.

Remiremont hat ein Adeliches Frauen-Kloster/ dessen Nonnen sich verheurathen dürffen/ und muß deren Aebtissin Fürstliches Standes seyn.

Vaucouleur. Vaucouleur liegt an der Maas/ aus deren Gebiet die berühmte Bauren Magd Johanna/ genannt la Pucelle d' Orleans, bürtig gewesen.

Metz. Metz hat ein vestes Citadell mit 4. Bollwerken/ item ein Bißtum. Allhier wurde die von Carolo IV. von dem 23. Titel an bis zu derselben Ende mit den Reichsständen aufgerichtete güldene Bulle beschlossen und befestiget.

Tull. Tull ist eine Bischöffliche Stadt/ ziemlich wol gebauet/ und hat umher ziemlich veste Mauren und Gräben. Die Stifftskirche zu St. Steffan ist schön groß und wol erbauet.

Verdun. Verdun ist ebenfals eine Bischoffliche Stadt/ schön/ reich/ sehr alt/ und an einem lustigen Ort gelegen. Die Bischoffliche Kirche zu Unser lieben Frauen ligt auf einem Hügel/ von welcher man hoch herab zur Maas zu steigen hat.

Grenzen der Grafschaft Burgund. Die Grasschaft Burgund/ von den Frantzosen la Franche Comté/ oder die freye Grafschafft genannt hat/ zu Grentzen von Mitternacht Lottringen und Ober-Teutschland/ sonderlich die Grasschafften Mümpelgard und Pfirt. Vom Abend das Frantzösche Burgund oder Bourgogne/ von Morgen das Schweitzerland/ und von Mittag Savojen. Hat in ihrem Umkreiß 157. Meilen/ in der Breite insgemein mehr als 30. und in der grösten Breite 33. und in der Länge 40. Meilen/ hat viel Flüsse/ so gar fischreich/ und sind unter denselben die Saone/ Dub, l'Oignon, la Louue, und d'Ain die fürnemsten und grösten. Es hat dieses Land/ ausser guter Gelegenheit an fliessenden Wassern/ Seen/ Saltzwassern/ Gesund-Bädern/ und Brunnen/ auch allerhand Getreid-köstliche Weine/ Oel/ stattliche Viehzucht/ geruigsam es Gehöltz/ und darinnen vortreffliche Jagden/ lustige Berge/ Metallen/ Marmel/ und andere theure Steine/ Salpeter-herrliches Obs/ und allerhand Garten Gewächs/ herrliche Kräuter/ und andere Gaben/ überflüssig/ also daß man/ wegen des Lagers/ Lustbarkeit/ Wolfeile und gesunden Luffts/ solche Gegend nicht genugsam loben kan. Man hat da an theils Orten so grosse Weingläser/ daß sie an der Höhe den Häusern gleich zu seyn scheinen. Unter sehr vielen Städten dieser Grafschafft sind folgende die vornemsten:

Bisanz. Bisanz ist die Hauptstadt in dieser Grafschaft/ an der Dub/ hat 2. Ertzbischoffliche Hauptkirchen/ zu St. Johann und St. Steffan. Der Ertzbischof ist wol zu sehen. Die Hohe Schule ist An. 1450. von Pabst Nicolao V. aufgerichtet worden. Die Stadt wurde A. 451. von Attila der Hunnen König zerstöret. An. 1674. im Majo/ von den Frantzosen erobert.

Dole. Dole hat die schönste Brücke/ den schönsten Stadt-Thurn/ einen grossen viereckigten Marckt/ und ein schönes Rathhaus. Die Universität ist A.1423. von Hertzog Philippo Bono angerichtet worden. Die Stadt wurde An. 1674. den 8. Junii von den Frantzosen erobert.

Arbois. Arbois ist des köstlichen Weins halber/ so viel Jahr lang gut bleibet/ und der übergrossen Weinfässer halber berühmt.

Besoul. Besoul hat sehr starke Mauren/ schön-erbaute Häuser/ eine stattliche Weinwachs herum. Ist unterschiedlichmal von den Frantzosen eingenommen worden.

Salins. Salins ist berühmt wegen des Saltzwassers/ welches allda durchs Feuer bereitet/ und zum guten Saltz bereitet wird. Hat zu Ende der Stadt zwey Schlösser/ deren das eine Chasteau de Bracon/ und das andere de Belin genennet wird.

Poligny. Poligny hat ein Schloß Namens Grimonie/ eine Stifftskirche/ Dominicaner-und Nonnen-Kloster zu St. Clara. Ist mit Bergen umgeben/ deren theils mit Holtz bewachsen/ theils aber köstlichen Wein tragen.

Orgelet. Orgelet ist eine schöne Handels-und Gewerbstadt/ deren ein Theil/ samt dem Schloß in der Höhe/ der andere aber in der Ebne/ und an den Wurtzeln des Hügels gelegen. Man machet da viel Tuchs.

Noseret ist dreyeckigt erbauet/ hat einen Fürstlichen Palast oder Schloß/ und ein Franciscaner-Kloster/ hält des Jahrs 4. Märkte.

Luxeul. Luxeul ist berühmt wegen des Gesund-Bades/ so allda von sich selbst warm ist/ und von Schwefel und Alaun entspringet/ und wider die Erstarrung/ Gicht oder Fraiß/ Mutterwehe/ die kalte Zustände der Glieder/ und der Haut sehr nutzlich ist.

Grey. Grey liegt an der Saone/ hat an schönen Gassen/ Brunnen/ Kirchen/ und andern so wol öffentlichen/ als Privat-Gebäuen keinen Mangel. Das Land herum ist an allerhand Sachen sehr fruchtbar/ und gibt es da schöne weite Felder.

Fürstenthum Uraßen. Das Fürstenthum Uraßen gehört dem Hause Uraßen/ und wird insgemein Orange genennet/ erstrecket sich in die Länge etwan vier Meilen/ und drey in die Breite/ hat sonsten an guten Feldbau/ Wein und Holtzwachs/ wie auch Garten-Früchten/ seine überflüssige Nothdurfft/ und trägt sonderlich viel Saffran.

Hauptstadt Orange. Orange ist die Haupt-Stadt dieses Fürstenthums/ und ligt am Fluß Argenta/ hat ein vestes Schloß auf einem grossen Felsen/ mit Voll-und Aussenwercken/ auch einer starken Besatzung wol versehen. Hat eine sehr alte Hohe Schul/ welche Carolus M. gestifftet/ und Kayser Friedericus Privilegiret hat. Dieser Ort wurde A. 1673. im Decemb. vom König in Franckreich eingenommen.

Grafschaft und Stadt Avignon. Die Grasschaft Avignon ligt in Franckreich/ und gehört dem Pabst/ hat Getraid-guten Wein und allerley Früchte. Man machet und färbet allda gute Tücher; es wird auch schönes Papier bereitet/ darzu die Wasser Rhosne/ Durance und Sorgues behülflich sind. Die Hauptstadt heisset ebenfals Avignon/ ligt in einem weiten Begriff/ auf einem lustig und fruchtbaren Ort/ da aus der Ebne die Necker mit Getreid/ die Wiesen voller Kräuter und Blumen/ die Weinberg mit Reben/ die Bäume mit Citronen und Pomerantzen gezieret sind/ in dem Fluß aber gibt es viel Fische. Hat prächtige Gebäu/ 7. Pfarrkirchen/ 7. Collegia der Canonicorum, 7. Nonnenklöster/ 7. Convent/ 7. Spitäl/ 7. Paläst und 7. Thor. Im Palast ist eine Glocken/ so gantz silbern seyn soll/ welche verkündiget/ wann ein Pabst gestorben/ aber ein neuer erwehlet werden solle.

Herzogthum Savojen. Das Hertzogthum Savojen hat zu grentzen gegen Mitternacht die Grasschaft Burgund und Schweitzerland/ zwischen welchen der Lacus Lemanus oder Genffer-See/ gegen Aufgang Wallis/ Piemont/ zwischen Grentzen der hohe Berge sind; gegen Mittag und Abend ligt der Delphinat/ mit einem Theil des Rhodani/ der die Savoier und des Hertzogthums Burgund Innwohner von einander scheidet. Das Land geniesset ein reine Lufft/ ist voller Berge. Was die Thäler und Felder angehet/ so ist das Land ziemlich lustig und fruchtbar/ sonderlich gegen Mitternacht am Genffer-See/ nach der Länge hinaus/ da ein köstlicher Wein wächset. Des köstlichen Wiesen-Wachses zu bequemer Unterhaltung

C                    des

des Viehes mangelt dieses Land auch nicht / fürnemlich an dem kleinen S. Bernhardsberg / Die vornemsten Städte allda sind folgende:

**Chambery** ist die Hauptstadt/nicht groß/ aber ziemlich schön und wol gebauet. Das Schloß hat von aussen ein feines Ansehen / und einen schönen Garten.

**Montmelian** ist die Hauptstadt / nicht groß.

noch auch wegen der stetigen Kriege sonderlich bewohnet. Das feste Schloß ist wie ein kleines Städtlein und lieget auf einem hohen Felsen.

**Aley** ligt 4. Meilen von Genff / unter den Bergen in einem lustigen Thal / allwo der Bischof von Genf der Zeit seine Wohnung hat. Von der im Herzogthum Savojen gelegenen Stadt Genf soll im nachfolgenden Capitel Meldung geschehen.

## Das Achte Capitel
### Von
# Ober-und Nieder-Teutschland.

Ndem wir allhier von Teutschland zu handlen gesonnen / wollen wir dasselbe kürzlich also betrachten/wie es izo an Frankreich/Italien/Sclavonien/Ungarn/Pohlen/Churland/die Ost-See/ Dennemark und das Teutsche Meer stößet. Welchen Gränzen nach/ es zwischen dem 55. Grad Latitudinis, aber zwischen dem 23. und 46. gr. Longitudinis gelegen. Seine Länge ist von Genff bis nach Königsberg in Preussen (so wol sich mehrentheils die Landtafeln erstrecken)ohngefehr 200. Teutsche Meilen / die Breite von Greyelingen bis auf Tmardeschin / da die Oder und Weixel entspringen / 174. Meilen. Die vornehmsten Flüsse sind: Die Donau/ der Necker/Rhein/Mayn/Weser/ Mosel/ Maas/ Schelde/ Embs/ Elbe/ Saal/ Eyder/ Trave/ Oder/ Weixel/ Draun oder Drab oder Drau/ Saw/ Etsch/ Inn/ Lech/ Ens/ Traun/Pegnitz/Regnitz Naab/Altmühl/ Lippen/Fulda/Isar/Muer/Mulda/Kur/ Spree/ Tauber/Unstrut/Werra. Insgemein zehlet man vor die vornemsten Wälder in Teutschland / den Ardenner/Böhmer/Harz/Odenwald/Schwarzwald/Spessart/Thüringer/Wiener/Wesferwald. Unter den Bergen sind/ nach den Alpen und Tauren/ das Schweizerisch/Tyrolisch/ Kärndterisch/ Steyerisch/ und Welsch/Geburg/die Baar/ das Böhmisch Gebürg/ Brockelsberg/Elsaß/und Lothringisch/Gebürg/ der Sichelberg/ der Hairich/ und Hohe-Rück/ Hessisch-Gebürg/Kolberg/wahend Zwickau/Karlenberg/Krapack/und andere mehr. Imgleichen man in Teutschland schöne Thäler/Wiesen/Gärten/ Saffran/Weyrauch/Myrrhen/Süßholz/Färberöte/ und Waid/ allerley Metallen/ Mineralien/ Salz/ allerley gute Kräuter und Gewächs /Früchte/ Getraid/ Wein und dergleichen. Imgleichen sind allda herrliche Sauerbrunnen und Gesund-Bäder. So hat es an allerley Viehe/Wildpret/Fischen 2c. noch einen ziemlichen Vorrath.

Es wird aber Teutschland getheilet in Ober-und Nieder-Teutschland/ darinnen folgende Länder zu betrachten vorkommen:

Das Schweizerland oder die Eidgenosschafft samt deren confoederirten Landen ligt zwischen dem Gebürg Jura/dem Genffer-See/dem Land Italien und dem Rhein. Hat zu Gränzen gegen Aufgang die Tyroler/ gegen Mittag der Alpes Cottias/ item die Lombarden das Herzogthum Mayland und Piemont; gegen Abend Savojen und Burgund/ und gegen Mitternacht den Rhein und das Schwabenland. Wird in vier Göw abgetheilet / als in das Zürich-göw/ Wyfflisburger-Göw/ Argöw und Turg-göw/sonst aber in 13. Ort Cantons oder Pagos, als da sind Zürich/Bern/ Lucern/Ury/Schwitz/ Underwalden/ Zug/ Glario/ Basel/ Freyburg/ Solothurn/Schaffhausen/Appenzell. Die vornemsten Oerter darinnen/sind folgende:

**Zürch** ist eine von den vornehmsten Städten/ wol befestiget/ und treibet grosse Handthierung in Teutschland und Italien/ hat eine berühmte Hohe Schule das Münster/die Bibliotheck/das Zeughaus/ Rath-Kauff und Richthaus/die 2. Schulen und den Hof sind wol zu sehen. Hieher gehören auch die Städtlein: Bulach/Eglisaw/Grüningen/Griffensee/ Regensperg/Stein am Rhein/Winterthur.

**Bern** ist eine mächtige und feste Stadt am Fluß Ar. Aus dem allda befindlichen Zeughaus kan man mehr als 100000. Mann ins Feld ausrüsten. Auf offner Gassen stehet ein sonderlicher Stuhl mit einer grossen Schaar Bären gezieret/ und mit einem Gitter umgeben/ auf welchem der Schultheiß zu sehen pfleget/ wann er eine Malefiz-Person verurtheilet. Hat unter sich folgende Ort: Arau/ Arberg/ Arburg/Druck/Bürn/Burgsdorf/Erlach/Lenyburg/ Losanna/Wifflisburg/Thorn 2c.

**Lucern** ligt an einem sehr hohen Berg/ welchen etliche des Pilati Berg nennen/darauf ein See/ den man sonderlich verwahren solle/ damit nichts hineingewoffen werde. Allhier sind zu sehen das Barfüsser-Kloster/das Jesuiter Collegium und das Rathhaus. Hieher gehören Rotenburg/Wilsorn/Sempach.

**Ury** ist der Gelegenheit und Natur halber sehr fest. Der Hauptfleck ist Altorf/ darinnen die Rähte/ Gericht und Regierung des Landes gehalten werden.

**Schwitz** ist ein offner mit Bergen umgebner Ort im Aergau/ gibt starke und streitbare Kriegsleute. Hat die Vogtey Einsiedeln/die March/ ein Ländlein auf der linken Hand ob obern Zürich-See gelegen/dessen Hauptflecken Lachen ist.

**Underwalden** ist mit den hohen Alpen / gleichwie mit einem Wall umgeben. Der Einsiedler Bruder Claus hat allhier gelebet.

**Zug** liegt an einem schönen See / so von dem der Zuger-See genennet wird. Ist lang dem Haus Oesterreich gehörig gewesen/bis es endlich An. 1352. in den Eidgenossischen Bund gekommen.

**Glaris** ist ein wolerbauter Flecken / so mit hohen Bergen umgeben. Die Einwohner erhalten sich meistens von der Viehzucht/ dessen sie in dem umliegenden Gebürge viel 1000. Stücke auszerziehen.

**Basel** wird durch den Rhein in zween ungleiche Theile getheilet/ hat neben der Stifts-Kirche/ viel herrliche Gebäude. Die Universität ist An. 1640. vom Pabst Pio II. aufgerichtet und befreyet worden. Der Bischof hält Hof zu Bruntraut/in dem Elsgöw/ an den Burgundischen Gränzen.

**Freyburg** oder Friburg hat ein Jesuiter-Collegium/ die Stiffts-Kirche in Unser Frauen/ und St. Niclas/ und sind etliche Klöster samt dem Rathhaus wol zu sehen. Die hieher gehörige Städtlein sind: Montenach/Rement/Rue.

**Solothurn** ist eine ziemliche grosse und schöne Stadt/hat schöne gemahlte Häuser/allda die Haupt-Kirche

Kirche zu St. Urso / item das Rath-und Zeughaus insonderheit zu sehen. Hat unter sich das Städtlein Olten.

*Schaffhausen.* Schaffhausen ist feste feste am Rhein erbauet / sehr lang und breit / und hat sehr schöne Häuser. Die Kirche zu den Aposteln ist ein statliches Werck / welche wie auch das Rahthaus und das Kloster / wol zu sehen.

*Appenzell.* Appenzell / ist so viel gesagt / als der Abt Zell / dann die Benedictiner Aebte haben daselbst ein Schloß gehabt / welches Claur genennet ward.

Uber diese ist erzehlte Städte wird auch hieher gerechnet:

*Baden.* Baden in Aergöw / oder vielmehr Zürichgöw hat 2. Schlösser / von den warmen Bädern den Namen. Die Land-Täge werden allhier jährlich um die Sonnen-Wende gehalten.

Ferner die Städlein Aleßäeten / Clingenau / Rayserstuhl / Bellen / Bremgarten / Bürglen / Dieffenhofen / Frauenfeld / Loweny / Mellingen / Rapperswyl / Rhineck / Rhynow / Sargans / Walhenstatt.

*Mülhausen.* Mülhausen ist im Schweitzerischen Bund begriffen / hat 4. Wasser-Gräben / und so viel Brücken darüber. Der Boden herum ist an Wein / Getraid und andern gar fruchtbar.

*St. Gallen.* S. Gallen ist mit Mauren und Thürnen starck umgeben / hat einen grossen Handel allda / hat sich An. 1454. mit etlichen Schweitzerischen Orten in einen ewigen Bund eingelassen. Das Fürstliche Kloster / die Bibliotheck / das Münster und Rahthaus sind sehens-würdig.

*Genf.* Genf hat einen schönen Wall und Bollwerck mit Mauren / eine statliche Academie / und vortreffliches Zeughaus. Die Bischöffliche Haupt-Kirche zu St. Peter / das Rahthaus und die Bibliotheck sind wol zu sehen.

*Graubündten. Cur.* Unter allen Bunds-Verwandten der Schweitzer sind die Graubündter am mächtigsten / deren Hauptstadt ist Cur / wol erbauet / aber nicht sonderlich groß / und mit Bergen umgeben / allda sind der Thum / das Prediger-Kloster / das Rath-und Kauffhaus wol zu sehen. Hat einen eignen Bischof / und ist eine grosse Niederlag von Gütern allda. Sonst sind auch da die Oerter Claven / und Meyenfeld.

*Beltlin.* Hieher gehöret die Veltliner / Thal / eines von den schönsten in Europa / und dabey nicht von geringer Wichtigkeit. Der Wein / so allda wächst / ist trefflich berühmt.

*Walliser-Land.* Das Walliser-Land ist ebenfalls mit den Schweitzern verbunden / und wird von der Rhone gantz durchflossen / und von dem höchsten Gebürg umgeben / wird in das Obere und Untere getheilet: im Obern / da man Teutsch redet / liegt Goms / Armen / Naters / Racen / und Sitten / welches die Haupt-stadt dieses gantzen Landes. Im untern / da man Savosisch redet / liegt Martinach und S. Moritz.

*Grafschaft Tyrol.* Die Grafschaft Tyrol ist auch ein Stuck von der Rhätier Wohnung / wird vor die grösseste Grafschaft in Europa und wegen der reichen Einkommens / sonderlich vom Bergwerck / einem Königreich gleich gehalten. Grentzet an Pünten / Schwaben / Bayern / Tarviser-Marck / und andere der Venetianer Herrschafften. Hierinn sind folgende Städte und Oerter.

*Tyrol das Schloß.* Tyrol ist ein Fürstliches Schloß / so hübsch anzusehen / und davon diese Grafschafft den Namen hat.

*Inspruck.* Inspruck ist eine wol erbaute Stadt / das Franciscaner Kloster / das Jesuiter Kloster und das Schloß oder Fürstliche Burg sind wol zu besichtigen; item die Bibliotheck / das Zeughaus / das Rahthaus und die Hof-Cantzley.

*Botzen.* Botzen ligt am Einfluß der Eisack in die Etsch / und ist berühmt wegen der ansehnlichen 4. Jahrmärckte oder Messen / deren der 1. am Montag nach dem Sonntag Oculi / der 2. den ersten Wercktag nach dem Fronleichnam-Tag / der 3. den 8. Septemb. N.C. und der 4. den Tag nach St. Andreä gehalten werde.

*Trien.* Trient ist eine uralte Stadt / allwo das welt-be-rüffne Concilium An. 1545. bis 1563. gehalten worden. Der Bischof hat seinen Sitz unter den Reichs-Fürsten. Es sind allhier zu sehen der Dom / das Jesuiter Collegium und verschiedne Paläste.

*Brixen.* Brixen ist eine Bischöffliche Stadt / hat ein Schloß / so auf einem Hügel lieget / und vor unüberwindlich gehalten wird. Sehens-würdig sind der Palast / die Dom-und Pfarr-Kirche.

*Das Hertzogthum Kärndten.* Das Hertzogthum Kärndten stösset an Crain / das Tyrol / Saltzburg / Oesterreich und Steyermark / und geghnan liegt zwischen der Muer und Draun oder Drah. Die vornemste Oerter darinnen sind:

*Villach.* Villach ist eine wolerbaute Stadt / gehöret dem Bischof von Bamberg / allda die St. Jacobs-Kirche zu sehen ist.

*Clagenfurt.* Clagenfurt ist die Hauptstadt / allwo die Stände zusammen kommen / und ihr Landhaus haben. Ist mit einem Wall umgeben / und ziemlich befestiget. Die Kirchen-Burg und Schloß / der neue Bau und das Rahthaus sind wol zu sehen.

*Frisach.* Frisach ist dem Erzbischof von Saltzburg gehörig / allwo das Schloß neben 2. Klöstern zu sehen. Oberhalb der Stadt stehet auf einem lustigen Berg das herrliche Schloß Peperberg / darin der Saltzburgische Vicedom seine Wohnung hat. Es sind auch allda Volkmark / S. Veit und Judenburg.

*Crain.* Das Hertzogthum Crain von dem Carnis also genennet / stösset an Friaul / Histerreich / Windisch Mark / Kärndten und Tyrol. In Ober-Crain ligt an der Sau Crainberg; in Nieder-Crain liegt die Stadt Laubach / ist sein erbauet und sehr Volkreich / hat ein Schloß / so auf einem Berg lieget. Die Bischöffliche Kirche ist wol zu sehen. Vier Meilen von dieser Hauptstadt ligt Ober-Laubach in seiner Marcksteck. An der Saona ligt die Grafschaft Cyli / Gegen Windisch-Mark / Zircknic und der Zirckniger See / welcher zu gewisser Zeit austrocknet / und zum Ackerbau und Jagen zu gebrauchen.

*Königreich Croaten.* Das Königreich Croaten oder Crabaten ist ein Stuck des alten Pannonid / stösst an Histerreich / Crain / Windisch-Mark / die Grafschaft Zara / Dalmatien und Sclaven. Es liegen darinnen Sißeg an der Sau / Wihitsch und Dubitsch / so jüngst denen Türken von den Christen abgenommen worden.

*Windisch-Mark.* Die Windisch-Marck stösst an Crain / Histerreich / Crabaten / Sclavonien und die Grafschaft Cyli / li / ist zwischen der Sau und Culp. Und ist darinnen Gurckfeld / Wergel / Rudolffsowerth / Seissenburg / Gotsche / Ratzenfeld / Metling / Carlstatt / ligt an der Grentz mit Croaten / zuvor Wagaz genennet.

*Hertzogthum Steyermark.* Das Hertzogthum Steyermark ist ein Stuck von den Noricorum / wie dann auch der Pannonien altem Quartier / liegt zwischen Hungarn / Sclavonien / Crain / Kärndten und Oesterreich. In Ober-Steyermark liegt Bruck an der Muer / ist eine alte Stadt / darinn das Franciscaner-Kloster / und in selbiger Kirchen ein schöner Altar zu sehen. Das Fürstl. Schloß liegt zierlich hoch.

*Grätz die Statt.* In Nieder-Steyermark liegt Grätz die Haupt-Stadt in gantz Steyr / ziemlich fest und mit einem Wall und Bollwercken / auch schönen vesten Thoren bewahret. Das Schloß ligt auf dem Berg / und wird vor unüberwindlich gehalten. Hat schöne Kirchen / Klöster und eine Fürstliche Burg. Ferner sind in Nieder-Steyermarkt Voitzberg / Ra-
kelos

C ij

Felsburg an der Muer / Pettaw an der Drab / Nieder-Lymbach und Canisia.

**Ertzhengthum Oesterreich.** Das Ertz-Hertzogthum Oesterreich stößt an Böhmen / Mähren / Hungarn / Steyermart / Kärndten / Saltzburg / Bayern. Die vornemste Stadt ist

**Wien.** Wien / die Kayserl. Residenz / hat im Umkreiß eine halbe Teutsche Meil / ist mit 6. Haupt-Thoren und 10. grossen Bollwercken und Basteyen versehen. An. 1683. wurde sie von den Türcken vergeblich belagert.

**Linz.** Linz ist zwar klein / aber lustig und wol erbauet / hat in der Höhe ein ansehnlich Kayserl. Schloß.

**Ens.** Ens ist wol erbauet und fest an der Ens. Allwo insonderheit der schöne Thurn auf dem Marckt / das Zeug-Hauß / Schloß und eine Kirche zu sehen.

**Wels.** Wels ist wol erbauet und schön / von aussen mit einer feinen Vorstadt / und inwendig mit einem Fürstl. Schloß gezieret.

**Gemünd.** Gemünd ist eine schöne und wolerbauete Stadt des Saltzwesens halber sehr berühmt.

**Crembs.** Crembs hat eine schöne helle Kirche zu St. Vito / item ein Jesuiter Collegium oder Kirche rc.

**Marggrafschaft Mähren.** Die Marggrafschaft Mähren stößet an das Königreich Böhmen / an Schlesien / Hungarn und Oesterreich. Die Städte darinnen sind:

**Olmütz.** Olmütz ist eine sehr feste und wol erbauete Bischoffliche Stadt / allda sind Sehens-würdig der Dom / Bischofshof / Jesuiter-Collegium / Rahthauß / Landhauß und Marckt.

**Iglau.** Iglau ist mit Gebürg und Wald umgeben / hat ein herrlich Bier / und wird auch gutes Tuch allhier gemachet. An. 1625. hat die Pest allhier über 9000. Menschen hinweg genommen.

**Brinn.** Brinn ist wol und stattlich erbauet / allwo die Land-Täge / wie auch zu Olmütz Umwechslung-weise gehalten werden. Das Jesuiter-Collegium und der Bischofshof sind wol zu sehen. Die Schweden haben diesen Ort Anno 1643. und 1645. vergeblich belägert.

**Crumau.** Crumau ist zwar ziemlich klein / hat aber ein herrlich und prächtig erbautes Schloß.

**Znaim.** Znaim hat schöne Häuser und ein Fürstliches Schloß. Das Rahthauß ist wol zu sehen / und hat einen hohen und künstlichen Thurn.

**Königreich Böhmen.** Das Königreich und Churfürstenthum Böhmen heisset so viel als der Bojen Heimath / stößet an Mähren / Ober-Pfalz / Voitland / aufsitz mit Schlesien / die Residenz ist Prag / wird in die alte und neue Stadt abgetheilet. Die alte liegt auf der rechten Seiten der Muldau / hat ein herrliches Rahthauß. Die neue Stadt / so Carolus IV. An. 1348. erbauet / ist grösser dann die alte / hat ein altes Schloß Wischerad. Die kleine Seiten oder Stadt liegt zur lincken der Muldau / und ist fast eben so groß / als die alte Stadt. Es ist ein Erzbistum allda. Die Hohe Schul ist trefflich berühmt.

**Pilsen.** Andere Städte allda sind: Pilsen / liegt zwischen zweyen Wassern / ist sehr fest. In der vornemsten Kirchen alldar stehen 30. Altäre.

**Budweiß.** Budweiß ist eine sehr lustige / schöne und wolerbauete Königliche Stadt / ligt in der Ebne / auf einem gar fruchtbaren Boden / da herum es eine schöne Gegend hat.

**Kuttenberg.** Kuttenberg ist wol erbauet / und wegen des Silber-Bergwercks sonderlich berühmt. An. 1300. hat man hier die Böhmischen Groschen zu schlagen angefangen. Es sind noch ferner allhier die Städte Königin-Grätz / Limpurg / Tabor / Saz / Leitmerin / Commenaw / Carlsbad / Joachimsthal. rc.

**Ober-Pfalz oder Nort-gau.** Die Ober-Pfalz oder Pfalz-Bayern / oder das Nortgaw / hat diesen letzern Namen deswegen überkommen / weil es das Theil von Bayern gegen

Nord oder Mitternacht gelegen / also Bayern jenseits der Donau auch genennet wird. Stößet an recht Bayern (davon es die Donau scheidet) Böhmen / Vogtland und Francken. Es sind darinnen: **Amberg.** Amberg / ist eine Stadt an der Vils / ist Chur-Bayerisch. Die schönen Kirchen / das Schloß / Zeughauß und s. f. sind sehens-würdig. Wird unter die festesten Ort in Teutschland gezehlet.

**Eichstädt.** Eichstädt ist eine Bischoffliche Stadt an der Altmühl / fünf Meilen von Donauwerth / nicht groß / in einem tieffen Thal / allda sind zu sehen der Bischofshof / Dom / Pfarkirchen / etliche Klöster / Rathhauß / Canzley / und die steinerne Brücke über die Altmühl. Das Schloß und Bischoffliche Residenz S. Wilibaldsberg liegt eine halbe Stund davon auf einem Felsen.

**Lavingen.** Lavingen hat ein schönes Fürstliches Schloß / und eine Brücke über die Donau. Sehens-würdig sind die Pfarkirche und der schöne Hof-Thurn.

**Dillingen.** Dillingen ist eine wol erbauete Stadt / allwo der Bischof von Augspurg Hof hält. Hat eine berühmte Hohe Schule.

**Neuburg.** Neuburg ist auf die heutige Manier fortificiret / und die gewöhnliche Residenz des Herzogs von Neuburg. Das Fürstliche Schloß / Collegium der Jesuiter / S. Peters Pfarkirche / Gymnasium und Rahthauß sind wol zu sehen.

**Sulzbach.** Sulzbach hat ein feines Schloß / da ein Pfalzgraf und Fürst residiret. Hat nur einen Brönnen unten am Berg / davon die ganze Stadt versehen wird.

**Nürnberg.** Nürnberg ist eine Reichs-Stadt / wurde An. 911. von Kayser Ludovico III. erweitert / ummauret / und mit einer Burg gezieret / A. 1583. von Carolo V. noch mehrers erweitert / daß ihr Umkreiß in die 8000. Schritte gerechnet wird. Hat 6. Thor und 2. Pforten / 528. grosse und kleine Gassen / 365. grosse und kleine Thürne / 10. Marckt oder Plätz / 10. Kirchen und ein vortrefflich erbautes Rahthauß.

**Land-Graf-schafft Leuchtenberg.** In dieser Ober-Pfalz liegt auch die 4. Reichs-Land-Grafschafften / nemlich Leuchtenberg. Die Land-Grafl. Residenz ist zu Pfreimbt / und ist hierinn auch der Fichtelberg / aus welchem die vier Wasser / der Mayn / so gegen Abend / die Eger / so gegen Aufgang / die Nab / so gegen Mittag / und die Saal / so gegen Mitternacht fliesset / entspringet. Eger und Ellenbogen samt der Grafschafft liegen auch hierinnen / gehören aber unter Böhmen.

**Hertzogthum Bayern.** Das Herzogthum Bayern stößt an Ober-Pfalz / Oesterreich / Bistum Saltzburg / Grafschafft Tyrol und Schwaben. Wird in Ober- und Nieder-Bayern getheilet. In Ober-Bayern / so an die Alpen stößet / ligen folgende Städte.

**München.** München ist die Chur-Bayerische Residenz / so an Schönheit und auserlesnen Raritäten nicht viel ihres gleichen hat. Pranget mit der Haupt-Kirche zu unser lieben Frauen / der Jesuiter / und Franciscaner. Der Chur-Fürstl. Palast / die neue Veste genannt / ist sehens-würdig / wie auch sehr viel andere rare Sachen mehr.

**Ingolstatt.** Ingolstatt liegt an der Donau / hat ein vestes Schloß / die Pfarkirche / Jesuiter-Collegium / und die Bibliothek sind wol zu sehen. Die Hohe Schul ist Anno 1472. von Herzog Ludwigen angerichtet worden.

**Landsberg.** Landsberg ist eine lustige Stadt im Lechthal am Lech / hat einen Berg ein lustiges Schloß. Hat im 30. jährigen Krieg sehr viel ausstehen müssen.

**Freysingen.** Freysingen ist eine schöne Ober-Bischoffliche Residenz an der Mosach. Das Fürstliche Schloß samt dem Dom und andern Kirchen sind wol zu sehen.

In

**Regenspurg.** Jm Unter-Bayern liegen folgende Städte.
Regenspurg ist eine Reichsstadt in Bayerland/ an der Donau/ wurde von Käyser Claudio Tiberio erbauet. Der Thum daselbst ist wol sehens-würdig/ item das Rathhaus. Hat im Teutschen Krieg viel ausgestanden.

**Straubingen.** Straubingen an der Donau ist eine wol-erbaute Stadt. Hat eine schöne Collegiat-Kirche zu S. Jacob und Tiburtio. Die Stadt ist An. 1209. erbauet worden. Litte An. 1288. vom Feuer grossen Schaden.

**Dingelstingen.** Dingelstingen gehöret in die Fürstliche Landshutische Regierung. Die da vorüberlauffende Iser bringet dem Ort nicht wenig Nutzen.

**Landshut.** Landshut ist eine stattliche Vestung an der Iser. Die Stiffts Kirche zu S. Martin hat einen Thurn/ der unter die höchsten in Teutschland gezehlet wird. Das Schloß ist ausserhalb der Stadt auf einem Bergelen auf Italiänische Manier gebauet.

**Passau.** Passau ist eine berühmte Bischoffliche Stadt. Der Bischoffs-Hof/ Haupt-Kirche zu St. Stessan/ Jesuiter Collegium/ Marien-Hilff-Kirch/ und das veste Schloß auf St. Georgens-Berg sind sehens-würdig.

**Erzbißthum Salzburg.** Das Erzbißthum Salzburg/ ist ein Stuck Bayerlandes/ ihme gegen Mittage gelegen/ und an die Kärndter-Alpen/ und Oesterreich stossend.

**Stadt Salzburg.** Die Haupt-und Residentz-Stadt ist Salzburg an der Salzach/ trefflich schön und fest/ hat herzliche Gebäu/ unter denen sonderlich zu sehen sind der herzliche Thum zu St. Ruprecht/ das Benedictiner Kloster zu St. Peter/ die Kirche zu St. Sebastian/ die Capelle zu St. Gabriel/ das obere Schloß/ oder die Vestung/ die Erzbischof. Residentz oder das untere Schloß/ein recht Fürstl. Gebäu.

**Schwabenburg.** Das Schwabenland begreiffet heutiges Tages in sich/was zwischen Bayern/den Alpen/Boden-See/Rhein-und Frankenland gelegen/ nemlich die Marggrafschaft Baden und das Herzogthum Würtenberg (davon etwas besser unten) das Costnitz und Augspurger Bißtum/ Fürstenthum hohen Zollern/die Grafschaft/Fürstenberg/Oettingen/ die Grafschaft Limburg/c. und folgende theils Reichsstadt/theils andere Städte.

**Augspurg.** Augspurg ist eine schöne und grosse Reichsstadt/ wurde An. 1120. vor Christi Geburt zu bauen angefangen. Hat unterschiedliche schöne Kirchen/ unter denen die Bischöffliche Haupt-Kirche zu unser Frauen den Vorzug hat. Das Rath-Haus ist wohl zu sehen. Der Perlach-Thurn ist bey 300. Staffeln hoch.

**Ulm.** Ulm ist eine ruhm-würdige Reichsstadt an der Donau/ sehr vest hat 5. Thor/ ein wolgebautes und prächtiges Münster/ samt etlichen andern Kirchen und Klöstern/ ein wohlangerichtes Gymnasium, schönes Rathhaus und Zeughaus.

**Hall.** Hall ist ebenfalls eine Reichsstadt am Kocherfluß allwo die Kirchen zu S. Michael/zu St. Catharina/das Rath-und Zeughaus sehens-würdig. Die Salz-Quellen bringen den Einwohnern ein merkliches ein.

**Hailbrunn.** Hailbronn ist eine Reichsstadt am Necker/hat einen Brunnen/ dessen Wasser trefflich gesund seyn solle/ wovon sie auch den Namen bekommen die Haupt-Kirche zu S. Kilian und das Rathhaus sind wol zu sehen.

**Wimpsen.** Wimpssen gleichfalls eine Reichsstadt am Necker ist mit hohen Mauren und Thürnen versehen/ hat nur eine Kirch und Kloster.

**Reutlingen.** Reutlingen ist eine alte und wohl-erbaute Reichsstadt/ hat eine schöne Pfarrkirche und Rathhaus Jm Spital wird derjenige Heidnische Abgott gewiesen/welchen die Einwohner ehedessen angebetet.

**Eßlingen.** Eßlingen ist eine Reichs-Stadt am Neckar-Fluß An. 1285. vom Käyser Friederich zur Stadt gemacht. Hat 3. Vorstädte. Die zwo Kirchen/ St. Dionisii und S. Martini samt dem Rahthaus und Spital sind wohl zu sehen.

**Gmünd.** Gmünd ist eine Reichsstadt/so A. C. 1120. mit einer Mauer von Herzog Friederich en in Schwaben umgeben worden. Unterschiedliche Kirchen und Klöster sind zu sehen/ und sonderlich die Hauptkirche zum heiligen Creuz/ Allhier gibt es viel Paternostermacher.

**Dünkelsbühl.** Dünkelspühl ist eine alte Reichsstadt an der Wernitz/hat eine schöne Hauptkirche zu S. Georgen/ samt zweyen Klöstern. Das Rahthaus ist schön und wol erbauet.

**Weissenburg.** Weissenburg im Nortgau/ ist eine bekannte Reichsstadt/hat eine feine Kirche/ Schul und Rathhaus. Die Vestung Wülzburg liegt nicht weit davon auf einem hohen Berg/ so dem Marggrafen von Onolzbach gehörig.

**Aalen.** Aalen ist eine Reichsstadt im Kochenthal/ am Kocherfluß/allwo die Aalen häuffig gefangen werden.

**Bopfingen.** Bopfingen ist eine Reichsstädtlein im Ries/ so ein Theil des Schwabenlandes ist. Hat eine schöne Pfarrkirche St. Blasii/ so An. 1650. erneuert worden. Hat im 30. jährigen Krieg sehr viel ausgestanden.

**Donauwerth.** Donauwerth ist eine Reichsstadt an der Donau/hat ein schönes Kloster zum H. Creuz/die Kirche zu Unser Frauen/ und zu St. Johannis/ samt dem Rahthaus sind wol zu sehen. Ware vor diesem eine Reichsstadt/Gehöret ietziges Tages Chur-Bayern.

**Nördlingen.** Nördlingen ist eine veste und wol verwahrte Reichsstadt. Hat eine schöne Pfarrkirche zu St. Georg/ und Maria Magdalena/ deren Thurn von Quadersteinen gebauet/unter die höchsten Thürne in Teutschland gezehlet wird. Das Carmeliter-Kloster und Rathhaus sind wol zu sehen.

**Giengen.** Giengen ist ein lustiges Reichsstädtlein am Wasser Bring/ mit einer neuen Kirchen und Rathhaus versehen/ so An. 1669. wieder erbauet worden/ zumalen A. 1632. die Stadt bis auf 4. kleine Häuser abgebrandt.

**Biberach.** Biberach ist eine ziemlich alte Reichsstadt/ bey dem Fluß Riß. Hat eine schöne und wol-erbaute Pfarrkirche/ Rathhaus und Spital/wie auch 2. lateinische Schulen.

**Ravenspurg.** Ravenspurg ist eine Reichsstadt im Algöw/ am Fluß Schuß/ in einem mit Weinbergen umgebenen lustigen Thal. Die Kirchen/Klöster/Rath-und Zeughaus sind wol zu sehen. Hat ein Schloß oder Landhaus.

**Rotweil.** Rotweil ist eine feste Reichsstadt mit gar weiten und sehr tieffen Gräben umgeben. Das Käyserliche Hofgericht so vor Zeiten da gehalten worden/ hat sie berühmt gemacht. Die Stadt hat im Teutschen Krieg viel müssen über sich geben lassen.

**Kempten.** Kempten ist eine uralte Reichsstadt im Algöw/ an dem Ufer-Fluß. Hat eine schöne Pfarrkirche zu St. Margaretha und ansehnliches Rathhaus. Der Leinwand-Handel wird hier stark getrieben. Der Abt des Benedictiner Klosters ist ein Fürst/ und hat ein grosses Gebiet unter sich.

**Memmingen.** Memmingen ist eine Reichsstadt in einer lustigen Ebne. Die Kirche zu St. Martin und unser gn. Frauen/ das Rathhaus und Hospital zum H. Geist sind sehens-würdig.

**Kauffbeuren.** Kauffbeuren ist eine Reichsstadt an der Wertach/im Wertacher Thal/ wurde An. C. 842. von einem Freyherren von Hof erbauet. Hat eine schöne Kirche/St. Blasio zu Ehren erbauet.

**Leutkirch.** Leutkirch ist eine Reichsstadt im Algöw/ am Wasser Eschach/ hat zwo wol erbaute Kirchen zu St. Martini und zur Heil. Dreyfaltigkeit. Ist ein

F                                                               wahre nahehaffter Ort / und hat im 30. jährigen Krieg viel müssen über sich ergehen lassen.

**Wangen.** Wangen ist eine Reichsstadt im Algöw / am Wasser Obern-Arg / allwo die S. Martins-Kirche / das Rathhaus und der Spittal zu sehen. Hat ein Frey-und Land-Gericht / und wird allda das schönste Postpapier gemachet.

**Jsny.** Jsny ist eine Reichsstadt im Algöw / hat Anno 1631. einen erschrecklichen Brand ausgestanden / worinn in die 360. Häuser in die Aschen geleget worden. Hat sich bishero noch nicht recht erholen können.

**Costnitz.** Costnitz ist eine feste Stadt am Boden-See am Rhein / hat eine schöne Bischoffliche Kirche zu S. Steffan / unterschiedliche Stiffts-Kirchen / und Klöster. Das Rathhaus / Jesuiter-Collegium etc. sind wol zu sehen. Das Bißtum hat über 400. Klöster / und 1800. Pfarren unter sich. Allhier sind Anno 1415. Johann Huß und Hieronymus von Prag verbrennet worden.

**Uberlingen.** Uberlingen ist eine Reichsstadt am Bodensee / allwo vor Zeiten die alten Herzogen in Schwaben Hofe gehalten haben. Hat einen vermögenden Hospital / wie auch eine bequeme und sichere Schifflände. Hat im 30. jährigen Krieg grosse Ungelegenheiten aussstehen müssen. Das Gesund-Bad ist nicht zu verachten.

**Lindau.** Lindau ist eine wolgelegene Stadt am Boden-See / wird insgemein das kleine Venedig genennet. Die Pfarrkirche zu St. Steffan / das Fürstl. Frauenkloster / die Burg / Zeughaus und Schule sind in gutem Ruff.

**Herzogthum Würtenberg.** Das Herzogthum Würtenberg / wird von dem a ten Schloß Würtenberg also genennet / und ist ein Stück Schwabenlandes / darinn vor Zeiten die Caritini gewohnet haben. Stösset an das übrige Schwaben / an Bayern / Franken / Pfalz und Marggraffschaft Baden. Unter der Staig ist die

**Stuttgart.** Haupt-und Residenz-Stadt Stuttgart / ist hier groß / liegt am Neckar. Die Häuser sind meistentheils mit Gärten gezieret. Hat ein vortreffliches Schloß / welches überaus sehenswürdig. Die alte Stiftskirche / die Kirche zu St. Leonhard / der neue Bau / der grosse Marstall etc. sind auch wol zu sehen.

**Tübingen.** Ob der Staig ligt die Hauptstadt Tübingen / hat eine weitberühmte Universität und Collegium Illustre, allwo Fürsten / Grafen / Freyherren und Edelleute auferzogen werden. Das prächtige Schloß / die St. Georgen-Kirche / und das Rahthaus sind wol zu beobachten.

**Canstatt.** Canstatt ist eine Stadt am Necker hat ein Posthaus / ziemlich schlechte Häuser / und insonderheit ein Bad / welches vor die Krätze seyn solle.

**Schorndorf.** Schorndorf ist ein sehr fester Ort / woselbst ein sehens-würdiges Schloß befindlich. Der Kirche und Rahthaus sind auch schöne Gebäude.

**Göppingen.** Göppingen ist wegen des befindlichen Sauerbrunnens sehr berühmt / hat ebenfalls ein schönes Schloß und Pfarrkirche.

**Kirchheim.** Kirchheim ist eine alte Stadt / unter dem alten Schloß Teck / woraus die alten Herzogen von Teck herzustammet.

**Rotenburg.** Rotenburg am Necker liegt in der Oesterreichischen Grafschaft Hohenberg / hat eine Carmeliter und Capuciner Kloster. Nicht weit davon entspringet ein Sauerbronn / so vor viele Krankheiten gut seyn solle.

**Marggraffschaft Baden.** Die Marggrafschaft Baden stösset an Elsaß / Würtenberg und Pfalz. Allhier liegen folgende Städte.

**Baden.** Baden ist die Hauptstadt in diesem Marggrafthum / liegt zwischen Bergen / eine Meile vom Rhein / hat den Namen von den warmen Bädern allda. Das allhier befindliche Schloß ist wol zu besichtigen.

**Durlach.** Durlach ist die Residenz der Evangelischen Marggrafen zu Baden / ligt an dem Thurnberg / ist nicht gar groß / hat eine schöne Pfarrkirche und wolgebaute Häuser. Der Fürstliche Palast hat ein herrliches Ansehen.

**Pforßheim.** Pforßheim ist fein und wol gebauet / hat ein altes Schloß / welches samt der Kirche / die Stadt um ein merkliches zieret.

**Landgrafschaft Elsaß.** Die Land-Grafschaft Elsaß ligt diß und jenseit des Rheins / und stösset an Schweizerland / Lothringen / Pfalz / Baden / und Würtemberg. Hat bishero der Kron Frankreich zum Kriegs-Sitz gedienet. Wird abgetheilet in Ober-und Unter-Elsaß. Im Obern-Elsaß liegt die Grafschaft Harburg / und folgende Städte.

**Enßheim.** Enßheim wird vor die Hauptstadt gehalten / ligt an der Jll / ist mit starken Mauren und Wassergräben umgeben. Das Schloß samt der Pfarrkirchen sind wol zu sehen.

**Rufach.** Rufach ist eine ziemliche Stadt und hat ein feines Schloß. Man ist vor Zeiten allhier gar ernstlich wider die Diebe verfahren / dahero das Sprichwort entstanden: der alte Galgen zu Rufach hat gut Eichenholz.

**Colmar.** Colmar ist eine schöne Stadt im Elsaß / mit Geist-und Weltlichen Gebäuen schön gezieret. Hat sich An. 1673. ohne Noth an die Franzosen ergeben / welche ihre Mauren und Wälle anfangs rasiret / hernach doch wieder repariret.

**Schlettstatt.** Schlettstatt ist ebenfalls eine feste Stadt am Jll-Tham / hat eine schöne Kirche / das Münster genannt / samt mehr andern Geist und Weltlichen schönen Gebäuen. Die Franzosen haben sie An. 1673. eingenommen.

**Münster.** Münster in St. Gregorien-Thal hat ein stattliches Kloster / das Münster genannt / welches A. C. 660. gestiftet worden. Der Einwohner Handel und Nahrung bestehet meistentheils in Viehzucht.

**Türkheim.** Türkheim ist ein wolbekandtes Städtlein / eine kleine Meile oberhalb Colmar / allwo den 4. Jenner 1675. zwischen denen Alliirten und Franzosen ein scharffes Gefecht vorgegangen / da der Franzosen über 1800. nebenst dem alten General Lieut. Faucault geblieben.

**Kaysersberg.** Kaysersberg ist eine zwar kleine aber schön und wolgelegene Stadt / allwo der edelste Wein wächset. Hat An. 1674. und 75. von den Franzosen sehr viel aussstehen müssen.

Im Untern-Elsaß sind folgende Städte berühmt.

**Straßburg.** Straßburg ist groß / schön und fest / hat 195. Gassen / ein vortrefflich schönes Münster / dessen Thurms höhe 574. Schuhe austragen solle. Die Pfalz / der neue Bau / der Pfenning-Thurn / die Münz / und die annoch allda von den Franzosen neu erbauete Citadelle sind sehens-würdig.

**Hagenau.** Hagenau ist vor Zeiten eine ansehnliche Reichsstadt gewesen / welche aber von den Franzosen Anno 1673. ihrer Mauren beraubet / An. 1674. wieder fortificiret / An. 1677. aber geschleiffet und gesprenget worden.

**Kron Weissenburg.** Kron-Weissenburg ware ebenfalls vor Zeiten eine schöne Reichs-Stadt / allso ligt sie fast gar in der Aschen / zumalen sie An. 1673. von den Franzosen gänzlich demantelet / und endlich von la Brosse fast gänzlich verheeret worden.

**Zabern.** Elsaß-Zabern ist uralt und dem Bistumb Straßburg gehörig / auch dessen Residenz / eine feste Stadt / hat ein festes Schloß auf einem Berge. In der Stadt ist noch ein Schloß / samt einer schönen Pfarr-

Pfarrkirchen und Capellen. Die Ringmauer solle so viel Thürne als Wochen im Jahr haben.

**Mülheim.** Mülheim ist eine feine Stadt/ hat ein schönes Schloß und wol angerichtetes Spital. Die Jesuiter haben ein prächtiges Collegium/ schöne Kirche und Hohe Schule.

**Sundgow.** Zum Elsaß haben vor Zeiten auch gehöret das Breißgow und Sundgow. Im Sundgow ligt die Grafschaft Pfirt/ die Herrschaft Mörsburg und Befort/ die Stadt Mülhausen/ (wovon wir allbereit oben gehandelt) item Maßmünster/ Ottmarsen.

**Maßmünster.** Maßmünster hat ein stattlich reich und berühmt Frauen-Kloster/ so Herzog Maßo in Alemannien/ ohngefehr ums Jahr Chr. 730. erbauet.

**Ottmarsen.** Ottmarsheim oder Ottmarsen ein Städtlein/ hat ein adeliches Frauen-Kloster/ und ein uralte Kirche/ so vor Zeiten des Martis-Tempel gewesen.

**Breißgow.** In Breißgow sind folgende Städte:

**Freiburg.** Freiburg ist eine schöne Stadt/ hat herrliche geistl. und weltliche Gebäu/ auch eine Hohe Schule/ item ein ansehnliches Schloß. Die Stadt gehörte etliche 100. Jahre dem Haus Oesterreich/ biß sie An. 1677. von den Franzosen erobert worden.

**Breisach.** Breisach ist eine fast unüberwindliche Vestung am Rhein/ auf einen hohen runden Berg. Gehöret der Kron Frankreich; allda ist die Hauptkirche/ das Schloß/ und die neue Befestigung vornemlich zu sehen. Hat nur einen Brunnen/ der mit einem Rad getretten wird.

**Offenburg.** Offenburg an der Kinzig ist eine Reichsstadt/ so vor etlichen Jahren von den Kayserl. wol befestiget worden. Hat eine schöne Kirche und Rathhaus.

**Badenweiler.** Badenweiler gehöret in die Marggrafschaft Baden. Hat ein stattliches auf einem Berg gelegenes Schloß/ und ein gesundes Bad.

**Hochberg.** Hochberg ist eine fast unüberwindliche Vestung auf einem sehr hohen Berg/ nicht weit von Freiburg/ und gehöret dem Marggrafen von Baden.

**Grafschaft Mümpelgart.** Es stößt auch an das Sundgow/ Schweizerland und die Grafschaft Burgundien/ die Grafschaft Mümpelgart/ darinn ist die Stadt und Schloß Mümpelgart. Allda sind zu sehen die Kirchen zu St. Oßwald und S. Martin/ das Rathhaus/ und der Lustgarten. Die Franzosen besitzen heutiges Tages diesen Ort.

**Chur-Pfalz.** Die Pfalz am Rhein/ wird auch genennet die Chur-Pfalz/ solche von der Obern-Pfalz zu unterscheiden/ stößet an das Herzogthum Würtenberg/ Marggrafschaft Baden/ an Elsaß/ Westerreich und Frankenland. Darinnen liegen disseit Rheins folgende Städte:

**Heydelberg.** Heydelberg ist die Hauptstadt in der Untern-Pfalz/ am Necker/ woselbst der Churfürst in einem ansehnlichen Schloß residiret. Hat eine berühmte Universität. Im Fürstlichen Keller wird ein sehr großes Weinfaß gesehen/ welches 220. Juder Wein hält. An. 1622. und 1635. wurde die Stadt von den Kayserlichen erobert.

**Bretten.** Bretten ist der Eingang und Schlüssel zur Chur-Pfalz/ eine schöne und bequeme Gelegenheiten/ auch ein fruchtbares Land. Wurde A. 1632. von den Kayserischen erobert und außgeplündert.

**Mosbach.** Mosbach ist fein und wolgebauet/ und wegen der Messer und Degenklingen/ welche hier zugerichtet und sauber eingefasset werden/ berühmt. Das Fürstl. Schloß ist wol zu sehen.

**Ladenburg.** Ladenburg ist eine Stadt am Necker/ so Chur-Pfalz und dem Bischof von Wormbs miteinander gehöret.

**Mannheim.** Mannheim ist eine vortreffliche Vestung/ so auf Niederländische Art gebauet. Daben ist vor etlichen Jahren die auserlesene Vestung Friedrichs-

burg von Chur-Pfalz/ samt einer schönen Kirchen/ gebauet worden.

Was jenseit Rheins zur Pfalz gehörig/ liegt eigentlich in Westerreich/ davon etwas besser unten.

**Franken-land.** Das Herzogthum Franken grenzet an Hessen/ Thüringen/ Voitland/ Ober-Pfalz/ Würtenberg und die Pfalz am Rhein. In diesem Lande liegen die Grafschaften Hohenlohe/ Henneberg/ Castell/ Wertheim/ Rheineck/ Erpach. Die Städte sind:

**Wertheim.** Wertheim liegt am Mayn und der Tauber/ so in den Mayn fället. Hat An. 1670. von den Franzosen viel müssen über sich ergehen lassen.

**Würzburg.** Würzburg ist die Hauptstadt in dem Bistum Würzburg/ wol befestiget hat einen schönen Dom/ und unterschiedliche andere Kirchen und Klöster. Der Spital ist sehr groß und weitläuftig. Die Universität An. 1403. aufgerichtet worden.

**Kitzingen.** Kitzingen ist eine lustige Stadt am Mayn/ worüber allhier eine starke steinerne Brücke gehet. Hat ein Benedictiner Kloster. A. 1632. logirte der König in Schweden allhier.

**Onolzbach.** Onolzbach ist ziemlich groß und wol erbauet/ allda die Fürstliche Residenz des H. Marggrafen von Brandenburg ist. Hat 3. große Kirchen/ 2. Fürstl. Schlösser/ welche prächtig erbauet. Das Ball und Reithaus sind sehens-würdig. Hat eine wolbestellte Schule.

**Bamberg.** Bamberg ist eine Bischoffliche Stadt an der Regnitz/ allwo unter andern Kirchen der Dom zu St. Peter und die Stiffts-Kirche zu St. Steffan/ das Jesuiter Collegium wol zu sehen. Die Fürstl. Residenz liegt am Wasser/ und ist nebenst des Domprobsts Haus und den schönen Lustgärten fleißig zu beobachten. Eine berühmte Hohe Schul ist auch allhier.

**Coburg.** Coburg ist eine dem Gothischen Fürsten zugehörige Stadt/ allwo die Fürstliche Residenz/ die Haupt-Kirche zu St. Moritz und das Rathhaus zu beobachten. Ein wol angerichtetes Gymnasium ist hier anzutreffen.

**Königshofen.** Königshofen wird des Bistums Würzburg Proviant-Hauß genennet/ ist zwar klein/ aber ziemlich fest.

**Bischofsheim.** Bischofsheim ist ein Chur-Mainzisches Städtlein/ an der Tauber/ hat trefflich guten Weinwachs. Hat vor Zeiten ein berühmtes Nonnen-Kloster gehabt.

**Miltenburg.** Miltenburg ist eine feine Stadt am Mayn/ so eine sehr lange Vorstadt an dem Fluß herabwarts hat.

**Aschaffenburg.** Aschaffenburg ist ein am Mayn gelegner Ort/ allwo in dem vortrefflichen Schloß der Churfürst von Maintz/ sonderlichbei Winters-Hof zu halten pfleget. Das Jesuiter Collegium ist allhier wol zu sehen.

**Schweinfurt.** Schweinfurt ligt fast mitten im Frankenland/ ist eine Reichsstadt am Mayn. Hat eine schöne Hauptkirche/ prächtiges Rathhaus/ gute steinerne Brücke über den Mayn/ und eine Mühle von 14. Gängen.

**Windsheim.** Windsheim ist eine Reichsstadt an der Aisch/ auf einem guten und von Weinwachs fruchtbaren Boden/ hat eine feine Pfarrkirche und wolbestellte Schule.

**Rotenburg.** Rotenburg an der Tauber ist ebenfalls eine Reichsstadt/ so trefflich wol gelegen/ hat ein schönes Rathhaus/ zwo Kirchen/ und einen anmuthigen Brunnen.

**Frankfurt.** Frankfurt am Mayn ist eine veste/ schöne und weitberühmte Reichs-Stadt/ wird abgetheilet in die große und kleine Stadt/ die große heisset Frankfurt/ von der Fahrt/ so die Franken allda zur Zeit Caroli M. gehabt/ also genennet; die kleine aber wird Sachsenhausen genennet/ von den Sachsen/ die allda

allda haußten / und mit den Francken kriegten. In der Grossen werden jederzeit die Römischen Könige erwehlet. Ist wegen der Herbst und Oster-Messe berühmt.

*Westreich.* Von dem Herzogthum Francken wenden wir uns zum Westreich / darinnen Mainz / Trier / Speyer ꝛc. gelegen. Dieses Westreich wird also von uns Teutschen genennet / weil es uns gegen Westen oder Abend liget. Dann sonst hat es bey denen Occidentalischen Francia Australia, das ist / das Reich gegen Osten oder Morgen geheissen; gleichwie auch Austria oder Oesterreich von uns ihres Lagers halber genennet wird. Es wurde aber Austraria geheissen alles / was zwischen dem Rhein und der Maas / die Vangiones, Nemeti, Treviri und Mediomatrices bewohnet. Heutiges Tages gehören die Mediomatrices in Lottringen / so auch ein Stuck von Westreich oder alten Austraria / davon allbereit oben gehandelt worden. Sonst aber liegen in Westreich und an besagter drey Völcker Stelle das Erzbistum und *Erzbistum und Churfürstenthum Mainz.* Chur-Fürstenthum Mainz / das Bistum Speyer / das Erzbistum und Chur = Fürstenthum Trier. Ferner das Herzogthum Zweybrücken / *Bistum Speyr.* die Grafschaften Saarbrücken / Leiningen / *Erzbist und Churfürstenthum Trier ꝛc. Soltz / Nassaw.* Bitsch / Veldentz und Manderscheid ꝛc. An diesen Orten sind folgende berühmte Städte:

Mainz ist eine Churfürstliche Stadt am Rhein / da der Mayn darein fliesset / von Moguntio einem Trojaner erbauet. Das Erz-Bistum ist erstlich zu Wormbs gewesen / und von dannen / wegen Bequemlichkeit des Orts / gegen Mainz versetzet worden. Das Schloß Martinsburg ist vortrefflich / und die Residenz des Churfürsten. Die Hohe Schul ist A. 1482. aufgerichtet worden. Hat schöne geist und weltliche Gebäu.

*Trier.* Trier ist eine Churfürstl. Erzbischöffliche Residenz an der Mosel und die älteste Stadt in Teutschland ist wegen des Klosters Maximini berühmt. Die Franzosen haben etlichmal diese Stadt sehr übel allda gehauset.

*Coblentz.* Coblentz ligt an der Mosel und dem Rhein / ist eine veste Chur-Trierische Stadt. Hat 2. Stifftskirchen / ein schönes Jesuiter Collegium / und eine gute Brücke über die Mosel.

*Ehrenbreitstein.* Ehrenbreitstein ist eine unüberwindliche Vestung an der rechten Seiten des Rheins bey Coblentz / auf einem sehr hohen Berg. Wird sonst auch Hermanstein genennet.

*Wormbs.* Wormbs ist eine weit-berühmte Reichsstadt am Rhein. Hat einen Thum und Bischöffliche Kirche. St. Amands Pfarrkirche / und etliche andere Stiffter sind wol zu besichtigen / wie auch das Rathhaus.

*Speyr.* Speyer ist eine wolbekandte Reichsstadt / nicht weit vom Rhein / allwo das Kayserliche Kammer-Gericht gehalten wird / welches in 20. Assessoren bestehet / und Anno 1531. von Carolo V. angerichtet worden. Der Bischof von Speyer ist gemeiniglich Cammer = Richter. Die Bischöffliche Haupt-Kirche / samt dem Bischofs-Hof und Rathhaus sind wol zu sehen.

*Landau.* Landau ist eine Stadt am Fluß Queich über Rhein / mit einem fruchtbaren Boden versehen. Wurde An. 1674. von den Franzosen gebrandschatzet und sehr übel zugerichtet.

Es gehöret ferner zum Westerreich was zur Pfalz gerechnet / über den Rhein liget / als da sind folgende Städte:

*Frankenthal.* Frankenthal ist eine Stadt und Vestung / allwo grosse Handthierung getrieben wird / A. 1571. hat Churfürst Friederich von der Widertauffern allhier ein Gespräch halten lassen.

*Neustatt.* Neustatt ist eine lustige Stadt im Speyer gow / mitten durch dieselbe fliesset ein frisches und

Forellen = reiches Wasser. Die Stiffts = Kirche allda ist von Chur = Fürst. Ruprechten aufgerichtet worden.

*Kayserslautern.* Kayserslautern ligt im Ampt Lautern / an dem Fischreichen Wasser / die Lauter genandt. Das Schloß allda ist wol zu sehen.

*Creutznach.* Creutznach ist eine Stadt und Residenz der Pfalzgrafen von Simmern / hat ein altes Schloß / so auf einem Hügel zu sehen. Die Pfarrkirche stehet in einer Insel so die Nahe machet.

*Bacharach.* Bacharach ist eine Chur = Pfältzische Stadt / allwo sehens-würdig sind die Pfar. Kirchen / Münz und Cantzley. Der Weinmachs ist allhier vortrefflich. Ist im 30. jährigen Krieg oft eingenommen worden.

*Bingen.* Bingen ist eine schöne Stadt / sehr lustig / gleichsam in einem Rachen liegend / woselbst sich das Gebürg zusammen zeucht / gehöret dem Dom = Capitel des hohen Stiffts zu Mainz. Nicht weit von dieser Stadt stehet der berühmte Mäusthurm im Rhein.

*Ingelheim.* Ingelheim ist eine Chur = Pfältzische Stadt / hat einen Königlichen Palast / welchen man den Ingelheimer Saal nennet.

Das Erzbist = und Chur = Fürstenthum Cölln / *Erzbist und Churfürstenthum Cölln.* stösst an das Stifft Trier / die Herzogthümer Limburg / Gülich / Bergen und an Hessen / und ware vor Zeiten der Ubiorum Quartier.

Cölln ist die Haupt und Reichsstadt / am Rhein *Stadt Cölln.* 168 Jahr vor Christi Geburt erbauet. Hat eine berühmte Hohe Schule / welche Anno 1388. unter dem Pabst Urbano aufgerichtet worden. Die Stadt ist wol befestiget / hat 34. Thor und 83. Thürme / und soll die grösste in gantz Teutschland seyn. Der Thum samt vielen andern Kirchen und Klöstern / das Rath und Zeughaus sind wol zu sehen.

Bonn ist die Residentz Stadt des Churfürsten *Bonn.* von Cölln / sehr fest und wol erbauet. Hat eine schöne Hauptkirche / Schloß / Marckt und Marstall / wie auch einen stattlichen Brunnen.

Nuys ist am Wasser Erfft / ist eine Chur = *Nuys.* Cöllnische Stadt / hat eine schöne Stiffts-Kirche / ein ansehnliches Jesuiter-Collegium / und ein stattliches Rathhaus.

Andernach ist gleichfalls eine Chur = Fürstliche *Andernach.* Cöllnische Stadt / hat ein lustiges Läger am Rhein / und zwischen den Rhein-Gebürgen.

Das Herzogthum Bergen grenzet mit dem *Herzogtum Bergen.* Erzstifft Cölln / Herzogthum Gülich / Cleve und der Grafschaft Marck und Waldeck in Westphalen. Die vornehmste Städte darinnen sind:

Düsseldorf ist die Hauptstadt / liegt am Rhein / *Düsseldorf.* allwo unterweilen der Herzog von Neuburg zu residiren pfleget / ist zwar nicht sonderlich groß / hat aber schöne Gebäu / und sonderlich die Collegiat-Kirche / das Jesuiter-Collegium / und die Fürstliche Burg.

Solingen ist eine Stadt an der Wipper / da *Solingen.* gute Wehrklingen gemachet werden. Wurde An. 1633. von den Hessen erobert / und An. 1442. rein ausgeplündert.

Siburg ist ein Städtlein an dem Fluß Sieg / *Siburg.* hat eine ansehnliche Abtey / wurde An. 1632. von den Schweden überfallen und eingenommen.

Essen ist eine feine Stadt / hat ein vornehmes Essen. *Essen.* Kloster oder Abtey. Das Münster ist wol zu sehen. Der Innwohner Handlung geschiehet mit Eisenwerck / wie auch mit Gespunst / und Weber-Arbeit.

Das Herzogthum Gülich grenzet mit Gel-*Herzogtum und Stadt Gülich.* dern / Cleve / Berg / Limpurg und der Grafschaft Hoorn. Allhier sind die vornehmsten Städte: Gülich ist die Haupt-Stadt dieses Herzogthums an dem Fluß Roer. Hat ein sehr festes und

*Deuren.* und weites Schloß mit starken und dicken Mauren. Beuren oder Duren ist eine Stadt am Fluß Roer. Wurde Anno 1407. vom Käyser Ruperto unter die Reichsstädte erhoben. Hat 1641. und 1642. von den Soldaten grosse Drangsalen ausstehen müssen.

*Aach.* In des Herzogthums Gülich Reier liegt auch die Reichsstadt Aach/ allwo man vor Zeiten die Römischen Käyser mit einer eisernen Krön krönte/gleich wie mit einer silbernen Krön zu Mayland/ und mit einer güldnen zu Rom. Die Stadt hat durch Feuersbrunst unterschiedlichmal grossen Schaden genommen.

*Bißtum und Stadt Lüttich.* Das Bißtum Lüttich oder Luick grenzet mit Braband/ Gülich/ Limpurg und Namur. Die vornemsten Städte darinnen sind:

Lüttich ist die Hauptstadt dieses Stiffts/ sehr vest/hat herrliche Gebäu/ 8. Thum oder Stiffs-Kirchen/ vier Abteyen/ 32. Pfarr-Kirchen/ ungläublich viel Klöster und Capellen. Der Bischoffliche Palast ist wol zu sehen. Die Citadelle ist von den Franzosen gesprenget worden.

*Hüy.* Hüy ist eine Bischofflich-Lüttichische-Stadt/ hat ein ansehnliches Schloß/wo die Lüttichischen Bischöffe Hof zu halten pflegen/ ligt auf dem Berg. In der Stadt ist die Kirche zu unser lieben Frauen zu sehen.

*Haßelt.* Haßelt ist eine zimlich feine/volkreiche und wol erbauete Stadt an der Denner/ 6. Meilen von der Stadt Lüttich gelegen.

*Tongern.* Tongern ist eine sehr alte Stadt/ hat noch vor etlichen Jahren starke Mauren und schöne Gebäu gehabt/ welche aber von den Franzosen sehr ruiniret worden.

*Grafschaft Horn. Grafschaft Mörs.* Die Grafschaft Horn ligt in Braband/ und stösset an die Maas. Die Grafschaft Mörs/ die Grafschaft Cleven und am Rhein/ haben beede ihre Namen von ihren vornemsten Städten.

*Herzogthum und Stadt Cleve Bißtum etc.* Das Herzogthum Cleve stösst an Westphalen/die Grafschaft Mark/ das Herzogthum Bergen/ hat ein Bistum/ Cölln/ Hertzogthum Braband Grafschaften Züthpen und Berge. Die vornemsten Städte sind:

Cleve ist die Hauptstadt dieses Orts/ dem Churfürsten von Brandenburg gehörig. Hat ein recht schönes Fürstliches Schloß. Der Schwahnen-Thurn ist sehens-würdig.

*Emmerich.* Emmerich ist ein lustig und wolgelegnes Städtelein am Rhein/hat schöne wolgebauete Häuser. Wurde A. 1672. im Junio von den Franzosen besetzet/und hernach wieder verlassen.

*Rees.* Rees ist eine am Rhein lustig-gelegne Stadt/ in Mitten der fruchtbarsten Landes-Auen sehr fest. Wurde Anno 1672. im Junio von den Franzosen eingenommen/ und Anno 1674. im April wieder verlassen.

*Burich.* Burich ist eine kleine Vestung/ ungefehr zwey Musqueten-Schüsse vom Rhein abgelegen/ mit Bollwerken versehen wurde. A. 1672. im Junio von den Franzosen erobert.

*Wesel.* Wesel ist billig ein Schloß des Niederländischen Gartens zu nennen/ ist mit viel Bollwerken verstärket. Wurde Anno 1672. im Junio von den Franzosen erobert/und Anno 1674. im April wieder verlassen.

*Duisburg.* Duisburg ist eine uralte Stadt zwischen der Ruer und Anger gelegen/ist gar groß aber sehr vest.

*XVII. Niederländische Provintzen.* Hiewir wenden wir uns zu den Niederlanden/ die bestehen in XVII. Provintzen/ unter denen sind 4. Herzogthümer/ Braband Limpurg/ Lützenburg und Geldern/ acht Grafschafften: (darunter eine Margagrafschaft) Flandern/ Artois/ Hennegau/ Namur/ Antwerpen/ Seeland/ Holland und

Züephen/ und 5. Herrlichkeiten oder Herrschafften/ Mecheln/Utrecht/Ober/Jssel/ Westfriesland/ und Grönningen.

Es gehören aber/unter den 4. Herzogthümern/ drey unter Spanien mehrentheils/ als Braband/ Limpurg und Lützelburg.

*Braband.* Braband stösset an die Schelde/ Grafschafft Namen oder Namur/ Bistum Lüttich/ an Geldern und Holland.Die vornemsten Städte darinnen sind:

*Antwerpen.* Antwerpen oder Antorf/ diese Stadt ligt an der Schelde in Braband/ und hat (wie erstermeldet) den Titul einer Marggraffschafft des Reichs/ und ist eine von den XVII. Provintzen: hat 5. Bollwerke/ stattliche Zeug-und Proviant-Häuser/ 13. Pforten/über die 13000. gemeine Häuser/ 120. Gassen/eine schöne Hauptkirche/ 66. Capellen hat/item prächtige Rath-Gericht-und Kauffhäuser rc.

*Brüssel.* Brüssel ist eine grosse Brabandische Stadt an der Penna/ hat 2. Stunden im Umkreiß/ 72. grosse und kleine Thürne an den Mauren/ 7. Pfarrkirchen/ ein stattliches Jesuiter-Collegium/ Fürstlichen Marstall/Palast und Rüstkammer/ Rath-und Zeughaus welche alle sehens-würdig sind.

*Herzogenbusch.* Herzogenbusch ist mit Voll-und Aussenwerken stattlich versehen/ und wird dannenhero vor unüberwindlich gehalten/ gehöret den vereinigten Niederlanden.Die Kirche/zu unser lieben Frauen und S. Johannis sind wol zu sehen.

*Löwen.* Löwen hält im Umkreiß in die 8. Italiänische Meilen/ hat 13. Bollwerke/ 5. Hauptkirchen/ etliche Klöster/ ein stattliches Jesuiter Collegium/ Rathhaus/ Schloß und etliche schöne wolausgezierte Paläste/ die Hohe Schule ist Anno 1426. angerichtet worden.

*Bergen op Som.* Bergen op Som ist die Haupt der Marggrafschaft Bergen/ an dem Wässerlein Soma in Braband. Hat treffliche Aussenwerke/ schöne Gassen statliche Gebäu/ und einen bequemen Meerhafen/ gehöret den vereinigten Niederlanden.

*Mecheln.* Mecheln ist die Hauptstadt der Herrschafft oder Herrlichkeit Mecheln/ welche in Braband lieget/ trefflich fest/ zumalen sie ganz unter Wasser kan gesetzt werden. Die Hauptkirche ist unter den 7. Kirchen vortrefflich. Das Raths-und Parlements-haus/samt unterschiedlichen stattlichen Palästen/sind sehens-würdig.

*Mastricht.* Mastricht ist eine welt-beruffene Vestung/welche Anno 1673. von den Franzosen mit Accord erobert/ und Anno 1678. verlassen worden. Gehöret heutiges Tages den Vereinigten Niederlanden.

Es gehören auch zu Braband das Herzogthum Arschod/ die Grafschaffe Megen und Hochstraffen/die Herrschaften Ravenstein/ Breda/Diest/ Grimbergen.

*Breda.* Breda ist eine trefflich-veste Stadt den vereinigten Niederlanden zuständig/ allwo die prächtige Kirche samt dem herrlichen Nassauischen Palast/ und Zeughaus wol zu sehen sind.

*Limburg.* Das Herzogthum Limpurg stösset an Gülich/ Cölln/ Trier und Lüttich/ Dessen Haupt-Stadt ist Limburg/ und gehören hieher die Grafschafften Dalem und Falkenburg. Limburg liot am Wasser Wesa/ist sehr fest/und an der Castell auf einen Steinfelsen/ so mit starken Bollwerken versehen.

*Lützenburg.* Das Herzogthum Lützenburg ligt zwischen der Maas und Mosel/ und stösset an das Herzogthum Lothringen/ an das Bistum Lüttich und Trier/ an Namen und Limburg. Die vornemsten Städte darinnen sind:

*Lützenburg.* Lützenburg oder Luxenburg/ist die Haupt-Stadt am Fluß Alget/ wird in 3. Theile abgetheilet/ davon

G

davon der gröste oben auf dem höchsten Felsen lieget/ die andern beeden Theilen/ sind an zwey Seiten berg-hängig/ und fest. Die Kirchen/ Rathhaus/ Fürst-licher Palast sind wol zu sehen/ ist anitzo in Französi-schen Händen.

**St. Veit.** St. Veit ist eine ziemlich grosse Stadt/ ligt lu-stig/ hat Mauren/ Thoren/ Thüre und Gräben/ auch ein ansehnliches Schloß.

**Dietenho-fen.** Dietenhofen oder Theonwille ist eine stattli-che Vestung an der Mosel/ pranget mit schönen drey Kirchen/ dem Rath-Haus/ der alten und neuen Burg/ wie auch dem Palast des Gouverneurs. Ist auch die Cron Frankreich gehörig.

**Gelderland** Das Herzogthum Geldern/ oder Gelder-land/ stößt an Brabandt/ Utrecht/ an die Suder-See/ Ober-Issel und Cleve. Ist theils Spannisch/ theils Staatisch/oder der vereinigten Provin-zen. Im Spanischen/ als Ober-Geldern/ sind folgende Städte:

**Ruermont.** Ruermont ist ein vornehmer und fester Ort/ all-wo die Ruer ihren Außlauff in die Maas hat. Die vornemste Kirche allhier ist zum Heil. Geist. Die Carthause ist von Dionysio Carthusiano berühmt. Hat ein fruchtbares Land.

**Wachten-donl.** Wachtendonk/ Stadt und Schloß/ war che-dessen eine Zeitlang unter den General Staaten/ aber An. 1588. eroberten sie die Spanier/ und ob sie gleich hernach wieder denen Staaten zu theil wurde/ behielten doch endlich die Spannier den Ober-hand.

**Venlo.** Venlo ist eine veste und an der Maas gelegne Stadt/ darinn grosse Kauffmannschafft getrieben wird.

**Geltern.** Geldern oder Gelre ist die Haupt-Stadt des Gelderlandes sehr fest. Das Carmeliter-Kloster ist An. 1339. von Herzog Reinhold zu Geldern gestiff-tet worden.

Das Staatische Geldern begreiffet in sich die Velau/ Betau und die Grafschaft Züppen.

**Velau.** In der Velau sind folgende berühmte Ort:

**Arnheim.** Arnheim ist eine volkreiche/ un über alle Maß feste un darzu lustige Stadt/ unterhalb der Schenkerschanz (welche von einem dapfern Soldaten Martin Schenken erbauet) allwo die Geldrischen Stände ihr Landhaus und Canzley haben. Die Kirche S. Eu-sebii ist sehens-werth.

**Wagenin-gen.** Wageningen ligt an einem sumpficht und letz-lichten Ort/ und ist daher von Natur vest. Wiewol sie auch durch Kunst noch mehrers bewahret worden.

**Harderwyck.** Harderwyck ist sehr vest/ hat auch ein wolver-wahrtes Schloß und ansehnliche Gebäu. Die Ein-wohner ernehren sich theils vom Ackerbau/ theils vom Fischfang/theils von der Kauffmannschafft/ und ihrer Hand-Arbeit.

**Elburg.** Elburg ist ein feines Städtlein an der Sudi-der-See/ am Ende der Velau/ so wolbefestiget und ins Gevierdte gebauet. Die Einwohner ernehren sich mehrentheils von der Fischerey/ wiewol auch gu-tes Bier allda gebrauet wird.

**Hattem.** Hattem ist eine Stadt am linken Uffer der Is-sel/hat ein sehr vestes Schloß. Die Issel machet all-hier die Velau zur Insul/ neben dem Rheins Canal. Dann sie ist daselbst mit dem Rhein vermischet/ und wird gleichsam ein Arm des Rheins/ vom Druse er-weitert/ in der Sudir-See gerichtet/ und deswegen fossa Drusiana genennet.

**Betau.** In der Betau/ welche vom alten Batavia also genennet worden/ liegen die Grafschafften Büren und Kulenburg/ wie dann auch die Städte Boms-mel und Nimwegen an der Waal.

**Büren.** Büren hat ein stattlich vestes Schloß/ Graf-schaft-Würde/ Dörffer und Land-Gebiet. Ist vor-

hin Grafen Maximilian von Egmond/ so An. 1549. gestorben/zuständig gewesen.

**Culenburg.** Culenburg ist ein dreyfaches Städtlein/ und hat jeder Theil seine Mauren und Gräben/ wie auch ein ansehnliches Schloß.

**Bommel.** Bommel ist eine ansehnlich grosse Stadt an der Wäel/mit Mauren und Bollwerken stattlich verse-hen/ wurde dannoch/ gleich den itzterzehlten Orten/ An. 1672. von den Franzosen eingenommen/hernach aber wieder verlassen.

**Nimwegen** Nimwegen ist eine sehr berühmte vornehme Stadt/ziemlich fest/ und mit stattlichen Gebäuen ge-zieret. Ist berühmt wegen der letztern Friedens/Tra-ctaten/ so vor etlichen Jahren allda vorgegangen.

In der Grafschaft Zütphen/welche sonst/ wie oben gemeldet/eine sonderbare Stelle unter den Nie-derländischen Provinzen vertritt/sind nachfolgende Städte befindlich:

**Grafschaft und Stadt Zütphen.** Zütphen ist die Haupt-Stadt in dieser Graf-schaft wird unter die vestesten Städte gerechnet/ und doch Anno 1672. von den Franzosen eingenommen/ welche sie aber hernach wieder verlassen.

**Lochem.** Lochem ist ein Städtlein am Fluß Berkel/ so An. 1672. vom Bischof von Münster erobert/ und ebenfalls hernach wieder verlassen worden.

**Grol.** Grol ist eine herzliche wolverbaute Vestung/ an welcher der Zeit nichts/was zu Abtreibung grossen Gewalts vonnöthen/ verabsaumet worden. Doch gieng es ihr An. 1672. wie Zütphen und Lochem/ in dem sie ebenfalls den Franzosen zu theil wurde/ wel-che sie aber hernach wie die andern Städte/verlassen.

**Bredfort.** Bredfort ist ein fester Ort/ rings herum mit Morast umgeben; hat ein ansehnliches Schloß. Hatte gleiches Unglück An. 1672. mit ihren benach-barten Städten.

**Flandern.** Die Grafschaft Flandern stößt an Brabandt/ Hennegöro/ Artoiß/ Picardie/ das Teutsche Meer/ und der Schelde Einfluß in dasselbe/ oder an See-land. Wird insgemein in Teutsch/ Französisch und Kayserisch Flandern abgetheilet. Im Teut-schen Flandern liegen folgende Städte:

**Gent.** Gent ist bey nahe die grösseste Stadt in Euro-pa/hat ein stattliches Castell mit 5. Bollwerken/ viel stattliche Kirchen/ Klöster/ Paläste/ ein prächtiges Rathhaus/ und ansehnliches Land-und Hof-Gericht. Von ihr hat der König Philipp in Spanien zu sagen pflegen/ er hab einen Handschuch/darein er die Stadt Paris stecken könne. Es ware Kaysers Caroli V. Geburts-Stadt.

**Oudenarde.** Oudenarde ist eine wolgebaute/ schöne/ veste und vorneme Handelsstadt/ woselbst/man unter andern/ sehr viel und köstliche Teppiche von allerhand Gat-tung/ und eine unsägliche Menge Leinwand machet.

**Cortryck.** Cortryck ligt gar wol an dem Fluß Liis/der mit-ten dardurch rinnet/ ist sehr schön und vest/hat ein al-tes Schloß und schöne prächtige Gebäu. Hält jährlich im April und Augustmonat einen stattlichen Markt.

**Cassele.** Cassele ist ziemlich fein gebauet/ hat ein Schloß und 2. Canonich Stifft; hält jährlich im Jenner und Augustio einen berühmten Pferdmarkt.

**Joern.** Jpern ist eine wolerbaute lustige/ und so wol von Kunst als Natur veste Stadt. Die vornemste Kirche ist zu St. Martin. Hat unterschiedliche Klö-ster und ein ansehnliches Rathhaus. Die Stadt hat auch 7. Herrschaften unter ihr. Ist auch wegen ihr Jahrmärckte berühmt.

**Grevelin-gen.** Grevelingen ist eine veste und wohlverwahrte Stadt/ hat einen guten Port.

**Dünkirchen.** Dünkirchen ist eine wolbefestigte weitberühm-te Stadt/ heutiges Tages dem König in Frankreich gehörig/hat ein schönes Rahthaus und Franciscaner Kloster.

Neuport

Neupoet. Neuport ist eine kleine / aber dabey sehr feste Stadt/hat einen sichern aber länglichten Haven/und ein sehens-würdiges Schloß.

Dixmuiden. Dixmuiden ist ein vestes und lustiges Städtlein/ hat eine schöne Kirchen/ und ist sonderlich wegen des Pferdmarks im Julio berühmt.

Ardenburg. Ardenburg soll die schönste Kirche in ganz Flandern haben. Hat sich im jüngsten Französischen Krieg wider die Franzosen dapfer gehalten.

Ostende. Ostende ist eine ansehnliche und treffliche veste Stadt/hat einen weit-beruffenen Meer-Hafen/ worinnen die Schiffe sicher und bequemlich liegen können/ von dannen man gar bald in die Seeländische Inseln Holland/ Frankreich und Engelland kommen kan.

Brugg. Brugg ist die vornemste Stadt nach Gent in ganz Flandern/ sehr vest/ hat 60. Kirchen/ item das Jesuiter Collegium/ Gericht und Rathhaus/ samt einen ansehnlichen Palast/ und einen Thurn von 343. Staffeln. Das Städtlein Damm ist nicht weit davon gelegen/ und gleichsam dieser Stadt Vormauer.

Im Französischen Flandern sind folgende Städte:

Ryssel. Ryssel ist eine schöne / gewaltige und veste Stadt/ wird vor die vornemste in Niederland nach Amsterdam/was die Kauffmannschafft anbelanget/ gehalten. Hat ein ansehnliches Schloß/eine treffliche Stiftskirche neben etlichen Klöstern/Gehöret heutiges Tages dem König in Frankreich.

Doway. Doway ist eine grosse und veste Stadt/ hat einen ziemlichen Handel/ sonderbare Gesetz und Gebräuche/ drey vornehme Kirchen/ ein Jesuiter Collegium/und eine stattliche Hohe Schule. Das Kauffhaus allda ist wol zu sehen. Ferner sind in diesen Flandern Lanoy/Dornick/Orchies rc.

Im Kayserlichen Flandern liegen folgende Städte:

Aelst. Aelst ist eine wol-befestigte Stadt am Dender-Fluß. Die vornemste St. Martins-Kirche / das Rathhaus / unterschiedliche Klöster und der weite Markt sind sehens-würdig. Ihr Gebiet erstrecket sich bis an Gent und Oudenarden / und hat 174. Dörffer unter sich.

Dendermond. Dendermond ist eine des Lagers halber wol-von Werken feste Stadt/ allwo die Baumwollenen Tücher gemachet/und alle Wochen ein grosser Flachsmarkt gehalten wird. Es sind auch allda Gerhardsberg/ Nienoven/ samt den zwey Fürstenthümern Steenhusen und Gaveren/ so neben den Städten Arele und Hulst zur Grafschaft Aelst oder Alost gehören. Die nechst-gelegenen Inseln Cassand/ Oostborg und Biervliet sind Staadisch.

Artois. Die Grafschafft Artois oder Arras stösst an Flandern/ Hennegau/ das Land von Cambray oder Camerich in Hennegau/ und an Piccardie/die vornemsten Städte darinnen sind:

Arras. Arras oder Atrecht ist die Hauptstadt / so sehr groß/und über die massen fest/ hat einen schönen und grossen Platz/ stattliche Gebäu/ unter welchen das Münster/die Abtey und das Rathhaus sehens-würdig.

St. Omer. St. Omar ist eine veste Stadt/ und hat eine schöne Hauptkirche/ und stattliches Schloß. Bey dieser Stadt ist ein See/darinnen schwimmende Inseln sich befinden.

Bethune. Bethune ist eine schöne Stadt in der Grafschaft Artois/ auf einem Felsen erbauet/ hat ein sehr altes und vestes Schloß. Die Stiftskirche zu St. Bartholome ist sehens-werth.

Bapaulme. Bapaulme ist ein vestes Städtlein und Schloß/ samt vielem Lustland und Garten/ darumb auf 3. oder 4. Meil Wegs kein fliessend Wasser seyn solle.

St. Paul. S. Paul ist die Hauptstadt der Grafschaft die-

ses Namens/ 6. Meilen von St. Omer/ und 8. von Atrecht gelegen. Und ist in solcher vornehmen und alten Grafschafft/ neben vielen andern Orten/ auch Perne ein guter Platz.

Hesdin. Hesdin wird deßwegen unter die veste-sten Städte in Niederland gezehlet / weil man auf der einen Seiten/ wegen der Sümpfe/ weder mit Kriegsvolck/ noch Geschütz/ darzu kommen kan/ und die Stadt mit weiten und tieffen Gräben/ stattlichen Mauren und Bollwercken versehen ist.

Grafschafft Hennegau. Die Grafschaft Hennegau stösset an Braband/ Flandern / Piccardie/ Artois / Champaigne / Lüttich und Namur. Allwo die vornemsten Städte und Vestungen sind:

Mons. Mons oder Bergen/ ist des Lagers und der Schloß. Die Häuser sind prächtig erbauet / die Gassen breit/ der Markt groß/ und gibt es da einen Überfluß von den klaresten Wassern. Das Canonichstifft/Bischofshof/Jesuiter-Collegium und Rathhaus lassen sich wol sehen.

Hal. Hall ist ein schlecht erbauter Ort/ hat aber ein fast feines Schloß/und stattlichen Tempel/der wegen der Wallfahrt zu einem Marien-Bild berühmt ist.

Balenciennes. Valenciennes liegt an der Schelde/ ist sehr vest/und hat schöne Häuser. Es sind allda zu sehen die S. Marien-Kirche/ des Grafen Hof/ das Zeug-und Rathhaus samt dem Jesuiter-Collegio.

Conde. Conde ist ein feines Städtlein im Hennegau/ hat eine schöne Stiffts-Kirche; liegt sehr wol wegen der Schelde/darein allda die Haine kommet.

Camerich. Camerich ist eine grosse und mit Mauren wol befestigte Stadt und ein sehr vestes Castell; die Bischoffliche Hauptkirche ist ein vortreffliches Gebäu. Es sind allda auch 9. Pfarrkirchen/ 3. Abteyen/ 3. Mannsklöster/ 3. Frauen-Klöster / 1. Jesuiter-Collegium und viel Spitäle. Das Rathhaus samt des Bischoffs Palast lassen sich auch wol sehen.

Grafschafft und Stadt Namur. Die Grafschaft Namur flösst an Graband / Hennegau/ Lüttich/ Lützenburg und Champaigne/ und sind die vornemsten Ort allda:

Namen oder Namur ist die Hauptstadt/ liegt zwischen zweyen Bergen/ auf der linken Seiten der Maas/ da sie die Sambre in sich empfänget / hat 24. Thürne auf den Mauren/ 5. Märkte / und 6. Kirchen. Das Rathhaus/ und der Palast des Land-Raths ist sehens-würdig. Das Castell liegt bey der Stadt auf einem Felsen.

Charlemont ist eine stattliche Vestung/ so ihre Charle-Pasteyen und Streichwehren hat/ ligt an einem weit-Berge/ daran unten die Maas hinlauffet. Es sind auch allda Bovignes und Valencourt.

Seeland. Die Grafschaft Seeland ist deßwegen mit den Seen/ darinn dieses Land gelegen/ grenzet mit Flandern/ Holland und dem Teutschen Meer/und ist Staatisch. Begreiffet aber in sich 15. Inseln/ deren sieben die vornemsten sind / und zwar vier gegen Orient oder Morgen als: Walchern/ Südbeverland/ Nortbeverland/ Wolfferosdyck und Wolffshartz/ Schüter/ Schowen/ Duveland/und Tolen.

Walchern, Flissingen. In Walchern sind die vornemsten Städte folgende: Flissingen wird heutiges Tages wegen der Schiffsahrt und Kauffmannschafften unter die vornemsten in ganz Niederland gerechnet. Hat ein schönes Rathhaus und herrlichen Palast.

Mittelburg. Mittelburg ist die Hauptstadt in ganz Seeland/ groß/ vest und wol erbauet/ mit einem doppelten Meerhafen versehen/ hat weite Gassen/ grosse Häuser/ein schönes Land- und Rathhaus/ und eine höchstkostbare Uhr.

Armuyden. Armuyden ist zwar klein/ aber sehr fest/ und hatte vor Zeiten einen stattlichen Haven/ der aber von

den

den Duinen und Meersand fast gäntzlich verderbet worden.

**Campveer.** Veer oder Campveer ist das Haupt der Marggraffschaft dieses Namens / und eine ziemliche Handelsstadt / hat noch ein stattliches Zeughaus / und wol verwahrten Haven.

**Subbeverland. Goes.** In Subbeverland lieget Goes / ist ein lustig und zierlich erbauter Ort / allwo es reiche Leute giebet / und nach welchem Städtlein das Mittägige Theil der Insel das Land von Goes genennet wird.

**Römerswalden.** Römerswalden ist vor Zeiten allhier die Hauptstadt gewesen / aber mit dero Land herum vom Meer überschwemmet worden / und wird derowegen dieses Theil der Insul (gegen Bergen zu) genennet das vertrunckne Land.

**Nordbeveland.** In Nordbeveland sind die Städte Cortchene / und Kampen so A. 1532. auch gantz überschwemmet / doch hernach wieder gebauet worden.

**Wolffersdyck.** Wolffersdyck oder Wolffsharts-Schütt / hat nur zween Flecken / ligt zwischen Sud- und Nordbeveland.

Die andern 2. Inseln liegen gegen Morgen / als Schowen oder Scaldia hält in sich folgende Städte:

**Zierichse.** Zierick-See wird vor die ältiste in gantz Seeland gehalten / ed wird vornemlich mit Saltz und Färber-Röte / so diese Insul vor andern / in der Menge träget allda starck gehandelt.

**Brouwershafen.** Brouwershafen ist ein ziemlich und wolerbautes Städtlein / ist mit einem Wall umgeben. Mehrentheils Fischer wohnen allhier.

**Duveland.** Duveland oder Taubenland hat keine Städte / und ward An. 1530. auch überschwemmet / doch hernach wieder erbauet.

In Tolen oder Tollen / sind die Städte Tolen **Tolen.** und S. Martinsdyck. Tolen ist wider allen feindlichen Anfall wol versehen / und selbige gantze Revier hinab bis zur See mit vesten Schantzen verwahret.

**Holland.** Die Grafschaft Holland stösset mit ihren Inseln an Seeland / sonsten an Braband / an die Velau / Ober-Issel / ans Stifft Utrecht / an Friesland (oder an die Sud-er-See / so man auch fretum und sinum magnum nennet) und an das Teutsche Meer. Wird in das Mittägige / Mitternächtige und mittlere Holland getheilet.

Im Mittägigen Holland sind folgende **Städte in dem Mittägien.** Städte vor andern berühmt: Dortrecht ist das Haupt und die vornemste unter allen / und hat den bei allgemeinen Versammlungen die erste Stimme. Es werden allda in die 3084. Privat-Häuser gezehlet. Hat eine schöne Hauptkirche / und Rathhaus / wie auch einen stattlichen Meerhafen.

**Hvesden.** Hvesden ist eine schöne / wol erbauete / von Natur und Menschenhänden veste Stadt / hat viel Dörffer / und eine grosse Landschaft.

**Worcum.** Worcum liegt gar nah an der Waal / und ist ziemlich veste / hat auch in der Nähe das wol verwahrte Schloss Loevenstein.

**Gorcum.** Gorcum ist wegen der Bequemlichkeit des Havens oder Ports zur Kauffmannschaft eine gar dienliche Stadt / allwo ein grosser Käs- und Buttermarkt gehalten wird. Hat ein vortrefflich schönes Schloss / wovon man ein grosses Land überschauen kan.

**Goude.** Goude ist eine allerhand Sachen gesegnete Stadt / hat eine sehr grosse und weite Kirche / dergleichen in Holland / ausser Harlem / nicht solle zu finden zu finden seyn / das Rathhaus / der Markt / das Wäisen und Zuchthaus sind wol zu sehen.

**Roterdam.** Roterdam ist eine sehr berühmte Stadt / und wird allda grosser Handel getrieben / weil sie einen bequemen weiten Hafen hat. Die Hauptkirche zu St. Lorenzen ist sonderlich zu sehen.

**Delft.** Delfft ist eine ansehnliche Stadt / in die Länge erbauet und Wasserreich / hat einen stattlichen Hafen.

schöne offentliche und Privathäuser / einen grossen Markt / auf welchem das schöne und prächtige Rathhaus stehet / und 2. ansehnliche Kirchen.

**Haag.** Haag ist zwar nur ein Flecken / aber an Schönheit einer Stadt gleich / hat auch ein ansehnliches Schloss und Sitz der Grafen von Holland / itzo ist allda der Ort der Zusammenkunft der Hn. Gen. Staaten.

**Leyden.** Leyden ist eine schöne und veste Stadt / auf einem lustigen und fruchtbaren Boden. Drey der vornemsten Kirchen sind wol zu sehen. Die Hohe Schul ist in trefflichem Flor und hat einen herrlichen Garten. Das Rathhaus und die Burg sind wol gebauet.

**Städte in mittlern Holland, Harlem.** Im mittlern Holland sind folgende berühmte Städte: Haerlem ist die Hauptstadt des Kennemerlandes / ein herrlicher / prächtiger und volkreicher Ort / allwo man die schönste weisse Leinwand in grosser Menge zu machen pfleget. St. Bavonis-Kirche ist allhier wol zu sehen / samt dem Rathhaus.

**Amsterdam.** Amsterdam ist die reichste und mächtigste unter allen Holländischen Städten / hat schöne und zierliche Gebäu / unterschiedliche Kirch / ein wolgebauetes Rathhaus / Wäisen- Zucht- Spinn- Kranken- Toll- und Ostindianisches Haus / und ein herrliches Gymnasium.

**Naerden.** Naerden ist das Haupt in Gopland / so ein Theil von Holland / wurde A. 1350. an statt des alten verbrennten und zerstörten Naerden zu erbauen angefangen. Hat gute Mauren / und wird allda viel Tuch zubereitet.

**Edam.** Edam hat einen langlechten Port / und gibt es Edam / allda ziemlich reiche Leute / dann dieser Orten wegen der herrlichen Käse / so daselbst gemachet / und andern in Holland vorgezogen werden / wie auch der Schiffe halber / so man allda bauet / sonderlich berühmt.

**Städte im Mitternächtigen Holland, Waterland, Egmont.** Im Mitternächtigen oder Nord-Holland so neben dem vorigen auch Waterland heisset / liegen folgende Städte: Egmont führet Grafschafts Titul / von welchem Ort sich Lamoralius / Prinz von Gaure / geschrieben / der An. 1568. aus dem Hertzogen von Alba Befehl / öffentlich zu Brüssel ist gerichtet worden.

**Alcmar.** Alcmar ist mit Wällen und Bollwercken sehr wol versehen / und giebt es allda allerley Schnabelweide. Die Handlung floriret ziemlich. Hat überaus schönes Rathhaus / welches A. 1509. erbauet worden.

**Horn.** Horn ist Nord-Hollands Hauptstadt / allwo dessen Deputirte Stände ihre Residenz haben / drey vorneme Kirchen sind allda / hat 2. ansehnliche Thore / das Ostindianische Haus / und bequeme Märkte.

**Enkhuysen.** Enkhuysen ist eine von Kunst und Natur feste / veste Holländische Stadt / an dem Arm der Sunder-See / und wider des Meeres Gewalt mit sehr starken Dämmen versehen.

**Medenblick.** Medenblick ist nicht gar gross / hat aber ein gutes Schloss mit seiner Landschaft / die um und um voller Wiesen und Weide zu der Viehzucht versehen / ist ebenfalls mit sehr starken Wällen und Dämmen versehen.

Zu diesem Mitternächtigen Theil Hollands / welches vor Zeiten die Friesen / wie auch andere benachbarte Länder bewohnet / gehören auch die daselbst liegenden Insuln: der Texel / Vlieland / Vork / Ens.

**Herschaft und Stadt Utrecht.** Die Provinz / Stifft und Herrschaft Utrecht liegt zwischen Holland und Geldern / und hat folgende Städte: Utrecht ist die Hauptstadt des Bistums Utrecht dieses Namens / ist schön / gross und wol gebauet. Die Bischöfliche Hauptkirche zu St. Martin ein herrliches Gebäu. Wurde A. 1672. im Junio von den Franzosen erobert / und 1673. wieder verlassen.

**Montfort.** Montfort ist von Natur und Menschen wol befestiget / ligt an der Issel / und ist von den Bischofen von Utrecht erbauet worden.

Wyck

Wyck te Duerstede hat ein sehr altes / aber gutes Schloß / allwo der mittlere Arm des Rheins sich von neuen zertheilet / davon das eine Theil / so nach der linken Hand hinfliesset / die Leck genennet wird.

Amersfort ist eine ziemliche Stadt / und wird ihrer schon ums Jahr Christi 1006. gedacht; hat einen schönen fruchtbaren Boden herum. Die Messen und Jahrmärkte sind in ganz Niederland berühmt.

Ober-Issel stößt an Geldern / Westfriesland / die Suder-See und Issel. Wird abgetheilet in das Saland oder Isaland / Twente und Trente. In Isaland lieget Deventer / ist eine ansehnliche Stadt / hat 6. Pforten und hält des Jahrs 5. Märkte. Die Hauptkirche ist zu St. Lebuin. Es sind allda 5. Klöster / 5. Hofspitäle und ein Waisenhaus. Der Nürnbergische Thurn ist wol zu sehen. Die Franzosen eroberten An. 1672. diese Stadt / und verliessen sie An. 74. wieder.

Campen ist mit einer hohen dicken Mauer und grossen Wassergraben umgeben. Die S. Niclas und unser Frauen Kirchen sind sehens-würdig / wie auch das wolerbaute Rathhaus. Sie nag A. 1672. an den Churfürsten von Cölln über / wurde aber folgende Jahr wieder verlassen.

Schwoll ist eine wolbefestigte Stadt / hat zwo schöne Kirchen zu St. Michael / und Marien. Siena An. 1672. ohne einige Gegenwehr an den Bischof von Münster mit Accord über.

Steinwyck ist nicht gar groß / hat gleichwol 3. Kirchen / unter denen die zu S. Clement / mit einem hohen viereckigten Thurn die vornemste ist.

In Twente sind die Städte / Oetmarsen / Oldentiel. In Trente: Coverden / Asselen.

Westfriesland wird also genennet / solches vom heutigen Ostfriesland davon etwas besser unten) zu unterscheiden. Stößet an Ostfriesland und Westphalen: Sonsten an die Herrschafft Grönningen / an Ober-Issel / an den Suder- und offenbare See. Die Hauptstadt ist Leewarden in der Grafschafft Ostergouw / hat einen hohen Wall / 5. gewaltige Bollwercke / und einen tieffen Wassergraben. Hat unterschiedliche schöne Kirchen / und ein wolerbautes Rath und Zeughaus.

Doccum ist eine nicht sonders grosse / aber schöne Stadt / ziemlich fest / hat ein schönes Rathhaus / und nur ein Pfarrkirche. Allhier ist das Collegium der Admiralität über ganz Friesland.

Haerlingen ist eine wolbefestigte Stadt / am Uffer der West-See / hat eine grosse Schifffstellung / hat 4. Thore zu Land und 1. zu Wasser / auch nur eine Pfarrkirche.

Franecker ist die lustigste unter den Friesischen Städten / hat ein festes Schloß. Die Hohe Schul ist von den Friesischen Ständen An. 1585. angerichtet worden. Ligt auf einem trefflich fruchtbaren Boden.

Bolswaert ist eine alte und wolerbaute Stadt mit Wällen und tieffen Gräben wol befestiget. Hat schöne Häuser / eine Pfarrkirche / 3. Klöster / Spital und Waisenhaus.

Sneeck ist eine schöne / grosse / volkreiche und wolbefestigte Stadt / in einer Fischreichen Gegend / daran sie alle Städte in Friesland übertreffen solle.

Ferner sind allda die Städte Staevern / Ulst / Worcum / Hindelopen. Und gehören auch hieher die Inseln Schelling und Ameland.

Die Herrlichkeit Grönningen stösset an Ost-Friesland / Westphalen / Ober-Issel und Westfriesland. Darinnen liegt die Hauptstadt Grönningen / ist sehr lustig / mächtig und fest / hat 8. Thore / schöne und grosse Vorstädte / 12. Kirchen / ein ansehnliches Rathhaus. Die Hohe Schule ist An. 1614. angerichtet worden.

Damm ist schön und wolgebauet / hat aber keine

Mauren / doch gleichwol mit vielen Sümpfen und einem Graben mehrentheils verwahret / hat eine Kirche mit einem schönen Thurn.

Delffziel ist eine stattliche Vestung und gewaltige Vormauer des Niederlandes gegen Teutschland.

Ost-Friesland oder die Grafschafft Embden stösset an Westphalen / sonderlich an dessen Grafschafft Oldenburg / an Westfriesland / ans Meer und ans Stifft Bremen. Darinnen lieget Embden am Dollart / Aurich / der Gräfliche Sitz / wie dann auch zwo andere Grafschafften von Eßens und Jäveren.

Embden ist die Hauptstadt allhier / sehr fest / ansehnlich und schön erbauet / hat ein treffliches Schloß / und einen bequemlichen Hafen / darinn über 4000. grosse Schiffe sich enthalten können. Die Hauptkirche / das Rath- und Zeughaus sind sehens-würdig. Der Handel floriret gar stattlich.

Das Ertzbistum Bremen liegt zwischen der Weser und Elbe / stösset also an Ost-Friesland / Westphalen / Herzogthum Lüneburg / und Holstein / item an die See. Folgende berühmteste Städte werden allhier gefunden:

Bremen ist die Haupt- und Ertzbischöffliche Stadt an der Weser / sehr fest und mächtig / pranget mit dem Dom und 4. Pfarrkirchen / hat eine stattliche Brücke über die Wesel / ein schönes Rathhaus / und berühmtes Gymnasium.

Stade ist eine alte und Hansee-Stadt am Fluß Swinga / nicht weit von der Elbe / eine stattliche Vestung. Hat 4. Kirchen und ein ansehnliches Rathhaus. Die Handelschafft floriret allda.

Buxtehude liegt am Wasser Esse / nicht weit von der Elbe. A. 1647. wurde allhier auf dem Creutzstand / so eine Insel / von den Schwedischen ein Blockhaus gebauet.

Bremerförde ist ein Städtlein / so ein ansehnlich starkes und festes Schloß hat.

Das Herzogthum Westphalen liegt zwischen der Weser und dem Rhein: Stösst also an das Ertzstifft Bremen / ans Herzogthum Lüneburg und an Braunschweig / an Hessen / and Stifft Cölln / an Geldern und Friesland. Die vornemsten Bißtümer darinn sind folgende: Münster / Paderborn / Minden / Osnabrügge / Verden / Item die Grafschafften: Marck / Oldenburg / Diepholst / Schauenburg / Bentheim / Waldeck / Bingen / Tecklenberg / Amsberg / Dortmund / Hoya / Diepholt / von der Lippe. Die vornemsten Städte dieser Orten sind:

Münster ist eine sehr veste und grosse Stadt / hat 5. Stiffskirchen / und ein berühmte Jesuiter-Schule. Die Citadelle ist ansehnlich und fest. Die Einwohner ernehren sich mit Kauffmanns-Gewerben und Handwercken.

Paderborn ist eine alte Bischöffliche und wol erbaute Stadt / und das Haupt des Bißtums dieses Namens. Hat einen wolgezierten Thum / ein ansehnliches Jesuiter-Collegium und stattliches Rathhaus. Der Wunderbrunn Metborn ist allda wol zu sehen.

Minden ist eine sehr veste und weitläuffige Bischöffliche Stadt / hat einen schönen Thum. Der Ort gehöret heutiges Tages Churf. Brandenburg.

Osnabruck ist eine Bischöffliche Residenz / hat daselbst zwey Stifft / treibet grosse Gewerbe mit grauen und auch leinenen Tuch. Allhier machet man gutes Bier / welches sie Buse nennen.

Verden ist die Bischöffliche Hauptstadt an der Aller und Weser. Der Dom ist allhier vor andern werth zu sehen.

Oldenburg ware vor Zeiten die Residenz der Grafen von Oldenburg / ist mit Wällen und Wassergräben

H

gruben wol verwahret. Drey schöne Kirchen / das Schloß/Rath-und Zeughaus / und der Marstall sind wol zu sehen. Gehöret heutiges Tages der Kron Dennemark.

*Delmenhorst.* Delmenhorst ist ein vestes Schloß samt einem Städtlein an dem Wasser Delmen gelegen.

*Dortmünde.* Dortmünde ist eine alte Reichs-und Hansee-Stadt/zwischen der Lippe und Ruer gelegen/hat schöne Kirchen/Klöster/Spittäle/ und ein wolangerichtetes Gymnasium.

*Lippstadt.* Lippstadt ist eine mit Pasteyen und Wällen wol versehene Vestung / gehöret Chur-Brandenburg/hat eine schöne Pfarrkirche und gute Schule.

*Soest.* Soest ist eine auf ebnem Grund gelegene grosse Stadt/ hat 40. Thürne und 10. Pforten. S. Patrocli Kirche/so eine Probsten ist.

*Warburg.* Warburg ist eine feine zum Stift Paderborn gehörige Stadt/ allwo ein herrliches Bier gebräuet wird.

*Hameln.* Hameln ist eine veste und wolerbaute Stadt an der Weser/ gehöret dem Herzog von Hannover/ hat 4. Stadt-Thor/ und ist berühmt wegen der Kinder Auszug so An. 1284. den 26. Brachmonats-Tag solle vorgegangen seyn.

*Lemgow.* Lemgow ist eine schöne feste Stadt / hat eine gute Schule/ und wird daselbst ein stattliches Bier gebrauet.

*Landgrafschaft Hessen/ Cassel.* Die Landgrafschaft Hessen stösst an Westphalen/Braunschweig/Thüringen und Franken. All-da sind folgende Städte zu sehr: Cassel ist eine Hauptstadt allda an der Fulda/welche sie in 2. gleiche Theile absondert ; die Stadt ist stattlich fortificiret / hat ein ansehnliches Schloß/ in welchem der güldne Saal sehens-würdig ist. Das Zeughaus ist auch wol zu sehen. Der Thum ist stattlich erbauet.

*Marburg.* Marburg ist eine schöne wolerbaute Stadt / hat ein vestes Schloß / und trefflich angerichtete Universität. Die Kirchen und Rathhaus sind schön ausgezieret.

*Giessen.* Giessen ist eine wolbefestigte Stadt / hat ebenfalls eine weitberühmte Universität / welche A. 1607. angerichtet worden/hat eine Kirchen/ Collegium und Zeughaus.

*Frizlar.* Frizlar liegt drey Meilen von Cassel / auf einer anmuthigen Höhe / sehr fest hat eine feine Burg/und Domstift.

*Frankenberg.* Frankenberg ist eine Fürstliche und Grenzstadt des Landes Hessen gegen Westphalen an der Eder. Hat eine schöne Pfarrkirche/und sonst andere schöne Gebäue.

*Ziegenhain.* Zigenhain ist eine weit-berühmte Vestung an Wasser Schwalm / hat nur ein Thor / und wird gar kein Fremder hinein gelassen/ er habe dann gar etwas hauptsächliches zu verrichten.

*Spangenberg.* Spangenberg ist eine wolerbaute Stadt. Das Schloß ligt auf einem hohen und runden Berg. Ist ziemlicher massen mit Mauren / Zundeln und Gräben befestiget.

*Hirschfeld.* Hirschfeld ist vest und wol erbauet/hat ein Fürstl. Stifft und Abtey/ so trefflich erbauet. Die Kirche/ das Kloster/und Fürstliche Schule/sind wehrt zu besichtigen. Ferner liegen in Hessen die Grafschaft Solms/ Wiegenstein/ Isenburg/ sonderlich aber die vornemsten Städte sind: Nassaw / ist ein weit-berühmtes Schloß und Stammhaus aller Fürsten und Grafen dieses Namens/an der Lohn gelegen.

*Dietz.* Dietz ist ein Städtlein samt einem Schloß / so das Haupthaus dieser Grafschaft ist / liegt gar lustig an der Lohn/ hat innerhalb den Ringmauren zween Felsen/und auf deren jedem ein Schloß.

*Herborn.* Herborn ist eine Gräfl. Nassauische Stadt/hat eine stattliche und wol angerichtete Landschule. Gegen West-Syden ligt das Schloß oben an der Stadt.

*Siegen.* Siegen ist eine vorneme Stadt/auf einem Hügel und Felsen gelegen/und mit Mauren und vielen Thürnen befestiget/hat ein besonders Schloß darinn/und nicht fern von der Stadt ein vornem Eisen-Bergwerk.

*Dillenberg.* Dillenberg hat den Namen vom Wasser Dille/ ist mit einem stattlichen Schloß versehen / ein groß weitläuffig ansehnlich Gebäu/ mit dicken/starken hohen Mauren versehen.

*Wetterau.* Es lieget auch in Hessen die Wetterau / hat den Namen vom Bach Wetter/so dardurch fliesset. Die vornemsten Städte darinn sind : *Wezlar.* Wezlar ist eine Reichsstadt an einem fruchtbaren Ort / von vielen Klöstern mit besondern Regalien / Gerechtigkeiten und Freyheiten begabt.

*Friedberg.* Friedberg ist eine wolbekandte Reichsstadt/hat kayserliche gefreyete Burg/ und hält vier Jahr-Märkte.

*Grafschaft und Stadt Hanau.* Die Grafschaft Hanau liegt auch allhier/und hat eine Hauptstadt gleiches Namens/ ist schön erbauet/mit Wällen und Gräben wol befestiget. Hat eine schöne Pfarrkirche und stattliches Schloß.

*Buchau.* Die Buchau gehört ebenfalls hieher / item der Westerwald; jene liegt zwischen Hessen / Thüringen und Franken / die Städte darinnen sind: *Fulda.* Fulda/ein schr berühmter Ort des Fürstlichen Stiffts/allwo das Münster/ die Pfarrkirche / das Jesuiter Collegium und das Schloß wol zu sehen.

*Gelnhausen.* Gelnhausen ist eine vorneme Reichsstadt an der Kinz/ hat ein sehens-würdiges Schloß und schöne zu. Klöster und Kirchen.

*Darmstatt.* Darmstatt ist eine nicht gar grosse / aber schöne und wolgebaute Stadt/und dabey eine gewöhnliche Residenz eines Landgrafen in Hessen. Der Fürstliche Garten und Marstall sind wol zu sehen.

*Landgrafschaft Thüringen.* Die Landgrafschaft Thüringen stösset an Hessen Braunschweig/Bistum Magdeburg/Meissen/Voit-land und Franken. Ligt zwischen der Saal und Werra. Item dem Harz und Thüringerwald ward Gehöret mehrentheils dem Hause Sachsen. Darinnen liegt die Grafschaft Schwarzenburg; ferner folgende Städte: *Erfurt.* Erffurt ist die Hauptstadt/sehr vest/insonderheit der Petersberg / welcher hoch in der Stadt lieget. Im Thum hänget die grosse Glocke. Das Rathhaus/ der Mainzische Hof / das Jesuiter-Collegium und viele Kirchen und Klöster/samt der Cyriacsburg sind wol zu sehen. Die Hohe Schule wurde An. 1391. mit Freyheiten begabet. An. 1664. hat Chur-Mainz ihme die Stadt unterwürffig gemacher.

*Mühlhausen.* Mühlhausen ist eine Reichsstadt an der Unstrut/ligt auf einem gar lustigen und fruchtbaren Boden. Die Pfarrkirche ist allhier zu besehen.

*Northausen.* Northausen ist eine Reichsstadt am Harz/allwo die Pfarrkirche zu sehen. Hat auch eine feine Schule.

*Langensalza.* Langensalza ist eine schöne Stadt/hat unterschiedliche wolgebaute Kirchen / darunter die St. Steffans Hauptkirche sehens-würdig.

*Sangerhausen.* Sangerhausen ist eine Chur-Sächsische Stadt/ Schloß und Amt in Thüringen / auf einem fruchtbaren Boden/hat eine schöne Kirche zu S. Ulrich.

*Weimar.* Weimar ist eine Fürstliche Sächsische Residenz-Stadt und Schloß/ hat eine schöne Pfarrkirche zu St. Peter/wie auch eine wolbestellte Schule.

*Jena.* Jena ist eine feine Stadt an der Saal/ hat ein schönes Schloß/ auf welchem man oben eine Kugel von Eisen mit 3. Zinken von solcher Grösse und Weite/daß 10. Männer sich daran aufhalten können / siehet Die Universität/ so 1548. aufgerichtet worden/ist sehr berühmt.

*Salfeld.* Salfeld ligt am Thüringer-Wald/ist lustig erbauet/ hat eine schöne Stifftskirche und gute Schule.

*Eisenach.* Eisenach ist eine Fürstliche Sächsische Residenz; die Collegiat-Kirche/ der Fürstl. Palast und die Vestung

**Gotha.** Vestung Wartburg sind sehens-würdig; wie dann auch das Rathhaus ein schönes Gebäu ist.

Gotha ist ebenfalls eine Fürstliche Residenß/hat eine vortreffliche Vestung Fridenstein benamset/welche auf einem Felsen lieget. Die schöne Schloßkirche/der Palast und Saal sind wol zu sehen. Eine schöne Pfarr-Kirche/wie auch eine vortreffliche Schul ist allda.

**Schmalkalden.** Schmalkalden ist eine volkreiche Stadt/hat prächtige Gebäu/worunter der Hessen Hof/und das Rathhaus die vornemsten sind. Gehöret heutiges Tages dem Hochfürstl. Hause Hessen zu.

**Voitland.** Voitland stösset an Thüringen/Meissen/Böhmen und Ober-Pfalß. Die vornemsten Städte sind:

**Hof.** Hof ist eine dem Herrn Marggrafen von Brandenburg Culmbach zuständige Stadt. Das Schloß ist sehens-würdig. Hat auch eine schöne Kirche.

**Plauen.** Plauen ist die Hauptstadt an der Elster/hat eine ansehnliche Pfarrkirche. Die Einwohner treiben grosse Handthierung mit dem Tuchgewerb.

**Weida.** Weida ist eine Stadt und Amt/samt einem alten Bergschloß der Elster im Voitländischen Kreise gelegen/hat von dem Bach Weida/so dadurch laufft/den Namen bekommen.

**Neustatt.** Neustatt ist ein feines Marggräflich Culmbachisches Städtlein und Amt am Wasser Aisch.

**Zwickau.** Zwickau ist eine Chur-Sächsische Stadt an der Mulda/hat grosse Vorstädte/2. Kirchen/eine wolbestellte Schule/schönes Schloß und Zeughaus.

**Gera.** Gera ist eine wolerbaucte Stadt/den Herzen Reussen gehörig. Hat ein festes Schloß/Pfarrkirche un Gymnasium.

**Schleiß.** Schleiß ist ein feines Städtlein/ebenfalls dem Herzn Reussen gehörig/hat ein schönes Schloß und wolbestellte Schule.

**Marggraffschafft Meissen.** Die Marggraffschafft Meissen stösset an Erßstifft Magdeburg/die Mark Brandenburg/an Laußnitz/Böhmen/Voitland und Thüringen. Die vornemsten Städte darinnen sind:

**Dreßden.** Dreßden ist eine vortrefflich veste besste Chur-Sächsische Residenß-Stadt an der Elbe/hat vortreffliche Gebäue. Das Schloß/die Kunstkammer/Bibliotheck/Marstall/Zeughaus sind sehenswürdig. Die Creutzkirche hat ein schönes Ansehen. Die Stadt wird in die Alt-und Neue abgetheilet. Die alte hat An. 1485. vom Feuer grossen Schaden gelitten.

**Leipzig.** Leipzig ist eine veste Stadt am Fluß Peiß/hat stattliche Häuser/sonderlich sind allda die schönen Kirchen zu sehen. Die Vestung Pleissenburg liegt in der Stadt ein sehenswürdiges Gebäu. Die Universität ist weit berühmt. Allhier werden drey Jahrmessen gehalten/nemlich am Neuen Jahr/3. Wochen nach Ostern und an Michaelis.

**Merseburg.** Merseburg ist eine alte Bischoffliche Stadt an der Saal/hat ein stattliches Schloß und Hochfürstl. Sächsische Residenß/Der Thum/Marstall/und Gärten sind wol zu sehen.

**Naumburg.** Naumburg ist eine wolerbaucte Stadt an der Saal/hat unterschiedliche schöne Kirchen/unter denen der Thum den Vorzug hat/wie auch eine Fürstliche Land-und andere wolbestellte Schulen. Ist berühmt wegen der Petri Pauli Meß und stattlichen Biers.

**Zeiß.** Zeiß ist eine Bischoffliche Stadt an der Elster/hat ein schönes Schloß/die Kirche/Klöster und Schule sind schön erbauet.

**Meissen.** Meissen hat ein sehr festes Churfürstl. Sächsisches Schloß/stattlichen Thum/wol angerichtete Schule/und künstliche Brücke.

**Freyberg.** Freyberg ist eine veste Stadt/hat einen schönen Thum/in dessen Capelle die Churfürstl. Sächsischen Begräbnissen sind. Nicht weit davon ist das vortreffliche Schloß Augustus Burg/so wol zu sehen.

**Altenburg.** Altenburg ist eine wolgelegene Stadt/hat ein ansehnlich auf einem Felsen gelegnes Schloß/ist eine Fürstl. Sächsische Residenß. Die Stiftskirche zu St. Georg/und in der Stadt die Pfarr-Kirche sind wol zu sehen.

**Chemnitz.** Chemnitz ist eine feste Stadt am Wasser Chemniß/hat ein schönes Schloß und wolerbaucte Kirche.

**Torgau.** Torgau ist ebenfalls eine feste und wolgelegene Stadt an der Elbe/hat ein prächtiges Schloß/und schöne Stadtkirche/wie auch wolerbauctes Rahthaus. Das Torgauer-Bier ist berühmt/und wird weit verführet.

**Annaberg.** Annaberg ist eine feine Bergstatt/hat eine schöne Kirche und wolbestellte Schule/wie auch ein stattliches Bergwerk.

**Schneberg.** Schneberg ist auch eine wolerbaucte Stadt auf einem Berg/von reichem/und dem Schnee/so allezeit etwas länger/als auf andern Bergen liegen bleibet/sie den Namen haben solle. Das Bergwerk allda ist fast gar versiegen.

**Marggraffschafft Lausnitz.** Die Marggrafschaft Lausnitz stösset an Brandenburg/Schlesien/Böhmen/Meissen und Ober-Sachsen. Ligt zwischen der Elß/Neiß/und Böhmischen Gebürn. Der vornemsten Städte in Ober-Lausnitz sind sechs.

**Bautzen.** Bautzen ist die Hauptstadt an der Spree/Chur-Sachsen gehörig/hat eine schöne Stiftskirche und wolbestellte Schule.

**Görlitz.** Görlitz ist eine feine Stadt/allwo die St. Peterskirch und das Rathhaus zu besichtigen.

**Sittau.** Sittau ist ebenfalls ein schöner Ort/pranget Sittau mit der Pfarrkirche und dem Rathhaus.

**Camitz.** Camitz ist eine von den sechs Bundsstädten in Ober-Laußniß/welcher Namen Wendisch sind/und von den Felsen/in welchen sie erbauet/herkommen solle. Im zerstörten Schloß sollen vorhin eigne Herren gewohnet haben.

**Lauben.** Lauben ist eine feine Stadt am Fluß gleiches Nomens/allwo ein gesundes Bier gebrauet und in Schlesien und andere Ort verführet wird.

**Lobau.** Lobau hat dieses vor andern Laußnitzischen Städten/daß so oft die andere Städte ihre Gesandten wegen des gemeinen Nutzens schicken/so allda zusammen kommen.

Im Untern Laußnitz liegen: Spromberg/Pribus/Cotbus und Guben.

**Herzogtum Schlesien.** Das Herzogthum Schlesien stösset heutiges Tages an Laußniß/Brandenburg/Pohlen/Mähren und Böhmen. Und liegen darinn die Fürstenthümer/so nach ihren Städten genennet/wie folget:

**Breßlau.** Breßlau ist die Hauptstadt dieses Herzogthums/ein schöner rechtfester Ort an der Oder und Ola. Die Bischöfliche Kirche/samt sehr vielen andern/die Königliche Burg/das Rathhaus/sind zu sehen. Es sind 3. wolbestellte Schulen allda.

**Glogau.** Glogau ist eine schöne und wolgelegene Stadt/Glogau hat einen stattlichen Thum/unterschiedliche Klöster/ein ansehnliches Schloß und schönes Rathhaus.

**Sagan.** Sagan ist eine grosse Stadt/hat ein feines Schloß/2. Klöster/und eine Pfarrkirche zu unser L. Frauen.

**Schweinitz.** Schweinitz ist ein eine schöne und wolgelegene Stadt/hat unter andern eine schöne und grosse Kirche zu St. Stenzel mit einem hohen und dreymal durchsichtigen Thurn. Das Rath-und Zeughaus sind wol zu sehen.

**Lignitz.** Lignitz ist eine grosse und veste Stadt/hat ein ansehnliches Schloß/die Kirchen zu St. Peter und Paul und das Rathhaus sind wol zu sehen.

**Grieg.** Grieg ist eine wolerbaucte Stadt auf einem Grieg gar schönen ebnen und fruchtbaren Boden. Allda sind die Domkirche/samt zweyen andern/das Rath-und Zeughaus/wie auch die Fürstliche und Stadt-Schulen wol zu beobachten.

Neisse

**Neisse.**
Neisse ist eine schöne ansehnliche Stadt/ hat unter andern Kirchen/eine ansehnliche zu S. Jacob. Die Bischöffliche Residenz/ das Rathhaus und der Markt zieren die Stadt nicht wenig.

**Crossen.**
Crossen ist zierlich und von vielen steinernen Häusern wolerbauet/mit einer schönen Fürstl. Burg/ ansehnlichem Rathhaus/u. weitläuffigen Markt gezieret.

**Leschen.**
Leschen ist eine von den ältesten Städten in Schlesien/ allwo zwo schöne Kirchen zu sehen/ die Burg liegt auf einem ziemlich hohen Berg/ und ist wol befestiget. Das Rathhaus und der Markt sind schön/und geben der Stadt keine geringe Zierde.

**Opeln.**
Opeln ist eine wolerbauete Stadt in Schlesien/ allwo der Thum/die Kloster-Kirchen/ der grosse Spital und das Rathhaus zu sehen.

**Rathbor.**
Rathbor ist eine alte und veste Stadt/ hat eine ansehnliche Stiftskirche/ ein alt Fürstliches Haus/ und ein schönes Rathhaus.

**Münsterberg.**
Münsterberg ist eine veste mit vielen Thürnen an den Mauren versehene Stadt/ liegt zwischen den Bergen. Käyser Heinrich I. solle dahin haben ein Kloster oder Münster bauen lassen/ davon der Stadt der Name gekommen.

**Troppau.**
Troppau ist eine grosse vornehme Stadt an der Oppa/ hat zwo schöne grosse Pfarr-Kirchen/ eine alte Fürstliche Burg/ein grosses Rathhaus/und schöne Burgers-Häuser.

**Jauer.**
Jauer ist zwar eine kleine/ aber mit starken Mauren und festen Thoren verwahrte Stadt. Die schöne Pfarrkirche allda ist An. 1648. durch Feuersbrunst verzehret worden. Die Fürstliche Burg und das Rathhaus sind wol zu sehen.

**Oels.**
Oels ist eine feine wolgelegne Stadt/hat etliche schöne Kirchen/ die Fürstliche Burg und ein ansehnliches Rathhaus.

**Jägerndorf.**
Jägerndorf ist mit festen und dicken Mauren wol verwahret. Das Rathhaus ist ein ansehnliches Gebäu. Die Bürgers-Häuser aber sind meistentheils hölzern.

**Mark Brandenburg.**
Die Mark Brandenburg stösst an Laußnitz/ Schlesien/ Pohlen/ Pommern/ Mecklenburg/ Lüneburg und Braunschweig/das Stifft Magdeburg und Ober-Sachsen. In der alten Mark liegen folgende Städte:

**Tangermünde.**
Tangermünde ist eine wolerbaute Stadt auf einer Höhe an der Elbe/ allwo der Fluß Angra in die Elbe laufft. Das Schloß solle Käyser Carolus IV. erbauet haben.

**Stendal.**
Stendal ist eine ziemlich grosse und mit feinen Gassen und zierlichen Häusern ansehnlich erbaute Stadt/ deren Einwohner sich vom Ackerbau und Tuchmachen ernehren.

**Soltwedel.**
Soltwedel ist eine feine und schöne Stadt/ wird in die Alt und Neue abgetheilet/ deren Hauptkirche das Rathhaus und die Schule sind wol zu sehen.

**Gardleben.**
Gardleben ist ein lustig gelegnes Städtlein/ allwo gutes Bier gesetzen wird. Hat A. 1685. durch Feuersbrunst grossen Schaden gelitten.

**Bismark.**
Bismark ist ein nahmhafftes Städtlein an der Bise zwischen Kalb und Osterburg.

In der Mittelmark liegen folgende Städte: Brandenburg an der Havel ist ein zwoefache Stadt/ allwo die Stiffts-Kirche/ und darinn vieler Fürsten und Bischöffen Begräbnissen zu sehen.

**Berlin.**
Berlin ist eine schöne und sehr veste Stadt und Churfürstliche Residenz/ wird von der Spree in zwey gleiche Theil abgetheilet/ deren der eine Cölln machet. Die Häuser sind schön gebauet/ und auf Welschen Manier zugerichtet. Das Schloß ist Königlich ausgezieret. Die Stiffts-Kirche/Kunstkamer/Lust-Häuser/Tranienburg und Vogtam sind sehenswürdig.

**Cölln.**

**Spandau.**
Spandau ist eine vortreffliche Vestung an der Havel/ in welche allda die Spree fället. Hat ein

ansehnliches Schloß und treffliches Zeug-Haus.

**Rathenau.**
Rathenau ist eine sehr alte Stadt an der Havel/ hat schon ums Jahr Chr. 430. ihren Anfang genommen.

**Frankfurt.**
Frankfurt ist eine feste Stadt an der Oder/hat wol angelegte Gassen/schöne Häuser und einen grossen Markt. Die Pfarr-und S. Niclas-Kirchen/ das Rathhaus und die Carthausen sind zu sehen. Die Hohe Schule ist An. 1506. angeordnet worden.

**Bernau.**
Bernau ist eine feine Stadt von Marggraf Alberto Urso dem Bären/ Churfürsten zu Brandenburg gebauet und also genennet.

**Havelberg.**
Havelberg ist ebenfalls eine schöne Stadt/ all wo der Thum wol zu beobachten.

**Rupin.**
Rupin ist zweyerley/ Alt- und Neu-Rupin. Jenes ist ein offner Flecken/9. Meilen von Berlin/ hat ein schönes Schloß. Dieses ist eine ziemlich grosse Stadt mit einer schönen Pfarrkirchen versehen.

In der Neuen Markt sind folgende Ort:

**Cüstrin.**
Cüstrin ist eine vortreffliche Vestung/ ganz mit Gästlin. Morast umgeben/ und wird nur unüberwindlich gehalten/ist mit Zeughäusern wol versehen. Das Fürstliche Schloß in dieser Vestung samt der Kirchen ist wol zu sehen.

**Landsperg.**
Landsperg ist eine wolbekandte Stadt an der Warta/ wegen der Schiffahrt auf dem Wartström. Hat im 30. jährigen Krieg sehr viel ausgestanden.

**Kinsperg.**
Kinsperg oder Königsperg ist eine kleine Stadt/ohngefehr eine Meile von der Oder.

In der Uckermark ist die Hauptstadt Prenslau an dem Fluß Ucker/ und dem Ucker-See/ hat ein feines Schloß.

**Herzogthum Sachsen.**
Das Herzogthum Sachsen begreiffet was eigentlich zwischen Laußnitz/ Brandenburger Mark/ Stifft Magdeburg und Meissen lieget/ als: Wittenberg ist ziemlich fest und die Hauptstadt des Herzogthums/ liegt unweit der Elbe/ hat ein auf die alte Manier erbauetes Schloß und Kirche. In der Pfarrkirchen sind viel Gemählde und Epitaphien. Die Universität ist weltbekannt.

**Wittenberg.**

**Herberg.**
Herzberg ligt an der schwarzen Elster/ hat den Namen von einem Hirschen/ den Albertus Ursus der Churfürst/ daselbst gefället/ den Anfang und Namen bekommen. Es stehet auch allda Bitterfeld/und Beltzig.

**Erzbißthum und Stadt Magdeburg.**
Das Erzbißthum Magdeburg/ so ein Primat in Germanien ist/ hat folgende Städte: Magdeburg ist eine veste und überaus grosse Stadt/ an der Elbe. Hat prächtige Häuser und ansehnliche so wol geistlich weltliche Gebäue/ unter denen der Thum vor andern sehens-würdig. Noch viel elende Merkzeichen siehet man allhier von der An. 1634. geschehenen Magdeburgischen Zerstörung her. Die Stadt und Erzbißtum gehören nunmehro Chur brandenburg.

**Hall.**
Hall ist eine schöne Stadt an der Saal/ gehört heutiges Tages Chur-Brandenburg/ hat schöne Kirchen/ein prächtiges Schloß/ und ist wegen des Saltzsiedens berühmt. Es sind auch sonst allda diese Städte: Wolmerstädt/ Staßfurt/ Acken/ Kalb 2c.

**Fürstenthum Anhalt.**
In dem Fürstenthum Anhalt liegen folgende Städte: Dessau ist eine feste und lustige Fürstliche Residenz-Stadt in einem ebnen Felde/ nicht weit von der Elbe/hat ein ansehnliches Schloß/ so wol sonderbaren Seltenheiten ausgezieret.

**Dessau.**

**Bernburg.**
Bernburg ist eine Stadt an der Saal/ hat ein berühmtes Fürstliches Schloß und sehr fruchtbaren Boden.

**Zerbst.**
Zerbst ist eine schöne Fürstliche Residenz; In der Stadt wird stattliches Bier gebräuet/ welches doch im Schloß nicht gerathen/ob man gleich das Wasser dahin bringet.

**Aschersleben.**
Aschersleben ist eine alte Stadt/ so zum Bißtum Halberstadt heutiges Tages gehöret/hat schöne Mauren u. Kirche/wie auch einen ziemlich fruchtbar Getreidboden.

**Grafschaft und Stadt Mansfeld.**
In der Grafschaft Mansfeld sind folgende Städte berühmt:

berühmt: Mansfeld / ist ein schönes Städtlein und ansehnliches Schloß / davon diese gantze Graffschafft den Namen hat.

**Eißleben.** Eißleben ist eine bekannte Stadt / allwo das Schloß / und die Haupt-Kirche sehens-würdig sind. 2. Jahr-Märckte werden allhier auf S. Viti und S. Galli gehalten.

**Herzogth. Braun-schweig.** Die Herzogthümer Braunschweig und Grubenhagen stossen an Westphalen / Hessen / Thüringen / Sachsen / Brandenburg und Lüneburg. Im Herzogthum Braunschweig sind folgende Städte: Braunschweig ist eine ansehnliche und veste Stadt an der Oker / hat im Umkreiß eine Teutsche Meile / 8. Pfarr-Kirchen / 3. Lateinische Schulen / 5. Rathhäuser / und schöne Zeughäuser.

**Helmstätt.** Helmstätt ist eine schöne und wohl erbaute Stadt / hat eine weitberühmte Universität / welche Anno 1576. vom Herzog Julio aufgerichtet worden.

**Hanover.** Hanover ist eine lustig gelegene und sehr veste Stadt / wird durch den Fluß Kleim in 2. Theile getheilet. In der Neustadt ist eine schöne Kirche. Der Fürstliche Pallast ist sehens-würdig.

**Wolffen-büttel.** Wolffenbüttel ist eine berühmte und ansehnliche Stadt / hat ein weitläufftig und wohlerbautes Schloß / und eine Welt-beruffne Bibliotheck.

**Goßlar.** Goßlar ist eine Reichs-Stadt am Hartz / hat ein reiches Bergwerck / Auf den Stadt-Mauren stehen 182. Thürne; Es sind allda 6. Kirchen und 2. Nonnen-Klöster.

**Hildes-heim.** Hildesheim ist eine alte und sehr grosse Stadt / allwo die Jremensul im Dom zu sehen der uralten Einwohner Abgott. Das Rathhaus hat ein schönes Ansehen. Das Jesuiter Collegium ist ebenfalls sehens würdig.

**Halberstat.** Halberstadt ist ebenfalls eine uralte und darbey schöne Stadt / hat einen ansehnlichen Dom / und sehr viel Clöster. Das Rathhauß läßet sich auch wol sehen. Das Bißthum ist in ein Fürstenthum verwandelt.

**Quedlin-burg.** Quedlinburg ist eine wolbekannte feine Stadt am Wasser Bode / liegt auf einem fruchtbaren Boden / hat ein Fürstlich Stifft und Abbatien.

**Herzogth. und Stadt Grubenha-gen.** Im Herzogthum Grubenhagen sind folgende Ort; Grubenhagen ist ein hohes vestes Bergschloß / wovon das Fürstenthum den Nahmen hat / liegt nahe bey den Fürstlichen Amt-Hauß Rotenkirchen.

**Osterode.** Osterode ist eine feine Stadt am Hartz gelegen / allwo S. Egidii Kirche zu sehen. Es liegen allhier etliche Hertzoge der Grubenhagischen Linie begraben.

**Herzog-thum Lüne-burg, und Stadt alle-ches Na-mens.** Das Herzogthum Lüneburg stößt an Braunschweig / Holstein / Lauenburg / und die Marck Brandenburg. Die vornehmsten Städte sind: Lüneburg ist eine sehr veste und weitläufftige Stadt am Fluß Eimenau / hat schöne Kirchen / Schulen / ein schönes Schloß / Rathhaus und stattliches Saltzwesen.

**Cell.** Cell ist eine zwar nicht allzugrosse / sondern mittelmässige Stadt / mit einem vesten und schönen Schloß / als Hochfürstlicher Residenz. Die Kirchen / und um die Stadt herum / schöne Lusthäuser / sind würdig zu sehen.

**Dannen-berg.** Es liegt auch im Herzogthum Lüneburg die Graffschafft Dannenberg hat eine Stadt und Fürstliches Schloß / allwo schöne Zimmer zu finden / wol wehet / daß man die in Augenschein nehmen.

**Herzogth. Lauenburg und Stadt.** Das Herzogthum Lauenburg stößt an Holstein / Lüneburg / und Mecklenburg. Die Haupt-Stadt ist Lauenburg / hat ein vestes Schloß / das liegt ziemlich hoch auf einem Berge / und machet einen vornehmen Paß über die Elbe. Die Stadt ligt unter dem Schloß im Thal / und ist wegen des Elbstroms zur Kauffmannschafft wol gelegen.

Das Herzogth. Holstein ist allbereit von uns bey Beschreibung des Königreichs Dennen, oben abge-

handelt worden. Hier ist nur dieses zu erinnern / daß wir von Stormar und Wagrien allda nichts gerethnet / dannenhero wir hier nur kürtzlich hiervon Meldung thun wollen / und zwar nur die Städte anzudeuten / so liegen in Stormarn die Stadt Hamburg und Pinneberg. Hamburg ist eine ansehnliche / veste und reiche Stadt an der Elbe / welche in Teutschland / die Handelschafft betreffend / ihres gleichen nicht hat. Die S. Peters-Kirche / samt mehr andern / wie auch unterschiedliche Klöster sind wol zu beobachten.

**Hamburg.** In Wagrien sind Lübeck / Sagenberg und Jtzehoe. Lübeck ist eine veste / ansehnliche und schöne Reichs-Stadt / an der Ost-See / mit stattlichen Häusern versehen. Der Dom ist ein vortreffliches Gebäu / hat auch ein schönes Raht und- Zeug-Hauß.

**Lübeck.** Das Herzogthum Mecklenburg stösset an die Ost-See / an Pommern / die Marck Brandenburg / Lauenburg und Holstein. Die vornehmsten Städte darinnen sind:

**Herzogth. Meckeln-burg.** Wißmar ist eine vornehme und grosse Seestadt / ist mit Mauren / Pasteyen und Wällen stattlich versehen / hat 3. vornehme Kirchen / ein schönes Rahthaus und vortreffliches Schloß.

**Wißmar.** Rostock ist die Haupt-Stadt in Mecklenburg / ware vor dem / vor etlichen Jahren entstandenen Brand eine trefflich gezierte Stadt / die hohe Schul ist Anno 1419. allhier angerichtet worden.

**Rostock.** Güstrow ist eine ansehnliche Residenz-Stadt / hat ein schönes und wolberühmtes Schloß / wie auch eine wolerbaute Stifftskirche.

**Güstrow.** Das Herzogthum Pommern stößt an Mecklenburg / an die Ostsee / an Preussen / Pommerellen und Brandenburg. Die vornehmsten Städte sind: Stetin ist die Haubtstadt und sehr veste / hat An. 1677. eine halbjährige Blägerung über sich ergehen lassen / biß sie endlich von Chur-Brandenburg erobert worden. Das Schloß stehet noch / und ist wol zu sehen.

**Herzog-thum Pom-mern.** Stralsund ist eine Real-Vestung / wurde vor etlichen Jahren von Chur-Brandenburg in 18. Stunden zur Übergab bezwungen / also daß über 1500. Häuser in Feuer verdorben.

**Stetin.** Gripswald ist eine grosse ansehnliche Stadt / hat eine stattliche hohe Schule / und sind die Pfarrkirche und das Rathhaus schön zu sehen.

**Stralsund.** Wollin ist ein kleines Städtlein am Fürsten-Haff / hat ein schönes und festes sehens-würdiges Schloß.

**Greipwald.** Cammin ist ein bischöffliche Stadt an der Die vennoro / hat einen schönen Dom / welcher mit Mauren und Wällen von Wratislao IV. umbgeben und befestiget worden.

**Wollin.** Colberg ist eine feste Stadt am Fluß Persant / nicht weit von der Baltischen See / hat einen stattlichen Hafen / eine schöne Stifftkirche / Probstey / Jungfrauen Kloster und Rathhaus.

**Cammin.** Cößlin ist eine schöne Stadt / umkher mit vielen Teichen und Sümpffen umbgeben. Die Pfarr- und Schloßkirchen sind schön gebauet. Das Schloß ist wol zu besehen.

**Colberg.** Stargard ist eine alte / grosse und veste Stadt / mit stattlichen Pasteyen und Wällen versehen / hat eine schöne Marienkirche / welche sehr hoch gewölbet ist.

**Cößlin.** Das Herzogthum Pomerellen / der Wenden / so man die Gothen gemennet / allt Wohnung. Stösst an Pommern und die Wetrel. Darinnen sind Bouta / Stargart / Bißmark / Kischbaw / Tewenburg.

**Stargard.** Herzogthum Preussen wird in das Herzogische und in das Königische abgetheilet. In demjenigen Theil / so der König in Pohlen immediate unterworffen / liegen folgende Städte:

**Herzog-thum Po-merellen.** Danzig ist eine grosse / reiche / schöne und sehr veste Stadt / an einem Arm von der Weichsel / hat 20. Bollwerke. In der prächtig-erbauten Hauptkirchen sind

**Hertzogth. Preussen.**

sind stattliche Raritäten. Das Rahthaus und die Kauffmanns Börse sind wol zu sehen/ wie auch der Junckerhof.

**Torn.** Torn ist eine sehr veste Stadt an der Weichsel/ weicht an Schönheit/ Befestigung und Reichthumb keiner Stadt in Teutschland. Wird getheilet in die alte und neue Stadt. Viel Kirchen/ die Jesuiter-Schul/ das Schloß und das Rahthaus sind insgesamt wol zu sehen.

**Elbingen.** Elbingen ist eine lustige/ veste und wolgelegene Stadt/ hat eine schöne Pfarrkirchen/ ist ein hoch Gebäu/ mit einem durchsichtigen und gar künstlich mit Gängen herumb gebauten Thurn gezieret.

**Marienburg.** Marienburg ist eine ansehnliche Stadt/ liegt an einem Arm der Weichsel. Das Schloß ist ein groß

weitläufftig Gebäu von Ziegelsteinen. Allda wird ein köstlicher Meth aus Honig/ Wasser und Hopfen gemachet.

**Culm.** Culm ist eine Nahmhaffte Stadt bey der Weichsel/ hat eine Bischöffliche Hauptkirche/ und ein sehr reiches Nonnenkloster.

**Königsberg.** Im andern Theil/ so einen Herzogen hat/ sind die Königs-Städte Königsberg und Memel. Königsberg ist berg-eine grosse und schöne Stadt/ hat einen bequemen Meerhafen/ und stattliche Universität/ wie auch ein ansehnliches Schloß/ so neben der Hauptkirche wol zu sehen.

**Memel.** Memel ist ein wolerbautes Städtlein an einem feinen Hafen der Ostsee. Soll Anno 1250. seyn erbauet worden.

## Das Neundte Capitel.
# Von dem Königreich Pohlen.

**Gräntz des Königr. Polen.** Als Königreichs Pohlens Gräntzen/ wann man alles dadurch verstehet/ so selbigem Reich zu Lehen gehet/ als Preussen/ rc. sind gegen Mitternacht der Windische Meer-Busen bey Dantzig/ und die Ost-See biß an des Flusses Narva Einfluß ins Meer/ gegen Morgen der Fluß Boryfthenes oder Dnieper/ gegen Mittag der Fluß Tyras oder Niester/ und der Berg Carpatus oder Crapack an Siebenbürgen: gegen Abend die Weixel/ oder Schlesien/ die Marckt Brandenburg und Pommern. Liegt diesem nach

**Länge und Breite.** zwischen dem 48. und 61. Grad latitudinis, und zwischen dem 45. und 59. Grad longitudinis. Und ist dessen Länge von des Landes Ende bey Narva/ biß an das schwartze oder Eurinische Meer 158. Meilen. Die Breite von Dantzig biß zu des Flusses Duna Uhrsprung 127. Meilen.

**Abtheilig.** Zu diesem Königreich nun gehören das eigentlich also genannte Pohlen/ Littauen/ Samogiten/ Volhinien/klein oder schwartz Reussen/ Podolien/ Podolaßien/ und Masaw. Von Liefland haben wir allbereit oben unter Schweden gehandelt.

**Fruchtbarkeit.** Pohlen ist ein flach und ebenes Land/ voller Wälder/ wiewohl es ausserhalb mit Bergen umgeben/ trägt viel Korn/ Gersten und Küchen-Gemüß/ hat einen Überfluß an Vieh/ Fischen und Wildpret/ wie auch an Baum-Früchten/ Butter/ Wachs und Honig. In Littauen gibts viel Marder/ Zobeln/ Hermelin/ Vehe/ und dergleichen Fellwerck. Samojeder-Land ist fast immerdar mit Schnee und Eiß bedecket/ voller Wälder/ darinn viel Honig gefunden wird in den hohlen Bäumen/ und viel Wild. Die Masaw ist durchaus Wäldig/ hat viel Auer-Ochsen und andere wilde Thiere/ mancherley Gattung. Volhinien hat fruchtbar Feld/ und bringet viel Korn-Früchte/ da sind viel stehende See/ voller Fische und viel Wildprät. Podolien übertrifft die obgenannte Länder alle an Fruchtbarkeit/ wann man einmal gesät hat/ so kan man dreymal erndten. Das Gras auf den Wiesen wird so lang/ daß man das Vieh kaum darinnen gehen siehet. Da ist eine unglaubliche Menge Rinder und Schaafe/ unzerlich Wild/ und des Honigs kein Ende. Schwartz Reussen hat auch einen fruchtbaren Boden/ ist reich an Ochsen/ Schaafen/ Pferden/ Mardern und Füchsen.

**Groß Pohlen.** Das eigentlich also genennte Pohlen heisset also von seinen ebenen Feldern/ und wird in groß und klein Pohlen abgetheilet. In Groß-Pohlen/ so mit

Teutschland grentzet/ und mehr gegen Mitternacht lieget/ sind folgende Städte:

**Posen.** Posen ist eine Königliche lustige Haubt-Stadt an der Warta/ hat schöne Häuser von gehauenen Steinen/ ein gemauertes Schloß auf einem hohen Hügel. Der Dom und die Kirchen/ samt dem Jesuiter Collegio sind schön gebauet.

**Gnesen.** Gnesen ist eine Ertzbischöfliche Stadt/ deren Vorsteher Primas ist in gantz Pohlen/ und stetswährender Legat des Römischen Stuls. Hat ihren Namen von einem Adler-Nest/ so der Orten/ als sie erbauet ward/ gefunden worden.

**Peterkau.** Peterkau ist eine fürnehme Stadt/ mit schönen Pallästen gezieret. Es liegt auch in Groß-Pohlen das Land Cujavia/ oder Uncistavia/ darinnen die Stadt Wratislaw an der Weixel.

**Klein Pohlen.** In klein Pohlen/ so an Mähren/ Hungarn und klein Reussen stösset/ und also gegen Mittage lieget/ ist die Haupt-Stadt und Königliche Residentz Stadt Cracau/ dero anderer Theil gegen über/ und an der Weixel heisset Casimiria/ da die hohe Schul ist/ sonst hat es noch 2. Theil/ so Clepardia und Stradomia heissen/ nach dieser sind Sandomir und Lublin.

**Cracau.** Cracau ist eine Königl. Polnische Haubt-Stadt an der Weixel/ hat starke Mauren und Thürne/ prächtige Gebäu/ ansehnliche Kirchen/ Klöster und andere Gottes-Häuser/ das Königliche Schloß/ die unterschiedliche Kirchen/ Klöster/ Jesuiter Collegium/ der hohen Schul Collegia sind schön gebauet.

**Sandomir.** Sandomir ist eine mittelmässige Stadt/ auf eisnem Hügel. Zu den zwoeen Templen neben der Stadt geschehen viel Walfahrten.

**Lublin.** Lublin ist eine vornehme Handels-Stadt/ hat starke hohe Mauren/ einen tieffen Graben/ und sehr grosse Teiche herum. Das Schloß ligt auf einem erhöheten Hügel/ mit prächtigen Gebäuen und hohen Thürnen. Die unterschiedliche Kirchen und das Rath-Haus sind sehens-würdig.

**Herzogthum Littauen.** Das Herzogthum Littauen ligt an Pohlen gegen Morgen/ und mehrentheils zwischen den Flüssen Memel und Nieper. Seine Länge ist von des Flusses Palotta Ursprung/ bis an die Flüsse Bog und Nieper Zusammenfliessung 135. teutscher Meilen. Die Breite/ wann man von der Ost-See/ dem Fluß Memel nach/ bis auf Korenio/ und ferner an den Fluß Nieper eine gerade Linie ziehet/ 105. Meilen. Hat zehen Palatinos oder Marwoden 1. zu Vilna oder Wilde/ 2. zu Grodno. 3. zu Minsko/ 4. zu Nowigrodek. 5. zu Breszia/ oder Briesci. 6. in Volhimia (an dessen Stelle setzet Mercator den Kiovo) 7. zu Polocztow im Poloczenser Herzogthum/ 8. zu Witepsk. 9. zu Minsko/ und endlich 10. zu Mizeslaw/

und

**Wilde.**

und sind diese Palatinat gleichsam wie Herzogthümer.

Vilna oder Wilde ist die Haupt-Stadt / hat ein altes grosses Schloß. Die Kirchen und Jesuiter-Collegia / samt dem Königlichen Schloß / Castell / Zeughaus/ Bischofs-Hof und Rath-Haus sind schön zu sehen.

**Grodno.**

Grodno ist eine vornehme Stadt beym Fluß Nirmen / hat schlechte / und nur von Holtz erbauete Kirchen und Häuser. Das Königliche Schloß und Rahthaus sind wol zu sehen.

**Polotzko.**

Polotzko ist eine ansehenliche Stadt an dem Fluß Dywina/ hat zwey Schlösser. Die Kauffmannschafft floriret allhier vortrefflich.

**Witepsk.**

Witepsk ist die sicherste Vestung in gantz Littauen/ an der Duna oder Dwina/ sehe groß samt zweyen Schlössern / so die allerstärksten in gantz Littauen sind/ der Moscowiter Uberfall einzuhalten.

**Herzogth. Samogitien.**

Das Herzogthum Samogitien stösset oben an Churland/ und unten an Littauen/ denn es gegen Norden lieget. Allhie ist nichts/ als / wie oben gemeldet/ das Honig berühmet.

**Wolhinien.**

Volhinien/ oder Wolin/ ligt unterhalb Littauen/ und flösset sonst an Polen und klein Reussen. Darinn ist Luczkow und Grodeck am See Amadoco / aus welchen unterschiedliche Flüsse entspringen. Volodimiria oder Wlodimir und Krzemieniec sind auch hierinnen.

**Klein oder Schwartz Reussen.**

Klein oder Schwartz Reussen wird also zum Unterschied des weissen oder grossen Reussens / oder der Moscau genennet; stöst an Pohlen/ Wollin und den Berg Crapatland / da dieses Land Przgorze heisset. Dessen Haubt ist Leopolis oder Löwenburg oder Lemburg/ ist mit einem tieffen Graben und einer Mauer / mit vielen Thürnen wol versehen; hat 3. Bischöf/ einen Römischen/ Reusischen und Armenischen; Item 2. Schlösser. Der Ertzbischöfliche Pallast/ der Dom/ das Rathhaus/ Gymnasium und andere herrliche Gebäue sind Sehens-würdig.

**Podolien.**

Podolien/ liegt unterhalb Littauen/ gegen Mittag/ dieweil des Dniesters/ da es an die Moldau stösset. Die Haubtstadt darinn ist Kaminieeck/ wurde vor unüberwindlich gehalten/ aber doch vor etlichen Jahren von den Türcken erobert / mit des Königreichs Pohlen grossen Nachtheil.

**Podalassien.**

Podelassien/ oder Podlasso stöst an Preussen/ Samogitien/ Littauen/ Pohlen und Moscau. Darinnen liegen: Raigrot/ Conjunct/ Krzemien/ Bielsko/ Lykoczin/ Augustow.

**Mosaw.**

Masaw/ liegt zwischen Preussen und Pohlen/ ist Mosaw. auch ein Herzogthumb. Die Haubtstadt ist Warschau. schau/ ist eine grosse und ansehnliche Stadt an der Weichsel/ Allhier werden die Reichs-Tage gehalten/ und stehen offt in die 60000. Menschen zusammen/ also daß viel auf freyem Felde zu solcher Zeit unter den Gezelten wohnen müssen.

# Das Zehende Capitel.
# Von den Königreichen Spannien und Portugall.

**Grentzen des Königreichs Hispanien und Portugall.**

Als Königreich Spasien/ oder Hispanien hat seinen Namen von der Stadt Hispali / so heutiges Tages Sevilla heisset. Ist sonst auch Iberia genennet worden/ vom Fluß Ibero oder Ebro. Seine Grentzen sind gegen Morgen/ das Mittelmeer/ sonderlich wo es das Spanische und Balearische Meer heisset ; gegen Mittag alle massen wie Ern von Silber und Gold. Andalusia das Fretum, oder die Meeres-Enge Gibraltar/ und der Oceanus Atlanticus: Gegen Abend eben auch solcher Oceanus Atlanticus: Gegen Mitternacht der Oceanus Cantabricus, und das Pyrenäische Gebürg/ damit es von Franckreich abgesondert wird.

**Läger.**

Ligt also zwischen dem 36. und 44. Grad 10. min. latitudinis, wann man die Balearischen Inseln darzu nimmt. Seine Länge von C. Sancti Vincentii biß an die Vestung Salses ist 190. Meilen: Seine Breite vom Vorgebürge Saturni oder Scombearia/ so ietzo C. de Palos, biß an das Promontorium Celticum oder Nerium/ ietzo das Vorgebürg/ oder C. finis terrae. 150. Teutsche Meilen/ deren 15. auf einen Grad zu rechnen.

**Länge. Breite.**

**Abtheilung.**

Hispanien/ wird heutiges Tages in XV. grosse Landschafften oder Provintzen (die fast alle/ weiland/ zu der Mohren Zeiten/ Königreiche genennet worden) eingetheilet. Fünfe derselben/ als da sind: Biscaja/ Asturia/ Gallicia/ Portugall/ (welches aber heutiges Tages seinen eigenen König hat/ und Andalusia/ liegen an dem grossen Welt-Meer; Wie gleichfalls fünf andere/ nemlich: Granada/ Murcia/ Valentia/ Catalonia/ und die Insuln Majorca und Minorca/ an/ und in dem Mittelländischen Meer: Die übrigen fünfe in Mitten des Landes: Arragonia/ Navarra/ die beede Alt-und Neu Castilien/ und Leon.

**Fruchtbarkeit.**

In Biscaja wächset wenig Wein / darum machen die Einwohner viel Aepffel/ und Biern-Most; Viel Holtz hat diese Provintz/ darum auch viel Schiffe

darinnen gezimmert werden/ und gibt das Meer Fische vollauf. Asturien ist ziemlich unfruchtbar/ und deßwegen wenig bewohnet/ es wird aber darinn viel Gold gefunden/ und ziehet viel hochgeachtete Pferde/ wegen dero sonderbaren Stärke. Gallicien ist ein mager und durstig Land / darinn auch das Wasser nicht zu bekommen; man findet allda viel Holtz/ und über alle massen viel Ertz von Silber und Gold. Andalusia liegt so lustig/ und ist an Getreid/ Wein und Oel so fruchtbar/ daß mit Recht das Frucht-Hauß und der Keller des gantzen Königreichs mag genennet werden. Granata ist wol das beste und fruchtbarste Land in gantz Hispanien/ worzu die Einwohner Fleiß kommet/ die solches wol bauen/ daß also an Kräutern/ Früchten/ Wein/ Zucker und Seiden allda genug ist/ wie es denn auch allda an grossen und kleinen Vieh nicht mangelt. Das Land Murcia/ wird der Garten von Hispanien genennet/ wegen der grossen Menge herrlicher Früchte/ die solches Land bringet. In Valentia ist der Lufft so gesund und mild/ als an einem Ort in gantz Hispanien seyn mag. Es giebt allda Gold/ Silber/ Eisen/ und ander Metall/ wie auch Alabaster und Alaun/ und lebendigen Kalk/ so aus der Erden gegraben wird. Catalonia ist den mehrentheil unfruchtbar/ geschickter zu den Bäumen als zum Kornbau/ doch sind die Bäume auch mehr wild als zahm. In Majorca wächset viel Wein/ Oel/ Korn und Baumfrüchte/ es werden auch gute Käse allda gemacht. In Minorca giebt es keine Schlangen noch andere schädliche Thiere/ ausgenommen Caninichen/ welche den Saamen vom Felde abreissen. Arragonien/ hat so grosse und öde Wüsteneyen/ daß einer wol einen gantzen Tag reisen/ und keinen Menschen antreffen solte. Doch hat es auch fruchtbare Thäler/ dardurch schöne Wasserbäche lauffen/ in denen viel Korn und Weitzen wächset. Neu-Castilien/ ist ebener als das Alte/ und weil es mehr gegen Mittag reucht/ so ist es auch viel wärmer. Neu-Castilien bringet mehr

Frucht/

**Läge. Breite.**

J ij

Frucht/ des Alte zeucht mehr Vieh. Der Lufft in Portugall ist gut und gesund/ hat viel Wein/ Honig/ Oel/ Metall/ Gold und Silber / zudem wird viel Alaun da gegraben/ und schöner weisser Marmorstein.

**Flüsse.** Die vornehmsten Flüsse allhier sind: Rubricatus, itzo Lobregar, Iberus oder Ebro. Sicoris oder Segre/ Turulis oder Rio de Morvedre, Doria, oder Gvadalaviar/ Sucro oder Xucar, Betis, oder Gvadalqvivir/ Anas oder Gvadiana, Tagus oder Tajo, Durius oder Duero/ Minius oder Miaho.

**Biskaja.** Biscaja/ wird vor Franckreich durch einen kleinen Fluß/ Bidasoa genannt geschieden/ in dessen Insel der Friede zwischen Franckreich und Spanien/ Anno 1659. beschlossen worden/ die vornehmsten Städte darinnen sind.

**Bilbao.** Bilbao ist die Haubtstadt / zwo Meilen vom Meer gelegen/ allda es einen grossen Handel/ sonderlich mit Wolle/ und einen guten Port oder Hafen hat.

**Fuenterrabia.** Fuenterrabia ist die beste Vestung des ganzen Landes/ hat einen Port oder Meer-Hafen/ und auf der Seiten den Fluß Bidoseo/ welcher in dem Cantabrischen Gebürg entspringet.

**Asturia.** Asturia grenzet von Abend mit Gallicien/ von Mittag mit Alt-Castilien/ von Morgen mit Biscaja/ und von Mitternacht mit dem Cantabrischen Meer. Die Haubtstadt ist Oviedo/ insgemein der König- und Bischofen Stadt. In selbiger haben sich vor Zeiten die Christen/ nach der Saracenen und Mohren Einfall Anfangs/ als in einer Freyung/ aufgehalten/ dahin auch der Kirchenschatz/ samt den Bischofen/ gesichnet worden.

**Gallicia.** Gallicia ligt zwischen dem Meer/ nemlich dem Oceano Cantabrico Occidentali, dem Land Asturia/ und beeden Königreichen Portugall und

**Compostell** Die Haubtstadt darinn ist S. Jago oder Compostel/ diese wurde von Carolo M. mit einem Bistum versehen/ so Anno 1124. zu einem Erzbistumb gemachet worden. Ist aller Orten wegen der zeandern Wallfahrten zu dem Gebeinen S. Jacobi wol bekant.

**Andalusia.** Andalusia hat zu Grenzen von Morgen Granada/ von Mitternacht Neu-Castilien/ von Abend Portugall/ samt dem Fluß Gvadiana/ und dann von Mittag das Atlantische Meer. Die vornemsten Städte darinnen sind: Sevilla ist die Haubtstadt/ sehr schön und wolgebauet/ hat eine vortreffliche Haubtkirche/ welche der schönsten Gebäu eins in der Welt ist. Das Käyserliche Palatium ist wunderschön.

**Cordua.** Cordua ligt an einem lustigen und fruchtbaren Boden/ da herrlicher Wein wächset/ die Haubtkirche ist der schönsten Werk eins in Europa/ so 24. Thor/ und 365. Säulen vom schwarzen Marmor hat.

**S.Lucar.** S. Lucar ligt am Meer/ treibet grossen Handel. Noch vor kurzverwichener Zeit pflegten die Silber-Flotten in diesem Hafen bey dem Thurn/ den man den güldnen nennet/ anzulenden.

**Granata.** Granata mit ihrer Haubtstadt gleiches Namens/ ligt dermassen lustig/ daß die Mohren vermeinet haben/ das Paradeis werde in dem jenigen Theile des Himmels seyn/ der über ihrem Zenith schwebet. Hat eine wunderschöne Kirche/ welche sehenswürdig.

**Murcia.** Murcia grenzet von Abend mit Granada/ von Mitternacht mit Castilien/ von Mittag aber und dem Morgen hat es das Mittelländische Meer. Die vornehmste Stadt gleiches Namens ist lustig und wolgebauet/ hat ein Bistumb und sieben Pfarr-Kirchen.

**Cartagena** Cartagena heat auch allda/ und hat einen sichern Hafen/ worin aufs die 200. Galleen sollen stehen können.

**Valentia.** Valentia grenzet von Morgen mit dem Mittelländischen Meer/ von Mitternacht mit Arragonien/ von Abend mit Alt und Neu Castilien/ und von Mit-

tag mit dem Königreich Murcia. Die vornemste Stadt allda führet gleichen Namen/ soll über 12000. Häuser haben/ ausser deren so in den Vorstädten und Gärten/ deren wol auch so viel seyn mögen/ und dann 10000. Brunnen.

**Alicant.** Alicante ist nicht unbekandt/ weil in seinem Hafen jährlich eine grosse Summ herrlicher Weine gleiches Namens eingeschiffet werden.

**Catalonien** Catalonien liegt zwischen Arragonien und dem Pyrenäischen Gebürge / und am Mittelländischen Meer herzgegen Valentia zu. Die Haubtstadt ist

**Barcelona;** Barcelona/ die pranget mit ansehnlichen Gebäuen/ hat eine hohe Schule/ und Bistumb/ solle die grosse Stadt in ganz Hispanien seyn.

**Tarragona** Tarragona ist eine Stadt in Catalonien/ sehr alt und vest/ hat ein altes Erz-Bistum und hohe Schul/ welche Anno 1572. angerichtet worden.

**Lerita.** Lerida ist ebenfalls eine Stadt in Catalonien/ hat eine alte hohe Schule/ welche Anno 1200. gestiftet worden. Die Bischoffliche Hauptkirche ist im hohern Theil der Stadt gelegen/ ist gar schön erbauet.

**Majorca und Minorca.** Die Insulen Majorca und Minorca wurden vor Alters Baleares genennet/ dero Einwohner für grosse Seerauber und gute Schleuderer beschreiet waren. Ihre Kinder musten die Morgenbrod zuvor mit der Schleuder treffen/ und nachmahls erst essen.

**Arragonia.** Arragonia grenzet gegen Nordwest mit Navarra/ gegen Südost mit Catalonia/ und gen Nordost mit den Pyrenäischen Gebürge. Die vornemste

**Caragossa.** Stadt allda ist Saragossa/ ist vest und lustig gebauet/ hat schöne Häuser/ breite und offene Gassen/ 17. grosse Kirchen und 14. Klöster.

**Navarra.** Arragonia grenzet hat zu Grenzen auf Navarra/ einer Seiten das Pyrenäische Gebürg/ und auf der

**Pampelona.** andern den Fluß Ebro. Die vornemste Stadt ist Pampelona ist eine grosse/ veste und reiche Stadt/ hat 2. Castell/ eine schöne Bischöfliche Kirche/ und einen Bischof.

**Alt-Castilien.** In Alt-Castilien liegen folgende Städte: Burgos ist mit grossen schönen und bequemen Häusern/

**Burgos.** auch mit Märckten/ Strassen/ Gassen/ Brücken/ Kirchen/ Klöstern und Wasser gezieret. Die Königl. Hofspitäler ausser der Stadt sind schön und ansehnlich.

**Valladolid** Valladolid solle die schönste Stadt in Spanien seyn/ wäre ehedessen die Königliche Residenz/ hat ansehnliche Kirchen/ auch gar zierliche öffentliche und Privat-Gebäue.

**Neu-Castilien.** In Neu-Castilien sind die vornemsten Städte:

**Madrit.** Madrit ist die Königliche Residenz/ eine schöne und Volck reiche Stadt/ 128. Thürne werden um die Stadt gezehlet. Der Königliche Pallast liegt an einem Hügel/ ist nicht sonderlich groß/ oder mit vielen raren Kunststücken versehen.

**Toledo.** Toledo ist eine vornehme Stadt/ an dem Fluß Tagne/ deren Erzbischof ein Oberherr der Geistlichkeit ist durch ganz Spanien. Die Degenklingen/ so hier geschmiedet werden/ hält man vor die besten in ganz Spanien.

**Leon.** Das Königreich Leon gränket von Morgen und Mittag an Alt Castilien / von Abend mit Gallicien/ und von Mitternacht mit Asturien. Die Haubtstadt führet gleichen Namen/ hat eine/ ihrer Schönheit halber/ berühmte Domkirche.

**Königreich Portugall** Das Königreich Portugall ligt in dem westlichen Theil Spaniens/ an dem grossen Ocean, eben allda/ wo der Alten Lusitania gelegen wäre. Hat den Namen von Porto und Cale/das ist/ einem Meerhafen/ so Porto genennet wird. Hat in der Länge von Mittag gegen Mitternacht 120.in der Breite aber 25. in 30. einiger Orten auch 50. Meilen. Die vornemsten

**Lisabona.** Städte darinnen sind: Lisabona ist die Haubt-und Kauffstadt/ hat auf der Seiten gegen Mittag einen Königlichen Pallast/ und gegen Mitternacht ein herrlich

*Coimbria.* lich Jungfrauen Kloster. Gegen Mittag hat sie 22. Pforten/ Hat über 20000. Häuser/ ihren eigenen Bischoff/ hohe Schul und Inquisition.
Coimbria/ ist so wol wegen der Universität/ als des reichen Bistums halber so jährlich 150000. Pfund Einkommens haben solle/ berühmt.

Ebora ligt an einem Feld-reichen Ort/ und gar *Ebora.* schön in einer grossen Ebne/ da herum allenthalben Berge sind/ so solche beschliessen. Es ist allda ein Ertz-Bischofflicher Sitz/ und eine hohe Schule.

# Das Eilffte Capitel.
## Von Italia oder Welschland.

*Italiens Grentzen.*  Talien ist von Italo/ dem Sicilianer König/ also genennet/ und von Frankreich und Teutschland durch das Gebürg der Alpen abgesondert. Ligt zwischen dem 46. Grad 40. min. und 37. Grad 40. min. latitudinis, gleichwie *Länge.* zwischen dem 28. Grad. und 43. Grad longitudinis. Seine Länge von S. Bernhardsberg bey Augusta Praetoria /ito Aesta/ am Fluß Doria / biß an das Vorgebürg Leucopetram / ito C. del Arme 188. *Breite.* Meilen. Seine Breite ist ungleich/ vom Vorgebürg Cumero . ito monte d'Ancona, biß zu der Tiber Außfluß ins Meer / nicht über 33. Meilen. Aber wenn man von des Vari Einfall ins Meer / denen Alpibus nach / biß an den Fluß Arsiam / in Histerreich gehet / auf die 140. Meilen.

*Abtheilung.* Gantz Italien theilet sich in 3. grosse Stücke Landes / nemlich in das Hohe / Mittlere und Niedere. Das hohe Land wird die Lombardey genennet / Selbige begreiffet in sich Piedmont / den Stato di Milano / das Genuesische Gebiet / die Herzogthümer Parma / Modena / und Mantua / das Venedigische Gebiet und das Bistum Trient. Das mittlere Land hält in sich das Gebiet der Kirchen zusamt Toscana; und der Herrschafft Luca. Das niedere Land hält in sich das Königreich Neapolis. Man könte zwar auch den mehren Theil zehlen/ wann man die hier und im Meer gelegne Insuln beyfügen wolte. Die obersten Häupter und Fürsten in Italien sind: Der Pabst/ der König in Spanien/ die Herrschafft Venedig/ der Herzog von Savojen/ der Groß-Herzog von Toscana / die Herrschafft Genua / die Herzogen von Mantua / Parma / der Bischoff zu Trient / und die Stadt Luca. Die übrigen Fürsten nennet man die kleinern / um daß ihr Gebiet eines geringen Umfangs ist. Die Herrschafft Venedig ist frey / und dependirt von niemand / da hingegen die andern Stände entweder von der Kirchen / oder von dem Reich.

*Flüsse.* Die vornehmste Flüsse in Italien sind: Varus / ito Varo; Macra / ito Magra; Padus oder Eridanus / ito Po; Ticinum / ito Tesino; Addua / ito Adda ; Ollius / ito Oglio ; Duria / ito Doria ; Mincius / ito Mense ; Tanarus / ito Tanaro ; Trebia ; Remus / ito Reno ; Athesis / ito Abesse oder der Etsch ; Arnus / ito Arno ; Umbro / ito Umbrone ; Tiberis / ito Tevere ; Clanis / ito Chiana ; Nar / ito Nera oder oder Negra; Anio / ito Teverone ; Liris / ito Garigliano ; Vulturnus / ito Volturno ; Silarus / ito Silaro oder Selo ; Sybaris / ito Cochile ; Crathis / ito Grati ; Ausidus / ito Ofanto ; l'Phiternus oder Trento / ito Fortore; Aternus / ito Pescara ; Metaurus / ito Metro; Aesio / ito Esio oder Esino ; Rubico / ito Pisatello.

*Fruchtbarkeit.* Italien wird wegen seiner sonderbaren Fruchtbarkeit der Garten von gantz Europa genennet. Pie-*Piemont.* mont hat einen überaus grossen Vorrath von allerhand Früchten / Getraidig / Wein / Oel / Pomeranzen / Citronen / Feigen / Melonen / Artischocken / Granaten und Mandeln. Hat den Namen dahero / weil es zu unterst / oder an den Füssen ihrer Berge gelegen ist / welche Savojen und Franckreich von Italien absondern. Unter dem Namen Piemont verstehen sich / ausser dem Fürstenthum / noch andere Herrschafften des Herzogs von Savojen / als da sind das Herzogthum Agosta / das Marggrafschaft d'Ivrera / die Herrschafft di Vercelli / die Grafschafft d'Asti / das Marggrafthum Saluzzo / die Grafschafft Nizza. Die vornehmste Städte allhier sind: Turin ist die Residenz der Herzogen von Savojen / und zwar im Castell daselbst / welche mit einer berühmten Kunst-Kammer und herrlichen Bibliothec gezieret ist. Die Stadt hat viel prächtige Kirchen. Il Parco / Venaria / Valentino / und Millesori sind die prächtigsten Paläste / so der Herzog ausser der Stadt hat.

Pinerolo ist eine vortreffliche Vestung / so wol *Pinerolo.* durch die Kunst / als von der Natur überaus wol verwahret; wie die Bevestigungs-Werck von Zeiten zu Zeiten / ohne Sparhung einiger Kosten / verstärcket worden. Der König in Franckreich besitzt diesen Ort von Anno 1631.

Villa Franca liegt am Fluß Po / ist in denen Hi-*Villa Franca.* storien wol bekannt / weil allda Prosper Colonna von den Frantzosen Anno 1516. geschlagen worden.

Vercelli liegt am Fluß Sessia / ist mit einem we-*Vercelli.* sten und guten Castell / und noch einer Citadella versehen. Die Kirche zu S. Andrea ist die vornehmste. Das Hospital ist das bestversehenste in Welschland.

Asti ist mit einem Castell / und noch einem Cita-*Asti.* dell wol versehen. Die Haupt-Kirche dabey ist sehr alt ; Es haben sich wol öffters in die 30000. Mann allhier aufgehalten / welche einig und allein aus diesem Ort ins Feld gestellet worden.

Saluzzo ist auf einem Berg erbauet / hat ein an-*Saluzzo.* sehenliches Castell / und eine sehr schöne Kirche / die da ihrer Schönheit und prächtigen Ansehens wegen kan bedienen besehen zu werden.

Nizza ist eine berühmte Stadt / wird von einem *Nizza.* kleinen Fluß / so mitten hindurch gehet / in 2. Theile unterschieden. Das Citadell ist vor andern Plätzen / die der Herzog von Savojen besitzet der allerveste.

Monferrat liegt zwischen der Landschaft Pie-*Monferrat.* mont / dem Staat von Mayland / und der Küsten von Genua / mit mehr als 200. angebauet en und wol verwahreten Dörtern / welche einen grossen Vorrath von sehr köstlichem Muscateller-Wein von sich geben. Krafft des Anno 1631. geschlossnen Friedens zu Chieras ist Monferrat unter die Herzogen von Savojen und Mantua vertheilet worden. Die vornehmsten Orte darinnen sind:

Casal ist die Haupt-Stadt in Monferrat / so hat *Casal.* de vor Zeiten von dem Hertzog zu Mantua beherrschet / gehöret aber heutiges Tages der Kron Franckreich. Hat ein vortreffliches vestes Castell / und ist ein Pallast mit vielen Gemächern / die mit kostbaren Mobilien angefüllet sind / hierselbst zu sehen.

Der Mayländische Staat ist das allerschönste *Der Mayländische Staat.* Land in der Lombardey / und das vortrefflichste und allerbeste Hertzogthum der gantzen Christenheit / gehöret heutiges Tages dem König in Spanien / begreiffet 300. Meilen im Bezirck / ist so feuchtbar / daß der gantze Staat und Gebiet von Getraidig / Wein / und allerhand Lebens-Mittein überflüssig versehen wird. Die vornehmsten Städte darinn sind:

Mayland ist eine sehr veste Stadt / groß / reich *Mayland.* und

und gewaltig / hat ein stattliches Zeug-Haus. Des Bischoffs Palast ist ein Fürstliches Gebäu; Das Schloß scheinet unüberwindlich zu seyn. Es sind sehr viel ansehnliche Kirchen allda. Sonderlich ist die Kunst-Kammer wol zu beobachten.

**Pavia.** Pavia ist eine schöne wolgezierte Stadt / hat herzliche / Geistliche / Weltliche und Privat-Gebäu / und eine berühmte Universität. Der Französische König Franciscus I. wurde allhier von den Spaniern geschlagen und gefangen.

**Cremona.** Cremona ist ebenfalls eine schöne Stadt / hat ein vestes Castell / der Thurn allda gehet allen Thürnen in Europa an der Höhe vor. Die grosse Kirche ist ein edles Gebäu / und hat ein reiches Einkommen.

**Die Landschafft Liguria.** Das Gebiet der Stadt Genua / sonst die Landschafft Liguria genannt / gibt nicht allein eine grosse Anzahl gemeines Weins / sondern auch des köstlichen Muscatellers / samt einer Menge Baumöls / und sonst allerhand guter Früchten / item Citronen / Granaten / Citronaten / Feigen und Mandeln. Die vornehmsten Städte sind:

**Genua.** Genua ist eine ansehnliche und weitläufftige sehr veste Stadt / wird regieret von 4. Raths-Herren und einem Herzog / welcher allda in dem vortrefflichen Fürstlichen Palast residiret. Der grosse Raht bestehet in 400. Häuptern. Sehr viel andere Paläste / samt vielen Kirchen / und andern ansehnlichen Gebäuen / sind allda zu sehen.

**Monaco.** Monaco ist ein starkes Castell / so mit einer Mauren von 7. oder 8. Schuhen mit der Stadt gleiches Namens vereiniget wird.

**Vintimiglia.** Vintimiglia hat eine Vestung / die nicht zu verachten ist. Der Bischoff allda ist des Erz-Bischoffs von Mayland Untergebaer.

**Albenga.** Albenga ist eine uralte Stadt / und vielleicht vor allen andern / die man nennen mag / der Kriegs-Tapfferkeit beygethan.

**Finale.** Finale ist das Haupt des Marggrafthums dieses Namens / und wird von ihrer subtilen Lufft also genennet.

**Savona.** Savona ist eine schöne und ansehnliche Stadt am Meer / hat eine starke Veitung oder Citadelle / stattliche Häuser und einen grossen Handel.

**Sarzana.** Sarzana wird vor den allervestesten Platz im Gebiet gehalten. Man sihet allhier eine schöne Vestung / Namens Sarzonella.

**Herzogth. Parma.** Das Herzogthum Parma hat einen so fruchtbaren Boden / daß man kaum ein besser Land wünschen könnte / vornemlich giebt es einen grossen Überfluß von Oel / Castanien und Erd-Aepfeln. Die vornehmsten Städte sind:

**Stadt Parma.** Parma ist die Ordentliche Residenz des Herzogen / die Universität / so vom Herzog Ranuccio aufgerichtet worden / ist sehr berühmt. Der Palast des Herzogs ist wol zu sehen / item unterschiedliche Kirchen. Nahe bey der Stadt stehet eine gewaltige Vestung / so mit Geschütz trefflich versehen.

**Placenza.** Placenza hat 5. Meilen in ihrem Umfang / und ernähret 30000. Seelen. Die ganze Stadt ist eben so vest / als das Citadell; das alte Citadell aber ist schlecht verwahret. Es sind allda 4. vortreffliche Paläste zu sehen.

**Herzogth. Modena.** Das Modenesische Gebiet hat beyläufftig die Grösse des Herzogthums Parma / die Länge erstrecket sich in 60. biß 65. Meilen / die Breite aber hält mehr als 40. Das Land ist gegen den Apenninischen Gebürge von allerhand Gewächsen zur Genüge fruchtbar. Die vornehmsten Städte darinnen sind:

**Stadt Modena.** Modena ist das Haupt des gesamten Staats / und ein Wohn-Platz derer Herzogen / wird von mehr als 35000. Seelen bewohnet. Die Dom-Kirche ist wol zu sehen.

**Regio.** Regio ist eine veste Stadt / und wird von ohn-

gefehr 20000. Seelen bewohnet; hat schöne lange Straßen.

**Herzogth. und Stadt Mantua.** Das Herzogthum Mantua liegt von ein und der andern Seiten des Flusses Po / zwischen dem Modenesischen / dem Kirchen-Staat / der Herrschafft Venedig und dem Mayländischen. Gibt einen Überfluß vom Getraide / so / daß durch eine einige reiche Erndte das ganze Gebiet auf 5. Jahre zur Genüge versehen wird. Der Haupt-Ort ist die Stadt Mantua / ist einer von den edelsten und vestesten Orten in Italien / hat ansehnlich und vortreffliche Paläste / unter denen des Herzogs Palast den Vorzug hat. Unterschiedliche Kirchen sind allda wol zu sehen.

**Herrschafft Venedig.** Das Venetianische Gebiet wird durch so viel Schiff-reiche Flüsse und Wasserleitungen durchschnitten / daß man allenthalben gar gemächlig zu Schiffe gelangen kan. Diese Republick dependiret von niemand / und wird insgemein vor ein Bollwerk der Christenheit gegen den Türcken gehalten. Die vornehmsten Städte allhier sind:

**Stadt Venedig.** Venedig ist eine ansehnliche und weit-beruffene Stadt in dem Meer / Golfo di Venezia genannt / hat im Umkreiß 8. Welscher Meilen; hat über 600. Brucken. Der Platz S. Marci ist wunderns-würdig. Des Herzogs Palast ist vortrefflich; S. Marci Kirch ist ein Preiß-würdiges Werck. Das Arsenal / ist stattlich ausgerüstet. Es sind allhier viel andere Kirchen / Klöster / Schulen / Hospitäle / zu sehen.

**Treviso.** Treviso ist ein ziemlich vester Ort / welches daraus abzunehmen / weil die Venetianer zur Zeit / da man weder sie in Bündnus getreten / alle Städte auf dem vesten Lande biß auf die Stadt Treviso verlohren hatten / vermittels deren sie alle andere wieder erobert haben.

**Padua.** Padua ist eine weitberühmte / veste / u. uralte Stadt / hat eine statliche Universität / welche von Friderico I. aufgerichtet worden; hat ferner 7. Thor / 5. grosse Märckte / statliche Häuser und Paläste. Der Dom ist ein schöns-würdiges Gebäu / wie auch das Raht-Haus. Es sollen sich allhier über 35000. Bürger aufhalten.

**Vicenza.** Vicenzo ist ebenfalls überaus Volckreich / hat viel herrliche Paläste / sonderlich einen / la Rotonda genennet.

**Verona.** Verona hat 13. Königliche Basteyen und 70000. Seelen. Wird von der Etsch in 2. Theil unterschieden.

**Bergamo.** Bergamo ist mit 9. Basteyen auf einem Berge wol bevestiget.

**Brescia.** Brescia ist eine gerechte Gränz-Stadt / hat ein statliches Zeug-Haus / und Stutterey von 300. Pferden.

**Crema.** Crema ist eine mittelmässige Stadt / welche noch vor kurzer Zeit den Namen eines grossen Flecken hatte. Von dem hierauf folgenden Bisthum und Stadt Trient ist allbereit oben unter ober- und niederTeutschland gehandelt worden / also unnöthig hier zu wiederhohlen.

**Kirchen-Staat.** Der Kirchen-Staat / oder das Gebiet der Kirchen / wird in 13. Provinzen eingetheilet / und sind folgende: Campagna di Roma / das Patrimonium S. Petri / Herzogthum Castro / die Landschafften Sabina / Umbria / Orvieto / das Perusinische / die Grafschafft Castello / die Anconitanische Mark / das Herzogthum Urbin / die Romaney / das Bolognesische und Ferrarische Gebiet.

**Ferrara.** Ferrara ist eine schöne und vest. Das Schloß Il Castello genannt / item der Palast des Cardinals d'Este sind wol zu sehen. Die Universität ist von Friderico II. aufgerichtet worden. Die Dom-Kirche ist ein ansehnliches Gebäu.

**Bologna.** Bologna ist eine / wegen ihrer Universität / höchstberühmte

**Faenza.** Zu Faenza werden Geschirre von Porcellan zubereitet / die inganz Europa berühmet sind.

**Ravenna.** Ravenna ist die Residenz derer Käyser und Königen / insonderheit der Gothen/Theodorici/ und derer Exarchorum gewesen.

**Urbino.** Urbino prangét mit einem schönen Palast / welcher auf Befehl Herzog Friderich/ aufgeführet worden.

**Pessaro.** Pessaro/ligt am Meer/ ist mit einem Hafen versehen/ der mit Mauren Pasteyen / und einer ziemlichen Anzahl Canonen verwahret wird.

**Fano.** Zu Fano ist der Tempel des Glück's befindlich gewesen.

**Sinigaglia.** Sinigaglia/ ist zwar eine kleine/ aber dabey veste/ und mit einem Seehafen versehene Stadt.

**Ancona.** Ancona ist eine schöne und veste Stadt/ hat einen vortrefflichen Meerhafen. Der Arcus Triumphalis, welcher dem Käyser Trajano zu Ehren aufgerichtet worden/ ist wol zu sehen. Die Citadelle wird vor unüberwindlich gehalten.

**Loretto.** Loretto ist ein vornehmes und vestes Städtlein. Ist wegen der Capelle oder Hauß der Jungfrauen Marien berühmt. Allda sind auch die Städte: Recanati/Macerata/und Tolentino.

**Perugia.** Perugia / ist eine von den schönen und edlen Städten des Pabsts/ hat eine stattliche Vestung/und ist die Haubtkirche wol zu besehen.

**Orvieto.** Orvieto ist vor sich selbst überaus befestiget/ hat einen Thumb/ der ein Sehens-würdiges Gebäu ist.

**Spoleto.** Spoleto ist die Haubtstadt des Landes Umbria/ auf einem vesten und fruchtbaren Berg erbauet. Man siehet allda ein Theatrum zusamt dem Tempel der Concordiä. Allda sind die Städte

**Fuligni.** Todi/ Narni/ Amelia/ Terni rc. Fuligni/ wird Fulcinium beggenahmet ; ist durch ganz Europa wegen des Confects/ so allhier in einer ungemeinen Güte zubereitet wird/ beruffen.

**Assisi.** Zu Assisi zeigen sich 3. Kirchen/ deren eine immer über die andere ist.

**Patrimonium S. Petri.** Das Patrimonium S. Petri wird also genennet/ weil es von der Gräfin Mathildis vor mehr als 560. Jahren verehret worden.

**Viterbo.** Viterbo ligt in einer Ebne an dem Fuß eines Berges/ welcher heutiges Tages Montagna di Viterbo genennet wird. Die Stadt treibet einen rechten Kauff-Handel. Dabey liegen die Städte Celleno/ Bolseno/Montefiascone/Bagnaja/Vitorchiano/ Soriano/Bassanello/Sueri.

**Herzogth. Castro.** Das Herzogthum Castro und die Grafschafft Ronciglione stehen dem Herzog von Parma zu / anietzo aber maßet sich die Päbstliche Kammer der Beherrschung an. Heut zu Tage kan man nicht abnehmen/was Castro gewesen seyn/weil Pabst Innocentius X. diesen Ort in Grund verheeret/und an dessen Stelle eine Seule von Porphir gesetzet mit der Obschrifft: Quì fù Castro, hier ist Castro gestanden.

**Rom.** Rom ist heutiges Tages noch eine grosse/schöne und Weltberühmte Stadt/hat im Umbkreiß 5. Teutsche Meilen/ 360. Thürne/ über die 90000. Einwohner. Die Engelsburg wird vor unüberwindlich gehalten ; Die Stadt hat 350. Kirchen/ unter denen 7. die vornehmsten sind : zu S. Peter / (allwo der schöne Pallast/ Vaticano genannt/ stehet) S. Paul/ S. Sebastian/ S. Johann Lateran/ zum H. Creuz/ zu S.Laurentio/ S. Maria Maggiore. Sehenswürdig sind auch sehr viel Palläste/ Lust-Gärten und Fontainen.

**Tivoli.** Tivoli ist eine alte Stadt/ ohngefehr 3. Teutsche Meilen von Rom/allwo der Cardinal d'Estree einen trefflichen Garten und Fürstliches Palatium hat/ so

wegen der Fontainen und anderer Raritäten sehens-würdig. Nicht weit davon ligt Frascati/Hosteria/del Finocchio Monte Aleido / Nettuno/ und Astura.

Die Landschafft Toscana hat 3. vornehme **Landschaft** Städte/ Florenz/ Siena und Pisa/deren iede annoch **Toscana.** im vorigen Seculo eine Republic vor sich gewesen ist.

**Florenz.** Florenz hat 3. Vestungen/ welche mit grobem Geschütz und Soldaten wol versehen/ der prächtige Pallast enthält einen höchstkostbaren Schatz. Im Palatio de Pithi residiret der Groß-Herzog/ so ein über Königliches Gebäu ist.Die Domkirche S Maria della Flori ist sehenswürdig. Unterschiedliche so wol geist-als weltliche Gebäu sind allda billig in Augenschein zu nehmen. Nicht weit davon sind folgende Städte : Pistoja/Pratolino/Fiesole/Scarparia.

**Siena.** Siena ist schön und ansehnlich erbauet/ auch sehr vest/ hat stattliche Palläste/ ein prächtiges Castell. Die S. Peters-Kirche / ist die schönste unter allen Kirchen der Stadt.Die Universität ist trefflich berühmt.

**Orbitello.** Orbitello ist ein sehr vester und importirlicher Platz/welcher zu Zeiten Caroli V. denen Türcken/und Anno 1646. denen Franzosen starcken Widerstand geleistet hat.

**Pisa.** Pisa ist eine sehr veste Stadt/ beruffen von denen Cavalieren di S. Stephano/ die ihren Wohnplatz hierselbst haben / so auch von der Universität und von dem Baukunst/ die am Glockenthurn angebracht worden/ welcher sich nieder zu bücken scheinet/ und ist sich doch nicht zu besahren/daß er fallen werde. Die Domkirche ruhet auf 76. Seulen.

**Livorno.** Livorno ist eine neue Stadt/ und heutiges Tages der vornehmste Seehafen in ganz Italien. Die alte und neue Vestungen sind wohl zu sehen. Ein grosses Gewerb und Kauffmannschafft ist in dieser Stadt.

**Volterra.** Volterra ist ein sehr vester Ort/ und hat sehr starcke Mauren/ angesehen iedweder Stein daran mehr als 6. Schuhe lang ist.

Die Herrschafft Luca nahet an etlichen Orten **Herrschaft** an das Modenesische/und wird von den Groß-Herzogs **und Stadt** Lande umbkingelt. Die Stadt gleiches Namens/ist **Luca.** schön/groß und vest. Ein vortrefflicher Pallast ist allda zu sehen.

Das Königreich Neapolis ist das gröste Ge- **Königreich** biet in ganz Italien/ angesehen sich dessen Länge auf **und Stadt** 300/ die gröste Breite aber auf 100. Meilen erstre- **Neapolis.** cket. Hat 12. Provinzen/ die also heissen : Terra di Lavoro. Der diessettige Principat. Der jensettige Principat. Basilicata. Das diessettige Calabrien. Das jensettige Calabrien.Terra d' Oranto. Terra di Bari. Il Capitaniato. Contado di Molisa. Das diessettige Abruzzo das/ jensettige Abruzzo 30. Das Land ist überaus fruchtbar an alle demjenigen/ so man zur Nothdurfft und wollüstiger Ergötzung wünschen und begehren kan. Die vornehmsten Städte sind:

Neapolis ist eine uralte/ ansehnliche und veste Stadt/ dem König in Spanien gehörig. Der Pallast des Vice-Re allda/ ist ein herrliches Gebäu ; unterschiedliche schöne Kirchen und Palatia sind zu sehen. Im Meerhafen befinden sich iederzeit in die zweyhundert Schiffe.

**Pozzuolo** ist wegen der warmen Bäder/ wie auch **Pozzuolo.** der wunderbahren in die 3900. Schritt verlängerten Brücken weltberuffen. Die übrigen Ort sind Baja/Caserta/Aversa/Accera/Arpino/Gariglano/Gaeta/Bari/Canne/Manfredonia/Foggia/Rodi/Aquila/und Amatrice. Der berühmte Berg Vesuvius ist auch allda/ der speyet fort und fort Feuer aus/welches insonderheit zur Nachtzeit kan gesehen werden.

## Das Zwölffte Capitel.
# Von den Königreichen Hungarn/ Sclavonien/
## Bosnien/ Liburnien/ und Dalmatien.

*George des Königs. Hungarn.*

Als heutiges Tages eigentlich also genannte Königreich Hungarn hat zu Grenzen gegen Mittag den Fluß Drab und Croaten; gegen Morgen Siebenbürgen und die Wallachey; gegen Mitternacht das Carpatische Gebürg (Krapak genant) Pohlen und Reussen; und gegen Abend Oesterreich und Steyermark. Wird von den Geographis zwischen das 6. und 7. Clima, zwischen den 16. und 17. Parallel/ allda der längste Tag im Sommer von 15. bis 16. Stunden lang ist/ gesetzt;

*Länge.*

dessen Länge erstrecket sich auf 60. Teutsche Meilen/ und die Breite fast eben so weit. Ist ein herrliches Land

*Breite.*

so fast an nichts/ als an Oele/ Mangel haben solle.

*Fruchtbarkeit.*

Auf den Ebnen wächset das Geträid in Menge/ so tragen die Berge und Hügel köstlichen Wein/ der in Pohlen verführet wird/ unter allen aber der Tokaner den Vorzug behält. An Saltz und anderer Nothdurfft zu des Lebens Aufenthalt ist auch kein Mangel. So ist des Feder-Wildprets eine solche Menge/ daß männiglich erlaubet ist/ dasselbe zu fangen. Es hat allda Gold und andere Metalle / auser Zinn / in grosser Menge. So findet man auch gute Steine/ item Steinsaltz/ Bergsaltz/ allerley köstliche Kräuter und Wurtzeln/ herrliche und gesunde warme Bäder und Sauerbrunnen.

*Flüsse.*

Die Flüsse sind: Tibiscus oder Teisse/ Mariscus oder Marisa/ Donau/ Raab/ Drau/ Muer/ Sau/ Gran/ Waag/ Sarvizza/ Walpo/ Bodrab/ 2c.

*Ober-Hungarn.*

Das Königreich Hungarn wird abgetheilet in das Obere und Niedere. In Ober-Hungarn sind folgende berühmte Städte:

*Altenburg.*

Altenburg/ hat ein Castell von aufgeschüttetem Damm/ auch mit einem Wassergraben umfangen/ und mit Geschütz wol versehen/ wurde Anno 1529. von denen Türcken erobert.

*Altsol.*

Altsol ist eine Bergstadt / allwo Geld- Silber- Queck-Silber- und Kupfer Berg-Wercke/ auch ein Brunnen/ so röthlich/ und sauer/ aber lieblich zu trincken/ zu finden.

*Bartfeld.*

Bartfeld ist eine von den 5. Königlichen Freystädten/ hat 3. Thore und neben Kirchen und Schulen eine feine Druckerey.

*Caschau.*

Caschau ist die Haubtstadt / mit Mauren und Gräben ziemlich versorget. Hat stattliche Gebäu und eine ansehnliche Kirche.

*Chenad.*

Chenad ist eine Bischöfliche Stadt/ so eine berühmte Kirche hat. Wurde Anno 1547. von den Türcken/ und Anno 1595. von den Siebenbürgern erobert.

*Colocza.*

Colocza ware ehedessen eine Bischöfliche Stadt/ aber von den Türcken zeitlich in ihre Klauen gebracht.

*Comorren.*

Comorren ist eine grosse und veste Stadt/ von Ferdinando I. erbauet/ hat ein ansehnliches Schloß.

*Cremnitz.*

Cremnitz ist die berühmteste aus den sieben Berg-Städten/ hat ziemlich weite Vor-Städte. Auf der Höhe ist das Schloß zu sehen/ wordurch die Stadt in etwas kan beschützet werden.

*Egabrack.*

Egabrack ist ein Hungarisches Schloß/ so auf einem Berge lieget. Ist rings umher mit vielen Bergen eingefangen/ und solcher Gestalt bequem/ mit dem Geschütz zu bezwingen.

*Döbritz.*

Döbritz ist eine lange und weite Stadt/ die vor diesem der vornehmen Handlungen wegen/ so alhier getrieben worden/ in grossen Ruff gewesen/ hat aber anietzo viel öde Häuser.

*Eperies.*

Eperies ist eine Königliche Freystadt / schön / Volkreich/ der Kauffmannschafft und Jahrmakt halber berühmt. Der Sauerbrunn ist herrlichen Geschmaks/ und gesund/ dessen einer nicht genug trincken kan.

*Erla.*

Erla ist eine weitläufftige und sehr grosse Stadt/ hat ein festes Schloß/ welches liegt auf einem Vorgebürg/ gehöret heutiges Tages denen Türcken.

*Fillek.*

Fillek ist ein vestes Bergschloß/ hat unten in der Ebene ein Städtlein/ samt einer wunderlichen Hölen.

*Freystadt.*

Freystadt war ehedessen eine ansehnliche und berühmte Stadt/ welche aber durch eine grausame Feuers-Brunst/ die sich Anno 1636. ereignet/ gäntzlich in die Aschen gerathen/ wordurch sie dann ihr voriges Ansehen um ein merkliches verlohren/ und nunmehr mit sehr wenig Gebäuen sich contentiret. Das Schloß dabey ist ziemlich vest.

*S. Georgen.*

S. Georgen ist unter den Hungarischen Freystädten/ aber sehr klein/ hat eine trefflich-lustige Gegend/ und ist wegen seines köstlichen Wein-Wachses sehr berühmt.

*Gunz.*

Gunz ist ein Hungarisches Städtlein mit einem Schloß/ am Wasser Gunz gelegen/ das Schloß ligt in der Stadt/ und ist mit einem Wall und Graben auf Hungarische Art umgeben. Anno 1532. ist dieser Ort von dem Türkischen Kayser Solimann vergeblich belägert worden.

*Hatwan.*

Hatwan ist eine mittelmässige Stadt und Schloß in Oberhungarn / so in den vorigen Türken-Kriegen sehr viel hat über sich müssen ergehen lassen.

*Hust.*

Hust ist ein auf einem hohen Hügel erbautes vestes Schloß / darbey ein kleines ungemauertes Städtlein lieget; ist wegen der Saltz-Gruben merklich berühmt.

*Käsmarkt.*

Käsmarkt wird unter den Hungarischen Freystädten/ und hieß gesetzet/ hat eine schöne Kirche und Raht-Haus/ wie auch ein ansehnliches Schloß.

*Kirchdorff.*

Kirchdorff ist eine Hungarische Stadt/ unten Kirchdorff an einem Berg/ Auf der Höhe aber ist eine Wasser/ so zu Stein wird/ daß mans zum Häuser-bauen brauchen kan.

*Königsberg.*

Königsberg ist eine Berg-Stadt/ gibt einen trefflich gesunden/ und sonderlich für das stechende Milz/ diensamen Sauerbrunnen.

*Kopreinitz.*

Kopreinitz, ist eine Stadt und Vestung/ wird anitzo aus dem Land Steyer versehen.

*Leutsch.*

Leutsch ist von den sieben freyen Städten/ schön und groß/ und wegen der Jahrmärkte berühmt/ hat eine feine Schul/ und ansehnliches Rahthaus.

*Leopolstadt.*

Leopolstadt bestehet in 6. Regularen/ Bastionen und überdeckten Bollwercken/ ligt an der Abend-Seiten der Waag.

*Lewentz.*

Lewentz ist ein Städtlein und Schloß zwischen den Flüssen Gran und Ipel. Wurde Anno 1664. von den Käyserlichen erobert/ und giengen nahe daben die nahmhaffte Schlacht zwischen den Christen und Türcken vor / worben die Christen eine stattliche Victorie erhielten.

*Libeten.*

Libeten ist eine von den sieben freyen Hungarischen Bergstädten. Nicht weit davon ist der ungeschlachte Berg / Teuffels-Hochzeit genant.

*Lublo.*

Lublo ist ein Städtlein in der Hungarischen Grafschafft Zips/ so nebenst noch andern Oertern der Cron Pohlen zum Unterpfand ehedessen versetzt worden.

*Munkatsch*

**Munkatsch** Munkatsch ist ein vestes Schloß und Städtlein gegen Pohlen zu/ dem Teckeli gehörig.

**Muran.** Muran ist ein von Natur sehr vestes Schloß/ auf einem hohen Felsen.

**Neuhäusel** Neuhäusel ist eine Regulier-gefortificirte Vestung/ so mit 6. Bollwercken versehen/ wurde Anno 1663. von den Türcken/ und 1685. von den Christen wieder erobert.

**Neusol.** Neusol ist wegen des grossen Nutz-tragenden Kupffer-Bergwercks berühmt. Am Schloß hin fleußt die Gran.

**Neustatt.** Neustadt ist eine von den Hungarischen Frey-Städten/ ist ebenfalls wegen der stattlichen Gold- und Silber-Bergwerck/ auch der Müntz Werkstatt sehr berühmt.

**Neutra.** Neutra/ ist eine Bischoffliche Stadt in Oberhungarn/ an dem Fluß Neutra/ welcher zu beyden Seiten die Vestung samt der Ober- und Unterstadt/ gleichsam als wie eine Insel einschleusset. Im Schloß ist ein sehr hohes und herrliches Münster oder Dom-stifft/ wie auch eine besondere Fürstliche Wohnung.

**Novigrad.** Novigrad ist ein sehr vestes Schloß/ auf einem starcken/ doch nicht gar hohen Felsen erbauet. Mitten darinn siehet ein Thurn/ wie auch ein mit grossen Kosten gegrabner Brunn.

**Oedenburg** Oedenburg ist von den Freystädten / sehr alt / und nicht groß an ihr selbst / aber mit einer ziemlich grossen Vorstadt umgeben / hat ein herrliches Schloß und sehr fruchtbaren Boden / auch trefflich gesunden Lufft.

**Pesth.** Pesth ist eine ziemlich veste Stadt nicht weit von Ofen / von dannen herüber nach Pest zu eine Schiff-Brücken über die Donau hat. Inwendig sind schlechte niederträchtige Gebäu/und liederliche Häuslein/ auch sehr kotige und wüste Gassen.

**Preßburg.** Preßburg ist eine lustig-gelegne Stadt / und das Haubt in Hungarn / hat ein schönes und wolgelegnes Schloß / in welchem die hochgeschätzte Hungarische Königs-Kron bewahret wird ; von dem man insgemein glaubet / daß sie von einem Engel aus dem Himmel zu S. Stephan ihren König sey gebracht worden. Die Kirchen zur H. Dreyfaltigkeit / samt dem Rahthaus und Thurn/ sind wol zu sehen.

**Pribitz.** Pribitz ist ein Städtlein in Oberhungarn / nahe bey einem Gebürg und Wald / so dem reisenden Mann / der Mörder und Strassen-Rauber halber / sehr gefährlich/ zumalen ehedessen sehr viel Leute allda umgebracht und beraubet worden.

**Puggantz.** Puggantz ist eine an den sieben Oberhungarischen Bergstädten / so heutiges Tages / wegen der fleißigen Einfälle der streiffenden Türcken fast gantz in Abnehmen gerathen.

**Sackmar.** Sackmar ist ein sehr vestes Städtlein / und hat ein feines Castell oder Schloß.

**Schemnitz.** Schemnitz ist eine aus den sieben Königischen Bergstädten / alda ist die Silberreiche Bergstadt / woselbst herrliche grosse Schmeltz- und Brennöfen / dergleichen nicht bald zu finden.

**Schmelnitz** Schmelnitz / ist ein Bergstädtlein in der Grafschafft / alwo es Kupffer- und Silber-Bergwerck mit wenig Gold temperirt hat.

**Segedin.** Segedin ist eine grösse Stadt an der Teisse/vor Jahren vor eine Freystadt gehalten worden. Das Schloß ist ziemlich vest.

**Sissek.** Sissek ist ein Schloß und Kloster dem Capitul zu Zagrabien/zwischen den zweyen Wassern Sau und Culpa gelegen.

**Sizo.** Sizo ist ein Städtlein in Oberhungarn / so wegen seiner Jahrmärkte / und des herrlichen Sieges/ den die Christen Anno 1788. wider die Türcken / nahend solchem/ erhalten/ und daß sie dreemal zu unterschiedlichen Zeiten alda sind überwunden worden/ berühmt ist.

**Tillen** Tillen ist eine aus den sieben Bergstädten in Oberhungarn / so die andere an Alter übertreffen solle / aber an Bergwercken oder Metallen nichts mehr hat / und daher ist ein geringes Städtlein ist.

**Tirnau** Tirnau ist eine schöne Königische Freystadt auf der Ebne gelegen.

**Tockay** Tockay ist ein geringes Hungarisches Städtlein / hat aber ein ziemlich vestes Schloß der Theyß und Bodrogh gelegen.

**Trentsch.** Trentschin ist eine schöne Freystadt/ gegen Mähren an dem Waagfluß gelegen/ hat grosse Vorstädte/ und ein trefflich vestes Schloß.

**Walzen.** Waitzen ware vormals ein Bischofflicher Sitz und vornehme Stadt / von dem Hungarischen König Geysa/ mit einem prächtigen Tempel gezieret.

**Wardein.** Wardein ist der Schlüssel zu Siebenbürgen/hat 3. Ribeten oder Vorstädtlein/ wie auch ein ansehnliches Schloß. Die Einwohner haben ihre meiste Nahrung von Handlungen / Teutschen und Türckischen Waaren/ Acker- und Wein-Bau. Die Viehzucht ist gering.

**Waraskin** Waraßdin oder klein Wardein ist eine Frey-Stadt / und sonst eine vornehme Vestung wider den Türcken.

**Zagrabia** Zagrabia gehöret unter die Hungarischen Frey-Städte / ist ein Bischofflicher Sitz / woselbst ist ein Schloß ein Tempel dem H. Stephan / gewesenen König in Hungarn zu Ehren erbauet/ so ein herrliches Werck.

**Zeben.** Zeben ist die kleineste unter den 5. Königischen Städten. Der Boden hat vor Zeiten köstlichen Saffran getragen; Hat noch an Früchten/ sonderlich den Pflaumen/ einen Überfluß.

**Zipserhaus** Zipserhaus ist das Hauptschloß in der Landschaft Zips. Auf dem Berg / bey dem Schloß/soll in einer Hölen ein Wasser seyn/welches zur Winters Zeit fließet / und des Sommers hart gefreuret / so gar / daß man mit dessen Eise kühlen den Wein abkühlet.

**Zolnock** Zolnock ist ein Städtlein und Schloß / zwischen den Wassern Teissa und Sagiva/ wo sie zusammen fliessen.

**Nieder-hungarn.** Die Niederhungarischen Städte sind folgende:

**Tatosi** Baboesch ist ein Hungarisches Schloß zwischen Canischa und Sigeth bey der Drab gelegen.

**Canischa** Canischa ist eine Vestung an einem sehr pfützigen Ort / denta mit der Belagerung sehr übel bekommen. Das Schloß ist einer geviertten und länglichen Form / mit Hügeln umgeben.

**Dotis** Dotis ist eine Vestung oder Castell / so nicht groß; hat einen Teich / und herum eine gute Brunnquelle von kalt und warmen Wassern / und stehet daher gleichsam in Wassern und Pfützen.

**Esseck** Esseck oder Osseck ist berühmt wegen der Brücke / welche eines theils über dem Drow-Fluß / andern Theils aber über denen darbey gelegenen Morasten lieget.

**Fünff-Kirchen** Fünff-Kirchen ist eine Hungarische / Bischoffliche aber Apostolische Stadt; Wurde Anno 1664. vom Grafen von Hohenlohe und Grafen Serini mit Sturm erobert / und in den Brand gesteckt / das Schloß aber wurde von ihm nicht bezwungen.

**Gran** Gran wird getheilet in die obere und niedere/oder Gran in die hohe und untere Stadt / und ist allbereit mit einem Waa versehen. S. Thomas-Berg gantz nahe an der Stadt gelegen / ist also bemauert / damit er die Stadt bedecket. Ist heutiges Tages wieder in Christlichen Händen.

**Erlach/ Weissenburg** Friedisch Weissenburg ist eine grösse / veste / Volck-reiche und weite Kauff-Stadt in Servien / an dem Ort / alwo die Sau und Donau zusamm lauffen. Das Wasser und Ober-Schloß sind wol bewahret / und haben viel Thürne. Die Handschafft fiociret allhier.

L.

**Klein**

*Klein Co-*
*mocra.*

Klein Cornorra ist eine Vestung nahend dem Platten- oder Balathon-See/ und nicht gar weit von Canischa gelegen.

*St. Martens-Berg.*

S. Martinoberg/ ist eine Stadt und Vestung/ so auf der Spitze eines hohen Berges/ welche das ganze Land übersihet/ lieget.

*Ofen.*

Ofen oder Buda ware vor Zeiten eine Haupt-Stadt und Königlicher Sitz der Hungarischen Regenten/ nun aber ist sie eine Residenz eines Türkischen Wesirs/ welcher unterschiedliche Bassen unter sich hat. Hat schöne Mosqueen/ Caravanseras oder grosse läre Häuser zur Herberg der Reisenden/ und aus dermassen treffliche Bädstuben.

*Palotta.*

Palotta ist ein vestes Schloß/ hat einen weiten Graben mit hohen Mauren allenthalben umgeben/ darinn beständig gutes Wasser quillet/ so den Theil gegen Morgen/ und Stul-Weissenburg/ gleichsam wie mit einem See bevestiget/ da der vierte Theil gegen Mitternacht hergegen dürr und ohne Wasser ist.

*Papa.*

Papa/ Stadt und Schloß in Niederhungarn gelegen/ ist ein wolverwahrter Ort. Zwischen der Stadt und dem Schloß ist ein neuer Graben/ zehen Schube tieff/ und 20. Schube breit.

*Presenitz.*

Presenitz ist ein vester Ort in Hungarn/ wurde Anno 1565. von den Türken/ und Anno 1664. von den Christen erobert.

*Raab.*

Raab oder Jaurinum ist eine starke Grentz-Vestung wider die Türken; hat 2. Brücken/ 7. breite Bollwerke/ und 4. Cavalier mit Platten formen.

*Cizeth.*

Sigeth ist eine dreyfache Stadt und doppeltes Schloß/ zwischen zweyen Wassern/ zu einer Vestung gar wol gelegen/ und mit Prützen/ sonderlich das Schloß/ allenthalben umgeben.

*Soflick.*

Soflios ist ein Schloß und Städtlein an der Drah. Das Schloß stehet auf einem jähen Felsen/ und hat sehr starke Mauren.

*Vesprin.*

Vesprin ist vor Zeiten eine vornehme Bischoffliche Stadt gewesen. Das Schloß ligt auf einer lustigen Höhe.

*Vicegrad.*

Vicegrad/ sonst Plindenburg genannt/ hat ein doppeltes Schloß/ in deren Obern vor Zeiten die Hungarische Königs-Kron verwahret wurde.

*Villach.*

Villach ist eine Hauptstadt der Sirmischen Gespanschafft/ so auf einem Hügel bey der Donau gelegen.

*Walpo.*

Walpo ist eine Vestung jenseit der Drah/ an einem gleich genannten Fluß/ und besthet in einem Städtlein und Schloß.

*Weissenburg.*

Weissenburg oder Stulweissenburg ist eine

vornehme Stadt und Schloß/ hat 5. Vorstädte. Die Könige in Hungarn sind vor Zeiten allhier gekrönet/ auch daselbst in eine herrliche Kirche begraben worden.

*Sclavonien.*

Von Hungarn wenden wir uns zu Sclavonien/ durch welches 1. insgemein alles verstanden wird/ was zwischen dem Venedischen Golfo und der Drau/ oder Drab; Item zwischen Friul und Albanien gelegen. 2. Alles/ was zwischen der Drah und Sau/ item/ der Donau und Steyermark lieget; Und ist darinnen Gradiska/ Zagrabia/ Posega/ (beede Grafschafften) Kopranitz/ Sissek/ Novigrad/ Petrinia/ item die Sirmienser Grafschaffte/ darinnen vor Zeiten Sirmium/ itzo Sirmisch. Es liegen auch in diesem Land die Rasken. 3. Wird auch allein die Windisch Mark/ so nur ein Stuck davon/ Sclavonien genannt. Davon oben in Teutschland gehandelt worden.

*Königreich Bosnia.*

Das Königreich Bosnia oder Wossen hat den Namen von den Bessis/ welche aus Unter-Mösia von den Bulgaren vertrieben/ hieherauf gewichen. Es liegt aber zwischen den Dalmatier Bergen/ so Bebii genannt/ und dem Fluß Drina am Servien/ dem Fluß Wana an Croatien/ und der Sarv. Darinnen sind Laptug und Dubin an der Wana: Wartosainer ist die Haupt-Stadt/ zuvor war es Janeja.

*Liburnien.*

Liburnien ligt am Venedischen Golfo/ zwischen dem Fluß Arsia und Titio/ itzo Cherca; unterhalb Croatien/ an der Seiten Histreichs gegen Morgen. Begreiffet und ist heutiges Tags/ eigentlich davon zu reden/ Contado zu Zara: oder die Grafschaft Zara/ und wird in Morlacka und Banadego getheilet. In diesem ist Jader/ itzo Zara/ und Viona. In jenem Senia itzo Zeng/ samt denen dabey liegenden Inseln: Perena/ itzo Jarostina/ Chersa/ Vagia/ Arbe und Pago. Von den Liburniern haben die Naves Liburnicae ihren Namen/ so kleine geschwinde Raubschiffe/ deren sie sich noch heutiges Tages/ sonderlich die Zenger/ wol zu gebrauchen wissen.

*Dalmatien.*

Dalmatien/ eigentlich genommen/ ligt zwischen dem Fluß Titio oder Cherca und Drilone/ itzo Drino; das ist/ zwischen der Grafschaft Zara und Albanien. Ist ein Königreich/ und hat in sich diese darinnen: Scardona/ Sicum/ itzo Sebenico; Tragurium/ itzo Trav/ Salona/ samt von Spalaro-Spalatum; Epidaurus itzo Ragusi/ Olchinii itzo Dolcigno; Scodra itzo Scutari/ Dalminium itzo Delmisch/ hat dem Land den Namen gegeben. Ist sonsten/ was am Meer gelegen/ mehrentheils der Venetianer.

## Das Dreyzehende Capitel.
### Von der kleinen Tartarey/ Dacien/ oder Wallachey/ Moldau/ und dem Fürstenthum Siebenbürgen.

Die Scythen sind ein sehr mächtiges Volck gewesen/ und haben so wol in Asia als Europa gewohnet. Was sie in Asien besessen/ davon wird unten gehandelt werden. Das Europäische Scythien aber ligt zwischen dem 43. und 72. Gr. latitudinis, und zwischen dem 43. Gr. 10. min. und 65. Gr. longitudinis. Dann in Europa haben sie bewohnet

*Klein Tartaren.*

Klein Tartarey/ Wallachey/ Moldau und Siebenbürgen. Klein Tartarien oder das Europäische/

*Die Crimische.*

nemlich so wol das Præcopenser als das Cremenser Tartarien stösset an das Reußische oder Moscovitische Gebürg/ an die kleine Don/ Mæotische See/ das enge Meer von Cassa/ oder den Bosphorum Cimmerium/ an das Curinische Meer/ und an den Nieper/ Psola und Sem. Wird also von der Stadt Crimum genennet/ und heutiges Tages von den Tartern bewohnet. Sonst ligt auch darinn Nigropoli/

Pasirie/ Naubarum und Cumania. Die Præcopenser Tartarey wird also von der Stadt Præcop/ (vorzeiten Taphre) genennet/ sonsten auch Scythica oder Taurica Chersonesus. Dessen Mittägiger Theil am Gebürg wendet sich gegen Süden liegend gehöret dem Türken/ und ist darinnen Capha (vorzeiten Theodosia) von welcher die Meeres-Enge il Stretto de Caffa genennet wird; Was aber von solchem Gebürg an/ in dieser halben Insel gegen Mitternacht und dem Mæotischen See lieget/ ist der Tartern.

*Precopen-sische.*

*Dacien.*

Dacien von den Dacis also genannt/ grentzet am Berg Crapak/ die Teissa/ Donau und Pruth; und ward abgetheilet in Daciam alpestrem, Mediterraneam & Ripensem. Alpestris, oder das Bergichte begreiffet in sich/ was zwischen dem Gebürg am Siebenbürgen/ der Donau/ dem Fluß Pruth und Neyster/ nemlich die groß und kleine Wallachey eigentlich also genommen. Die Haubtstadt in Moldau/ oder

*Moldau.*

groß

*Wallachey.* groß Wallachey ist Soczava oder Czakaw/ des Waywoden. In Wallachey eigentlich also genommen/ oder in klein Wallachey/ ist die Haubtstadt Targovisco oder Tervis.

*Des Für-stenthumb. Sieben-bürgen Grentzen* Mediterranea oder das Mittelländische Dacia liegt dem vorigen zur Seiten/ gegen Abend/ und begreiffet in sich mehrentheils was ieto Siebenbürgen heisset. Es grenet aber an das Fürstenthumb Siebenbürgen mit Hungarn oder dessen Geburg/ mit Poblen/ Moldau und Wallachey. Wird also genennet von denen sieben Burgen oder Schlössern/ welche die Sozthen darinn gebauet/ als Orbal/ Risdu/ Sepsi Cych/ Utrarche/ Aranios und Maros ; sind heutiges Tages der Zackler vornehmste Städte. Dann es sind in Siebenbürgen dreyerley Völcker zu finden/ nemlich die Zäckler/ Hungarn/ und Sachsen. Diese leztbenannte/ so zu Caroli M. Zeiten sich alba gesetzet/ haben 7. Städte gebauet/ welche also heissen:

*Städte.* 

*Herman-stadt.* Hermanstadt oder Cibinium an dem Fluß Ciben/ ist die Haubtstadt und Schönste unter allen andern dieses Landes/ mit starcken Mauren/ Bollwercken/ rc. befestiget/ und mit schönen Gebäuen/ Brunnen und lustigen durchfliessenden Bächlein gezieret. Ihr erster Erbauer hiesse Hermann/ von dem sie auch den Namen bekommen.

*Cronstadt.* Cronstadt ist mit Mauren/ Gräben und Thürnen ziemlich starck umfangen/ und liegt zwischen lustigen Bergen/hat 3. grosse Vorstädte/ deren eine die Bulgarn/die andere die Hungarn/und die dritte die Sachsen und Zäckler bewohnen.

*Schäß-burg.* Schäßburg hat gegen Auf-und Niedergang star-

cke Schantzen/ von Norden ist der Berg unersteiglich. Der dabey befindliche Fluß wird der grosse Kockel genennet. Hat ein schönes Schloß.

*Medwisch.* Medwisch ligt 4. Meilen von Schäßburg auf einem flachen Feld/fast in des Landes Mittel-Punct/ ist ziemlich groß/ aber nicht sonderlich vest; Hat eine schöne Kirche/dessen Thurn dem Wiener Steffansthurn nichts nachgiebt.

*Millen-bach.* Millenbach ist nach Medwisch die Aelteste/ hat ihren Nahmen von dem beyhinstreichenden Fluß Mühl/ hat unter sich 7. Königliche Dörffer. Ist Anno 1663. von den Turcken und Tartern greulich verwüstet worden.

*Nösen.* Nösen ist die Haubtstadt im Nösnerland/mit einer vesten Stadtmauer/Thürnen und Wassergräben in eine Runde befestiget/ ligt am Fluß Bestriz.

*Clausen-burg.* Clausenburg hat ihren Namen von den Berg-Clausen bekommen/liegt am kleinen Samesch/ ist mit einer Mauer von Quaterstücken und Thürnen mäßig-mäßig befestiget.

*Temeswar.* Temeswar/ ist auch eine Siebenbürgische Stadt am Fluß Temes/ sehr wohl befestiget/ wird in zwen Theil abgetheilet/sind beyde/bevnebenst dem Schloß/mit einem tieffen Wassergraben versehen.

*Zeckelheid.* Zeckelheid ist eine Siebenbürgische Grenz-Vestung/ welche Fürst Abbasi heutiges Tages besitzet.

*Weissen-burg.* Siebenbürgisch-Weissenburg ist eine sehr alte Stadt auf einen Thalhangenden Hügel/ daherumb ligt fast auf 200. Schritt eine Ebne ist.

*Zajwarad.* Zajwarad ist eine veste Stadt/ welche die Sachsen Gros nennen/ hat einen überaus fruchtbaren Boden/ an Getreid/ Wein und allerhand Früchten.

## Das Vierzehende Capitel.
# Von Thracien/ oder Servien/ Bulgarey/
## Romanien und Griechenland.

*Thracien.*  Je Thracier sind/ ihren Namen nach/ ein sehr wild und grausam Volck gewesen/und haben Mösien und Thracien bewohnet. Welche beede Länder doch unter allgemeinen Namen Thracia verstanden werden. Mösien ist von den Moesis,welche die Thracier Zucht und Nachkommen/ also genennet; und wären die Dardani und Triballi unter den Moesis die vornehmsten. Sonsten war Moesia zweyerley/ das Obere und Unter.

*Mösien.* 

*Servien.* Ober-Mösia ist Servia/ so an die Donau und Sau/ an Wessen/ Dalmatien/Macedonien oder Albanien und Bulgarien stösset; Und wird durch den Fluß Ibar/ und Morava/ vom untern Mösien abgesondert. Darinnen ist Senderovia/ iezt Zenderin oder Zenderew die Königliche Haubtstadt/ über das: Bodon/Ibar/Novibayar (da vorzeiten Dardania gewesen) Cumina/ Pristina.

*Bulgarey.* Unter-Mösien ist Bulgarey/ stösset an die Flüsse Ibar/ Donau/ Pruth/ an das Euzinische Meer und den Berg Aemum/ oder das Romanische Geburg. In

*Haubtstadt Sophia.* diesem Königreich ist die Haubtstadt Sophia/ eine grosse Türckische Stadt/ iedoch ohne Ringmauren/ und an Gebäuen gar schlecht/ hat ein schönes warmes Bad/ 2. Wasserkünste/ und eine kleine Kirche der Patrum S. Francisci. Die andern Städte sind : Saribrod/ Nicopolis/ dabey noch ein Anzeigen des Kaysers Trajani Brücken über die Donau : Agium/ iezo Asiopolis; Trosinis/Destor/Dionysiopolis.

*Varna.* Varna/ dabey der König in Hungarn Uladislaus vom Türckischen Sultan Amurath Anno 1443. den 10/ Nov. geschlagen und umbkommen/ als er zuvor aus Anhetzen des Cardinals Juliani und Pabsts Eu-

genii IV. den Frieden gebrochen/ und dardurch den Türcken einen freyen Paß in diese und andere Länder gemachet. Odessus und Mesembria am schwartzen Meer. Und ist allhier das Ende der Bulgarey/ wird auch diß Theil bis an Destor/ Sirfia heutiges Tages genennet.

*Romaney.* Thracien insonderheit also genennet/ oder die Romaney/ hat von der Stadt Constantinopel/welche von den Orientalischen Käysern Neu-Rom genennet/ihren Namen. Sonst hiesse sie auch Byzantium, iezo aber den Türcken Stambol. Es liegt aber diß Land am schwartzen und weissen Meer/ und grenzet sonsten mit Macedonien am Fluß Strymon/ und mit Bulgaren am Berg Aemo.

*Constanti-nopel.* Constantinopel ist heut zu Tage des Türckischen Käysers Residenz-Stadt/ dessen Pallast Seraglio genennet wird/ ist dreyeckigt erbauet/ und hält sieben Hügel (wie Rom in sich) hat etwan und ungleiche Gassen/ und einen sehr bequemen Hafen. Im Castell der sieben Thürnen werden die Käysers Schätze verwahret. Gegen Morgen stösset Constantinopel an die Enge des Meers Bosphorus Thracius genennet so Europam von Asien scheidet. Die Weite des Meers heisse Propontis,weil sie das Vor-Meer gleichsam/iezo heisset es Mar di Marmora/von der Stadt Marmora/ so darinnen auf einer Insel lieget. Sestus und Abydus/iezo Sesto und Abydo/liegen gegen einander über (und zwar Abdo in Asien) an der Enge des Meeres/ so man Hellespontum, das ist/ der Helles Meer (weil sie daselbst ertruncken) nennet; und sind berühmt wegen der Brücken so daselbst der Xerxes über das Meer geschlagen. Am Ende des Hellesponts sind zwey andere Schlösser/ so man Dardanellen/ die

*Darbanel-Thürn.* Darbanellen Thürn/

*L ij*

*Philippis.*

Türken Bogazoffar nennen. Calliopolli ietzo Gallipoli/ und Lariesa liegen auf der Halb-Insel/ so Thracia Chersonesus heisset. Trajanopoli/ Maximianopolis/ Philippis/ (an welche Stadt S. Paulus seine Epitel geschrieben) liegen unsern rem Egäischen Meer. Weiter hinein liegt Philippopoli und Hadrianapoli/ ietzo Andrinopoli/ oder Drenale. Dieses letztere liegt in einem Thal/ und fleust das Wasser Moriza daran hin/ über welches eine sehr lange steinerne Brücke gehet/ ist ziemlich groß/ und hat eine neue Kirche mit 4. Thürnen/ allenthalben mit Bley gedecket/ welche sich wol sehen lässet/ die Türken besitzen diesen Ort.

*Griechenlands Gelegen.*

Grächia oder Griechenland liegt zwischen dem 42.⅓ und 35. Grad latitudinis, und zwischen dem 44. und 56. Grad longitudinis, die Insulen darzu gerechnet. Wie es zu Europa zu rechnen/ stösset es an das Jonische/ Lybische und Egäische Meer/ oder den Archipelagum, und an das Gebürg Thraciens/ Bulgariens und Serviens; von Dalmatien aber scheidet es der Fluß Strymon. Hat zuvor seine eigene Könige in seinen unterschiedlichen Königreichen gehabt; Hernach die Römer/ Gothen/ Hunnen/ endlich die Saraceuen und Türken zu Oberherrn bekommen. Das ganze Land wird getheilet in Macedonien/ Epirum/ Thessalien/ Græcien insonderheit verstanden/ und Peloponnesum.

*Abtheilung.*

*Macedonien.*

Macedonien ist das gröste Theil von Griechenland/ und also genennet vom König Macedone. Deren Provinzen gewesen Lautlania nechst an Dalmatien/ darinn Epidamnes oder Dorrachium/ ietzo Durazzo. Albania/ oberhalb der vorigen/ darinn Albanopolis. Aemarthia eigentlich also genennet/ darinnen Peisa/ beeder Könige in Macedonien Philippi und Alexandri M. Geburtsstadt/ am Fluß Ario: Item Aegea/ da die Königliche Begräbnissen/ Beerchia/ ietzo Veria am Fluß Haliaemon/ welche Stadt Paulus lobet Actor. 17. Item Mycra/ Tyrissa/ Europus/ Aedessa: Pieria/ ein lustiges Land am Golfo Thessalonico/ und dem Fluß Haliacmon/ der Musen Vaterland und Wohnung ben den Poeten berühmt: Amphaxitis/ auch am selbigen Golfo/ darinn Thessalonica/ ietzo Salonichi durch Pauli 2. Episteln berühmt. Stagira ist des Aristotelis Geburtsstadt gewesen. Mygdonia/ darinnen Leto/ itzt Leta; Apollonia/ Carrhabia/ Boerus ietzo Veria/ Antigonia/ Torpullua ꝛc. Orbelia/ am Bulgarischen Gebürg und der Berg Orbelo/ Stymphalia/ am Epyrischen Gebürg/ oder Berg Pindo.

*Jambolt. Comenolitari. Albania.*

Heutiges Tages wird Macedonien in vier Theil getheilet: 1. In Jamboli/ am Fluß no stösset. 2. Comenolitari/ so oberhalb Thessalonien lieget. 3. Albanien/ so nechst an Dalmatien grenzet/ darinn nebest Albanopoli/ ietzo Croia/ des Scanderbegs Vaterland/ Durazzo und Lodrin. 4. In Macedonien eigentlich also genommen/ so im Mittel dieser aller ist.

*Macedonische Flüsse.*

Die vornemsten Flüsse sind Strymon/ Vardaro/ Beeroda/ Haliacmon/ Chabrius/ Spirnasia/ Apsia/ Polina/ Salnich.

*Epirus.*

Epirus ietzo Canina/ stösset an Albanien/ oder dessen Fluß Salnichi; an Thessalien ietzo Janna/ und an den Venedischen Golfo. Darinn sind ietzo Antigonia/ Valona/ Canina/ Panoermo/ Chimera und Orchomus. Sonst ist auch in diesem Königreich gewesen Thesprotia/ darinn Buchrotum/ ietzo Butrinto/ (da vorzeiten des Königs Perrhi Hofstatt) und Pilodes. Item Dryopia/ Cassiopia/ darinn Cassiope/ Elatria/ und vorieten das Land Alumeo/ darinn Nicopolis/ dabev Käyser Augustus wider Antonium und Cleopatram zu Wasser gesieget; ietzo ist es die Gegend am Meer von Porto Fanaro/ bis Golfo de Larta. Die Provinz Molossia/ da Dodone/ und darinn des Jovis Dodonäi Tempel/ war oberhalb des Flusses Acherontis. In Acarnania war Ambra-

cia ietzo Larta. Aetrium ist ietzo C. Figalo; Leucas/ ietzo S. S. Nicolo: Seratos ietzo Strato. Die vornehmsten Berge in diesem Lande sind der Pindus und Acrocerauni.

*Thessalien.*

Thessalien ietzo Janna ligt unterhalb Macedonien. Dessen Provinzen sind: Thessalien/ Pelasgia/ Magnesia/ Phthiotis. In Thessalien/ eigentlich also genannt/ sind folgende berühmte Ort: Spartes/ Homile/ Mesto/ Thireria/ Tricca/ Ithome/ Metropolis/ Pharsalus und Philippi/ Gomphi und Phostus.

*Pelasgia.*

Pelasgia hat folgende Ort: Dolscha/ Pythäum/ Atrag/ Gonnus/ Coniga.

*Magnesia.*

Magnesia hat diese Ort: Jolcos ietzo Jacoto/ Magnesia/ Methone/ Meliboea/ Orminno/ Larissa am Fluß Pence. Unfern davon sind die Berge Olympus/ Ossa und Pelius.

*Phthiotis.*

Phthiotis hat folgende Plätze: Prias/ Tebä am Sinu Maliaco/ Sperchia/ Larissa/ Echinus/ Demetrias.

*Aetolia.*

Griechenland in specie, ietzo Livadia/ wird auf Griechisch Bellas/ von Hellene/ des Deucalions Sohn/ genennet/ liegt unterhalb Thessalien/ dessen Provinzen waren 1. Aetolia/ am Fluß Eveno/ darinn Calidon/ Olenus/ Chalcis. 2. Doris/ darinn Erineus/ Cytinium/ Bium/ item der Berg Corar. 3. Locris Ozolæa/ darinn Amphissa und Lepanto/ so Anno 1571. den Türken von den Venetianern abgenommen worden. 4. Phocis/ darinn Delphis/ so des Apollinis Oracula berühmt gemachet/ Danlia/ Pythia/ Bulia/ Anticyra/ Tyrrha/ Elatia/ Evello und Solona/ item der Muse Berg Parnassus und Helicon. 5. Locris Epicnemidia/ darinn Cnemides/ ietzo Leirtria/ Thronium/ am Fluß Boagrio/ Opus/ Elatia/ Liläa. 6. Boeotia/ darinn Ascra/ des Hesiodi Geburtsstadt/ Thisbe/ Coronia/ Lebadia/ Thebä/ Orchomantis/ Choronea/ des Plutarchi Vaterland/ Thespia/ Copa/ Gamboli/ Thebä/ Delium/ Aulis/ Leuctra/ und der Berg Cyrrhion. 7. Megaris/ darinn Megara/ Nisäa/ und Eleusis oder Eleusin. 8. Aetis oder Attica/ darinn Eyripo/ Oenoe/ Rhamnus/ Marathon/ Sunium/ und Sirhenes/ so eine mächtige Stadt und Erfinderin aller freyen Künsten gewesen. Ausserhalb denselben sind/ Macina und Pirdo oder Porto Lione/ zween herrliche Porthäfen mit Mauren auf die fünf Viertel Meilen lang an die Stadt Athen gehänget.

*Achaia.*

*Elis.*

*Messenia.*

*Laconia.*

*Peloponnesus.*

Peloponnesus wird also genennet vom Pelope/ welcher allda König gewesen. Wird heutiges Tages Morea genennet/ von der Mohren vielfältigen Einfällen in diß Land; ist eines von den edelsten Landen des ganzen Griechenlands/ Dessen Provinzen sind Achaja/ Elis/ Messenia/ Laconica/ Arcadia/ Argia.

In Achaja/ eigentlich also genennet/ ist gelegen Corinthus/ Lechäum/ Schönus und Cenchrea/ sind drey fürneme Port gewesen. Sicyon am Fluß Asopo/ Pellena/ Aegyra/ Helice/ Aegium/ Erineus/ Panormus/ Patra/ Olenus.

In Elide ist Cyllene/ da der Mercurius geboren/ Elis/ am Fluß Pence/ Olympia ietzo Olympico/ da der Tempel Jovis Olympii, und die Spiel Olympia gehalten worden; Pisa an der Grenze und Fluß Alpheo.

In Messenia war Cyparissa/ ietzo Arcadia/ Pylus des Nestoris Vatterland/ ietzo Zenichio/ Methone ietzo Modon/ Corone/ Messena. Der Sinus Messenicus heisset ietzo Golfo de Coron.

In Laconica/ ietzo Sacania/ ware die Haubtstadt Sparta oder Lacedämon/ ietzo Misithra; Sie hiesse auch Hecatompolis/ weil sie 100. Städte unter ihrer Bottmässigkeit hatte/ ware neben Corintho/ Athen und Thebio/ eine von den mächtigsten Städten. Sonsten lag hierinnen Trozen/ des Theseï Vatterland;

terland; Phärä/ Leuctrum ietzo Maina/Töne/ ietzo Cönopolis; Teuthrona/Las/Colochina/Cythium/Therapnä/Amyclä des Tyndark Hoffstadt/ und des Castoris und Polluris Vaterland; Acria/Asopus/Epidaurus ietzo Malvasia/Bletmini ietzo Bemina/Ciphanta.

*Arcadia.* In Arcadia/welches mitten im Peloponneso ligt/

und viel Vieh und Weide hat/ waren Phialia/Herä/Tegea/Stymphälus am Berge Stymphalo/Lida/Megalopolis/Antigonia/ oder Mantinea Nonacris.

In Argia ware Nauplia ietzo Napoli/ Oenoe Argia, und Lerna; Ferner gehöret hieher Mycenä/Nemea/Epidaurus/Träsen.

## Das Fünffzehende Capitel.
## Von den Inseln in Europa/ und zwar erstlich von denen im Ocean gelegnen/ oder Britannischen Inseln:
## Engelland/ Schottland und Irland.

*Britannische Inseln.* DIe Britannischen Inseln werden von ihren Einwohnern/ den Britanniern/ oder Britonibus / oder von ihrem König Britone also genennet. Werden abgetheilet in die Königreiche Engeland/ Schottland und Irland.

*Engeland.* Engeland wird getheilet in Cambriam und Lögriam. *Cambria oder Walles.* Cambria/ bey den Einwohnern/ so sich der alten Britanischen Sprach gebrauchen/ Cambræa/ von den Engeländern Walles genennet / ligt gegen Irland und Occident; wird vom Fluß Sabrina oder der Savern/ und Dena oder Dee Unterscheiden. Von diesem Land schreibt sich der Erstgebohrne des Königs in Engeland einen Printzen von Walles. Solches nun wird wieder in 3. Länder/ als Venedotiam/Povisiam und Dechenbartiam abgetheilet.

*Benedotia oder Nord-Walles.* In Venedotia/welches Nord-Walles heisset/ liegen fünff Graffschafften: Als Mervinia oder Merionethia/Merionids oder Merionidschire; Arvonia oder Carnarvon/ Caernavoonschire; Denbighia oder Denbigschire. Flintia Füntschire/ von ihren Haubtstädten also genennet/und von Schire/ so eine Graffschafft heisset; Die fünffte Graffschafft daselbst ist in der Insel Anglesey.

*Povisia.* In Povisia/ welches zwischen Nord-und Sud-Walles liegt/ sind die zwo Graffschafften Radnoria/ Radnoschire/ und Montgomeria/Mongomerischire.

*Dehenbartia oder Sud-Walles.* In Dehenbartia/ sonst Sud-Walles/liegen sieben Graffschafften/als: Glamorganschire/Caermanschire/ Penbrockschire/ Cardiganschire/ Brecknockschire/Heerefortschire/Montmufschire/auch von ihren Städten also genennet.

*Lhgria oder Engeland also genennet.* Lhgria oder Engeland auch genennet/hat 39. Graffschafften/mehrentheils von ihren Städten also genennet: (1.) Northumberland. (2.) Cumberland. (3.) Westmarland. (4.) Das Dunelmense Bißtum und Palatinat. (5.) Lancaschire/ so auch ein Palatinat. (6.) Richmondschire in der Graffschafft Mittelser gelegen. (7.) Das Ertz-Bißtum und Graffschafft Jork/ dero Haubtstadt Jork ist *Jork.* eine grosse und lustig-gebauete Stadt/ hat sehr schöne und veste Mauren/lustige Gärten und Felder/ zu allerhand Exercitien/der Fluß Ouse theilet sie in 2. Theile. (8.) Chesterschire/ so auch ein Palatinat. (9.) Darbischire. (10.) Staffordschire. (11.) Nottingamschire. (12.) Linkolnschire. (13.) Schropschire/ zu welcher Graffschafft auch gehöret die Insel Mona oder Man. (14.) Leicesterschire. (15.) Rudlandschire. (16.) Worcesterschire/ von der Stadt Worcester oder Vigorina. (17.) Warwikschire. (18.) Northamtonschire. (19.) Hunrigdonschire. (20.) Cambridgeschire oder Canterby/ von der Hauptstadt Cambridge oder Canterby. (21.) Norfolkschire/darinnen die Städte: Thetford/ Norwich und Jarmouth. (22.) Suffolkschire.

(23.) Glocesterschire. (24.) Oxfortschire von der Stadt Oxfort. (25.) Buckingamschire. (26.) Bedfordschire. (27.) Hertfordschire. (28.) Ostsachsen oder Esser. (29.) Mittelsachsen oder Nidleser/ darinnen die Königliche Hofstadt Londen/ item Westmünster. Londen/die Hauptstadt des gantzen Landes/ Reichs/ist sehe gross/ hat unter 120. zwo herrliche Kirchen/ und eine herrliche Königliche Residentz Withal. (30.) Barkschire/ darinn Windsor. (31.) Kornwal. (32.) Devonschire/ dessen Städte Excester und Pleymouth/ des Fr. Drack Vatterland. (33.) Somersetschire/ dessen Handelschafft für die Frantzosen ist Bristol / mit herrlichen Gebäuen geziert. (34.) Dorserschire. (35.) Wiltschire. (36.) Hantschire/darin Suthamton/ der Spanier Handelstadt. (37.) Susser oder Sudsachsen. (38.) Sutry oder Surhey. (39.) Kont oder Kontschire/ darinn die Stadt Canterburg/da ein Ertz-Bißtum/item Sandwich/ Dover / da die Ubersahrt auf Cales.

*Flüsse in Engeland.* Die fürnehmsten Flüsse in Engeland sind Severre/ Dee / Tems/ Humbre/ Twede/Eska/Soltwey.

*Schottlands Grentzen.* Schottland / Scotia / wird durch den Berg Grampium oder Gramsbein/ in das Ober-und Sud-Schottland/ und in das Nieder-oder Nord-Schottland getheilet. Jenes stosset an Engeland / und haben deßwegen dessen Einwohner die Engeländische Manier zu leben zu und reden. Dieses aber ist etwas rauher und kälter: und die Einwohner den Irländern fast gleich; Darum sie auch die wilden Schotten genennet werden. Im Mittägigen Theil Schottlands haben mehrentheils die Picti gewohnet. *Das Mittägige.* Darinn liegen die Provintzen.(1.) Marcia oder Merchia/als welche gleichsam die Marck oder Grentz mit Engeland; Darinn sind die Städte: Barwick/ Colding/ Tivodal/ Esdal/ Anandia oder Anandale/ Nothesdale/ Galowey/ Carieta / Kyl / Cuningham / Clidesdail. (2.)Laudonia/ darinn der Schottischen König Residenstadt *Edinburg.* Edinburg/ ligt hoch und bergicht/hat schöne öffentliche und Privat-Gebäu/ ist wol bewohnet und wird da ein grosser Handel getrieben. Strivilingia/ oder Sterlingia; Leneria/ darinn die Stadt Glasco/da ein Ertz-Bißtum/ Menteith; Cannes/darinn der See Lomond/ in welchem über die 24. Inseln. Cantira oder Caintyre; Breadalbene/ Perthia/ darin die Stadt Caledenia oder Dunkel; Ernevallis/ *S. Ander.* Fisa/ darinn die Stadt S. Andreä mit dem Ertz-Bißtum/ ist ein sehr berühmter Ort / allwo König Jacobus Anno 1411. eine hohe Schul aufgerichtet; Gourea/ Atholia/ Angusia/ Nesland/ Merria/ Navquan/ darinn die Stadt Abberdonia sonst Abberdone/ am Fluß Done/ und Muray.

*Mitternächtiges Schottland.* Im Mitternächtigen Schottland liegen die Provintzen: Lorna / Loquabria / Rossia / darinn der See Nessus / so nie gefrieret; Sutherland/ Strathnavernia / das ist / das Thal Navernie / Cathnes/ und

M

**Insulen Hebrides.** und das Vorgebürg Orcas / iho Duns bey Hoat.

Gegen Niedergang liegen die Insuln Hebrides/ deren auf die 43. sind/ darunter Jla/Slye/Mula/ Eusta und Perusa die grösten.

**Orcades.** Gegen Norden Orcades/ die sonsten The Jles of Orknay deren auf die 31. darunter Maynland die grösite. Item die sieben Inseln Acmoda/ iho Farre genennet. Besser gegen Norden liegt die Insel Frißland.

**Flüsse in Schottland.** Die fürnehmsten Flüsse sind : Clyde / Forttha / Tay/ Taus/ Done / Spen/ Nessa / Tayn.

**Irlands Grenzen.** Irland wird von den Einwohnern Erin genennet / und liegt an Schott- und Engeland gegen Occident zwischen dem 57. Grad 30. Min. latitudinis / und zwischen dem 7. und 13. Grad 30. Min. longitudinis, wird ingemein abgetheilet in fünff Provin-

**Abtheilüg.** zen ; Languiniam / Momoniam / Connaciam / Hultoniam und Mediam / in welchen allen drey und dreyssig Grafschafften liegen.

**Languaster.** Languinia oder Langeni / sonst Languaster / liegt gegen Orient und Engeland zu. Ist derowegen desto geschlachter. Darinnen sind 10. Grafschafften.

**Rounster.** Mononia sonst Mounster / liegt gegen Mittag / und Franckreich / und sind darinn 7. Grafschafften.

**Connacht.** Connacia oder Connacht / liegt gegen Occident/ und sind darinn 6. Grafschafften.

**Ulster.** Hultonia oder Ultonia/ sonst Ulster auf Engeländisch / liegt gegen Mitternacht / und sind darinn zehen Grafschafften.

**Methe.** Media auf Engeländisch Methe/ weil es mitten in der Insel / ist der beste Theil derselben. Stösset oben an Connacia / oder den Fluß Senene/ zur Seiten Ultonia an West und Cast/ Breanny und Uriel/ zur Seiten Languinia an das Dubliner Bistum und Fingallia/ und wird vom Fluß Boando oder Bogu durchflossen.

**Armag.** Die fürnehmste Stadt in diesem Königreich und Insel ist : Armag in Ultonia / da auch der Primas unter den Ertz-Bischoffen residiret ; Nach dieser ist **Dublin.** Dublin / eine prächtig erbauete Haubstadt/ mit einem Castell verwahret / und mit vielen Kirchen gezirret. Anno 1320. wurde allhier eine hohe Schul auf gerichtet. Kaßchel in Mononia / auch eine Ertz-Bischoffliche Residentz/ Waterfort/ Lymerick und Corcagia oder Cork/ alle in Mononia / sind auch Gräfliche Städte. Kinsale liegt auch in Mononia / Pontana/ sonst Drogatha ist in Media.

Diese Flüsse sind . Synon/Maire / Barow oder Baroch-Swir / die Slana / Boyn/Trowis / Detyget / Bonna / alle drey in Ultonia.

## Das Sechzehende Capitel.
# Von den übrigen Europäischen Inseln : Sicilien/ Malta/ Sardinia/ Corsica und Candia.

**Siciliens Lager.** Unter denen Europäischen Inseln/ ist nach Engeland / Schott- und Irland eine der vornehmsten die Insel Sicilien/ der Römer Schatz und Korn-Kammer. Liegt zwischen dem 38. Grad 10. Min. und 35. Grad 40. Min. latitudinis ; aber dem 35. Grad 30.

**Länge und Breite.** Min. und 39. Grad 10. Min. longitudinis. Ihre Länge von C. del Faro, biß C.Boeo, oder Coco, ist 50. Teutsche Meilen. Die Breite / vom Vorgebürg oder C. Passaro biß zur Stadt Cisalu 35. biß an C. di Gallo 45. Teutsche Meilen. Die vornehmsten und **Städte.** ältisten Oerter und Städte darinnen sind : Messina/ Taermia / Catania / dabey der Berg Aethna/Monte Gibello) Enna / Leontini / Saragusa/ Noto/Cassmarana / Bergenti / Terra de li pulici / Marsella/ Palermo die Haupstadt/ und da der Vice-Re residiret / Thermini / Cisalu/ Milazzo. In Palermo und Catania sind hohe Schulen. Zwischen Italien und Sicilien sind die zwey berühmten und gefehrlichen Ort Scylla so ein Meer-Wirbel / und Charybdis/ so ein verborgener Felsen.

**Malta.** Die Insel Melita oder Malta ist oberhalb Sicilien gegen Africam oder das Königreich Tunis/ unter dem 34. Grad latitudinis, und 39. Grad longitudinis gelegen ; Wegen der Malteser oder S. Johannis Ritter/ so von Rhodis Anno 1522. in Italien nach Viterbo gewichen / und endlich 1529. in diese Insul gekommen : und des Apostels Pauli Schiffbruch berühmt. Hat 8. Teutsche Meilen ohngefehr in ihrem Umkreiß. Die Städte darinnen sind : Malta/ Valetta mit den Castellen S. Elmi / S. Angeli und S. Michaelis/ so alle vornehme Vestungen.

**Sardinia.** Sardinia oder Sardegna ist zwischen dem 37. Grad. 40. Min. longitudinis gelegen/ hat zu Städten Cagler / Obia / Oristagni / Napoli / Vessa / Algeri / Sassoris/ und das verstöhrte Olbia/ gehört dem König in Spannien.

**Corsica.** Corsica liegt zwischen dem 42. Grad 5. Min. und 40. Grad latiduninis, oder 30. Grad 40. Min. und 33. Grad. 30. Min. longitudinis. Hat zu Städten : Calvi/ Nebbio / S. Fiorenzo/ Bastia/ da der Gubernator residiret / Antisano / S. Bonifacio / Adiazzo/ Genarea/ zc.

**Candia.** Creta/ heut zu Tage Candia genannt / hat von Westen / Cabo di Carabuse/ biß an C. di Salemon/ über 200. Wälscher Meilen / in der Breite nicht / wo selbige am grösten/ von Norden in Westen / nicht über 45. biß 50. wird in 4. Landschafften eingetheilet/nach den vornehmsten Städten / als da sind : Candia die Haubtstadt/ Canea / Retimo und Sittia. Dieses herrliche Königreich gerieth Anno 1669. in Türckische Raub-Klauen.

## Das Siebenzehende Capitel.
# Von dem andern Theil des Erdkreisses Asia/ und Erstlich von der Tartarey.

**Woher Asia den Namen bekommen.**  Der andere Theil der alten und ehebekannten Welt/ nach Strabone/ hat seinen Namen von Asia/ des Manai aus Lydia / oder auch des Atys Königs in Lydia (so in klein Asia gelegen) Sohn, Oder auch von Asia/ des Japhets **Grenzen.** Weib. Seine Grenzen beschliessen von Mitternacht das Scythische Meer/ von Morgen das Orientalische Meer / und Mittag das Indische Meer / und der Einfluß zwischen Arabien und Egypten / so sonst das rothe Meer genennet wird. Zwischen diesem und dem Mittel-Meer ist ein enger Erden-Raum / dardurch Asia an Africam stösset : Gegen Abend ist das Syrische und folgends Egeische Meer / der Hellespont / Propontis / der enge Schlund bey Constantinopel / Bosphorus Thracius genannt/ darnach Pontus

tus Euxinus / der enge Cimmerische Schlund / der Sumpf Mæotis/und der Fluß Tanais/ so hinein fleust/ von dessen mercklichen Krümme bey der Stadt Tuja/ eine Linie biß an das rechte Uffer des Flusses Oby gezogen wird / von welchem Ort die Grenze Asiä sich mit gemeldtem Fluß biß in das Scythische Meer erstrecket.

*Lager.* Liegt diesem nach zwischen dem 74. Grad. 30. min. und 10. Grad latitudinis: Aber zwischen dem 53. und 187. Grad. longitudinis.

*Länge und Breite.* Seine Länge von des Arabischen Meerschossed Enge/Babelmandel in denen Tabulis genennet / biß zur Meeres-Enge / zwischen Asia und America / so sonsten il stretto de Anian heisset / 1342. Teutscher Meilen. Die Breite von Hellespont biß zu des Aureæ Chersonesi Vorgebürg bey Malacca 1524. Meilen. Ward vor Zeiten in klein und groß Asien

*Abtheilung.* abgetheilet. Heutiges Tages aber wird es in fünff Theile und vornehme Reiche getheilet / nemlich in Tartarey/China/Indien/Persien und Türken/ von deren jedem wie anitzo so kurz als möglich zu handeln gesonnen.

*Tartarey.* Die Tartarey wird von dem Fluß und Stadt Tartar / in alt-Tartaren gelegen ( etliche nennen sie Tattar und Tattarey) also genennet/und ist zweyerley / nemlich Klein und Groß Tartarey. Von der Kleinen haben wir allbereit oben gemeldet. Groß

*Grenzen.* Tartarey ist theils unter dem Moscoviter / größten Theils aber unter dem grossen Cham. Stößt ge-gen Morgen an den Mödtischen See / an die Don und andere Grenzen Europä/ gegen Mitternacht an die Strasse von Nassau / und das Eißmeer / gegen Abend an die Enge des Meeres Anian / und an das Chineser-Meer/ gegen Mittag an China / Indien/ Persien/ und Türky/ oder an das Caspische und Euxinische Meer.

*Lager.* Liegt also zwischen dem 74. Grad 30. Min. und 35. Grad latitudinis, wie dann zwischen

*Länge und Breite.* dem 64. und 185. Grad longitudinis. Und ist die-semnach lang 975. Meilen/ von Stretto de Caffa/ biß an Stretto de Anian/ Breit 600. Meilen / von Königreichs Bramas Ende / biß bey dem See Chiamai

*Abtheilung.* an/Indienbiß zu des Flusses Oby Einfluß ins Meer. Wird heutiges Tags in fünf Theile getheilet : In die wüste und öde Tartaren/in die Zagataische Tar-taren/das Reich Turkestan/des grossen Chans Reich/ und in die alte Tartarey.

*Wüste und öde Tartarey.* Die wüste und öde Tartarey begreifft in sich ganz Asiatisch Sarmatien / wo itzo die Circassen/ nemlich zwischen dem Don / Volga / dem Caspischen und Euxinischen Meer / wie auch den Bergen Cauca-so und Corace / welche zwischen diesen beyden Mee-ren sind. Hernach begreifft es in sich den grössten Theil von Scythien / dißseits / oder innerhalb des Berges Imai / nemlich was zwischen den Volga / Chesel / und dem Berg Imo/ Sebris und Tapyris gelegen / als der Zawolhenser / oder Bulgaren / der Nagoienser / Casanenser/ Tumenser / Siahaner/ der Cossacken / der Astracaner / 2c. Tartern-Horden/ oder Kreiß und Versammlungen / welche ihre eigne Chanen oder Fürsten haben / aber doch alle ( ausgenommen die Tumenser) unter dem Moscoviter sind.

Hieher gehören auch die Samojeden/Lukmoeier/Kal-mucken/ 2c. welche die langhaarigen unbeschornen Tar-tern genennet werden/ Durch dieses Theil der Tar-tarey fliesset der Fluß Oby/ so an etlichen Orten über die fünff Teutscher Meilen breit / und ligt daran die berühmte und grosse Handelsstadt Grustina.

*Zagatai-sche Tarta-rey.* Die Zagataische Tartarey ist das Stuck von Scythien dißseits des Berges Imai / so zwischen den Bergen Imao / Tapyris und Sebris / oberhalb der Saccarum Lande/lieget. Stößet also an den Fluß Jaxartem oder Chesel/ an Turkestan/ Persien und das Caspische Meer. Es wird auch hierinn begriffen das Land Sogdiana/ so zwischen den Flüssen Jaxarte und Oxo gelegen/ und itzo Octage heisset.

*Haubtstatt Samar-land.* Darinnen ist Samarkand / liegt am Uffer des Flusses Amu / der Tamerlan ist allda gebohren wor-den/ und wird heutiges Tages in einer Moschee sein Grab gewiesen. Die Stadt ist sehr groß und wol bevestiget/ wiewol sich allda nicht zum meisten Volk be-findet. Bikent und Zahaspa sind Handels-Städte.

*Turkestan.* Turkestan ist auch ein Stuck von vorigen Scythien / und der alten Saccarum und Massageten Land / so zwischen dem Berg Ima und Fluß Jaxarte in Wäldern und Höhlen gewohnet. Kaschar ist eine grosse Stadt in Turkestan nicht weit vom Fluß Ja-xarte / aber auch nicht zum meisten bevolket / darzu nit gar schlechten Gebäuen versehen. Thibet liegt auch in Turkestan/ die Einwohner gebrauchen Corallen an statt der Münz.

*Des Gros-sen Chans Reich.* Des grossen Chans in Tartarien Reich begreifft in sich fast Scythien/ausserhalb oder jenseits des Ber-ges Imai / Item ganz Sericam/ und ein Stück von Scythien dißseits Imai. Nemlich von heutiges Tages sind die Königliche Cataja oder Kitay/Tainsu/Tan-gat.Cathai ist am mächtigsten in der ganzen Tartarey/ Volkreich und voll schöner Städte/ unter denen Cam-

*Cathai. Cambalu.* balu / oder / wie andere sie nennen/ Muönchen die Haubtstatt ist. Einige Scribenten erzählen Wunder von dieser Stadt/ die sie unter den Namen Quinsai/ Xantum / Suntien und Pequin beschreiben. Unter vielen andern Dingen melden sie/ daß in dem Königlichen Schloß 24. Seulen aus seinem Goldt/ und noch eine andere etwas grösser Seulen auch von Goldt auf welcher ein Fichten-Apfel von klaren edlen Steinen künstlich zusammen gesetzt / der allein mehr als vier grösser Städte im Werth habe/ zu sehen seye. Zu er-schiedenen malen ist ein Versuch geschehen/ ob durch ein als andern Weg man in Cathai gelangen/ und die daselbst Reichthümer an Goldt/ Bisam/ Rhabarbara und andere köstliche Waaren geniessen möchte.Die meisten haben die Reise zu Lande angan-gen/etliche den Weg durch die Nord-See gesucht:

*Die alte Tartarey.* andere den Strom Ganges aufwarts gefahren. Die alte Tartarey stösset an das gefrorne Tartarische und Anianische Meer / und wäre den Scribenten unbe-kannt/ wie es dann noch auch heute unerrichtheilß uns bekannt bleibet. Man will vorgeben/ ob wäre diß das Land/wobin Salmanasser/ der König von Assyrien/ die zehen Stämme Israels/ die er aus dem heiligen Lande weggeführet/verstanden habe.

## Das Achtzehende Capitel.
## Von dem Königreich China.

*Grenzen des König-reichs Chi-na.* Das Königreich China oder Sina liegt zwischen dem 18.und 53.Grad latitudi-nis,und zwischen den 134. und 164.gr. longitudinis. Dann es stößt oben gegen Norden an den Berg Ottorocoram/ in dessen Thälern eine Mauer von 200. Jahren vom König Trico wider der Tartarn Einfall gebauet worden/ so auf die 14. Schritt hoch/ und halb

so breit/ Ist also das Land daselbst und gegen Abend auf die 500. Meilen herum/ mit Mauren und Ber-*Länge.* gen eingefasset. Gegen Mittag und Morgen endet sich am Euginischen Meer. Ist dannenhero lang von Cochinchinä Ende biß zu besagtes Berges Otto-rocorä Vorgebürg zu rechen 600.meilen,Breit vom *Breite.* See Cincurn/ oder denen Damaster Bergen/ biß an das Chineser Meer 300. Teutscher Meilen ohngefehr.

M ij　　　　　　　　　　Ganz

**Metheilüg.** Ganz China wird durch den Fluß Kroang in Süd und Noerd-China abgetheilet/daß dieser Strom durchschneidet China von dem Osten biß ans Westen. Süd-Sina nennen die Tartern und Mohren Mangin/ und Nord-Sina Katay. Nord-Sina begreiffet 6. Landschafften/ Peking/Xansi/Xensi/Xantung/ Honang/Suchuen; Süd-Sina die übrigen neune/ als Huquang/ Kiangsi/ Kiangnang oder Nanking/ Chekiang/ Fokien/ Quantung/ Quangsi/ Queucheu/ und Junnan.

**Landschafft und Stadt Peking.** Die Landschafft Peking wird in 8. Haubtstädte abgetheilet/ die da heissen Peking oder Xunten/ Paoting/Hokien/Chuntu/Xunte/Quanping/Taming/ und Junping. Diese acht Haubtstädte herrschen noch über sehr viel andere/ welche allda zu erzehlen allzu weitläufftig fallen würde.

Peking ist die Käiserliche Residenz/liegt fast an den äussersten Grenzen dieser Landschafft/ist mit zweyen hohen dicken Mauren befestiget/ welche oben so breit/ daß 12. Pferde darauf neben einander lauffen können/ hat 12. Thore/ schöne Herren-Höfe/ prächtige Triumph-Pforten/ fürtreffliche Gözen-Tempel/ mit sehr hohen und künstlich erbaueten Thürnen.

**Provinz Xansi.** Die Provinz Xansi hat gegen Osten Peking/ gegen Norden die grosse Reichs-Mauer/gegen Abend und Süden den gelben Fluß. Hat 5. Haubtstädte/ nemlich Taiyven/ Pingiang/Taiyung/Lugan und Fuencheu. Diese haben über sehr viel andere Städte zu gebieten.Die Haubtstad ist jederzeit wegen ihrer herrlichen Gebäuen sehr berühmt gewesen/ hat sehr starke Wälle/drey Meilen in der Runde.

**Provinz Xensi.** Die Provinz Xensi grenzt gegen Mitternacht an Theber und der Tartarei/ gegen Morgen an den gelben Fluß/gegen Mittag an die Berge/gegen Abend **Stadt Sigan.** an West-Tartern; hat 8.Haubtstädte: Sigan/Funsiang/ Hanchung/ Pingleang/ Kingiang und Yengang/ welche über viel andere gebieten. Sigan liegt am Südlichen Uffer des Flusses Guen.Die Wälle sind im Begriff 3. Teutsche Meilen groß/hat 7. Pälläste/ 11. grosse Tempel/ und 17. gewölbte Gärten.

**Provinz Xantung.** Die Provinz Xantung hat zu Grenzen von Norden das Land Peking/ von Süden Nanking/ von Osten die See/ und von Westen den Fluß Guei.Hat 6. Haubtstädte: Cinai/Pencheu/Tunghang/Cingcheu/ Tencheu und Laicheu/welche über viel Städte gebieten.

**Provinz Honan.** Die Provinz Honan liegt Oßtwerts und liegt oßtwerts mit Nanking/ gegen Norden/ und Nord-Osten mit Peking / auch etlichen Landstrichen von Nantung; Nachdem Niedergang zu grenzt sie mit Suchuen und Xansi. Hat 8. Haubtstädte Kaifung/ Queite/Changte/ Gueiheu/Hoaiking/Honan/ Nanjang/ und Junming.Die es gebieten über viel Städte.

**Provinz Suchuen.** Die Provinz Suchuen grenzt gegen Morgen an Huquang/ gegen Nord-Ost und Norden an Xensi/ gegen Niedergang an Thibet/ gegen Mittag an Junnan / hat 8. Haubtstädte Chingtu/ Paoming/ Xunking/ Suicheu/ Chunking/ Lunggan/ und Mabu. Diese gebieten über viel andere Städte.

**Provinz Huquang.** Die Provinz Huquang grenzet gegen Mitternacht an Honan/ gegen Nordwest an Xensi/ gegen den Abend an Suchuen/gegen dem Mittag an Quangsi/ gegen Morgen an Kiangsi. Hat 15. Haubtstädte: Vuchang/Hanian/Siangiang/ Tegan/ Heangcheu/ Kingcheu/Jocheu/ Changsa/ Paoking/ Hengcheu/ Changte/ Xincheu/ Jungheu/ Chingtien/ Chinsiang/ welche sämtlich über viel Städte herrschen.

**Provinz Kiangsi.** Die Provinz Kiangsi grenzet gegen Osten und Südosten an Chekiang und Fokien/ nach Süd/ und Südwesten an Quantung und Quangsi/ nach Westen an Huquang/und nach Norden an Nanking und Kiangnan.Hat 13. Haubtstädte: Nanchang/ Jaocheu/ Quangsin/ Nankang/ Kiukiang/ Kiencheu/ Vucheu/ Linhiang/ Kiegan/ Vuicheu/ Juencheu/ Nancheu/und Nangan.Hat viel andere Städte unter sich.

**Provinz und Stadt Nanking.** Die Landschafft Kiangnan oder Nanking hat nach Osten und Süd-Osten die See; nach Süden das Land Chekiang/ nach Südwesten das Land Kiangsi; nach Westen das Land Huquang/ nach Nordwesten das Land Honan / und nach Norden Tüung.Hat 14. Haubtstädte/ Kiangning/ Fungyang/ Suchen/Sungkian/ Chägcheu/ Chinkiang/ Vugcheu/ Hoaigan/Yncheu/ Gaufing/ Yangcheu/ Chincheu/und Hoeicheu. Die Stadt Nanking hat einen breiten und tiffen Graben/ soll nicht allein an Grösse/ sondern auch Schönheit und Herrlichkeit alle Städte des ganzen Erdbodens übertreffen/ ihr Umkreis erstrecket sich in 6. Teutsche Meilen. Es follen mehr als zehnmal hunnert tausend Menschen darinn wohnen.

**Provinz Chekiang.** Chekiang stösset von Morgen an die See/ von Mittag an das Land Fokien/ von Norden an Nanking/ von Westen an Kiangsi. Hat 12. Haubtstädte: Hangcheu/ Kiahing/ Vucheu/ Niencheu/ Kinhoa/ Kiucheu/ Chucheu/ Yaohing/ Ningpo/ Taicheu/und Yencheu. Haben viel andere Städte unter sich.

**Provinz Fokien.** Die Provinz Fokien wird von Morgen und Mittag mit der See umgeben/ gegen Niedergang aber und Mittag grenzet sie an das Land Quantung/ gegen Mitternacht an Kiangsi und Chekiang.Hierinn liegen 8. Haubtstädte Jochen/ Zvencheu/ Chancheu/ Kienning/ Jenping/ Tincheu/ Hinghoa/ und Taovu. Diese beherrschen sehr viel Städte.

**Provinz Quantung.** Die Provinz Quantung hat gegen Westen das Land Quangsi/gegen Nordosten Fokien/ das übrige gegen Süden und Osten ist alles mit der See umschlossen.Hat 10. Haubtstädte: Quancheu oder Canton/ Xaocheu/ Nankiung/ Hoeicheu/ Chaocheu/ ChaeKing Xaocheu/ Kiencheu/ Yuncheu/ und Kiuncheu. Quancheu ist mit einer zweyfachen hohen und dicken Mauer befestiget/ hat herrliche Tempel/ Paläste/ Rahthäuser/ Herrenhöfe/ Bürger-Wohnungen/ und andere wunderschöne Gebäu.

**Die Prov. Quangsi.** Die Provinz Quangsi grenzet nach Osten und Südosten mit Quantung/ nach dem Südwesten mit Tunking oder Ganan/ nach dem Westen mit Junnan/ nach dem Nordwesten zu mit Queicheu: Das übrige liegt mit Huquang verschlossen. Hat 11. Haubtstädte: Queilin/ Lieucheu/ Kingiven/ Pinglo/ Sucheu/ Nincheu/ Nanning/ Taiping/ Suming/ Thingan/ und Tiencheu.

**Provinz Queicheu.** Die Provinz Queicheu grenzet gegen Ost und Süd-Ost an Quangsi/gegen Nord und Nord-West an Suchuen/gegen Nord-Ost an Huquang und sonst an Junnan. Hat 8. Haubtstädte: Queiyang/ Sucheu/ Sunan/Chinyven/Sezien/Tungtin/Liping/und Fuche.

**Provinz Junnan.** Die Provinz Junnan stösset gegen Ost- und Süd-Ost an Quangsi/gegen das Land Laos/ und Südwest an Bramma/gegen Westen an die Königreiche Mien und Bei/ gegen Nord-West an Sifan/gegen Norden an Suchuen/ gegen Nord-Ost an Queicheu. Hat 12. Haubtstädte: Junnan/ Tali/ Lingan/ Kubiung/ Chingkiang/ Mhuhoa/ Kingrung/ Quingna/Quangsi/Chinyven/ Junning/ und Yuning. Von den Chinesischen Inseln soll hernach gehandelt werden.

Das

## Das Neunzehende Capitel.
# Von dem Orientalischen oder Ost-Indien.

Ost-India-nische Grenzen

Als Orientalische oder Ost-Indien wird vor das britte Theil der Welt gehalten/ wegen seines vielen Goldes/ Silbers/Edelgestein/Queck silber/ und allerley Metallen/ item Meerkatzen/ Elephanten/Kameleon/Nashorn/Seiden/Baumwoll/Porcellan/Reiß/ec. Endet sich oben gegen Norden an denen Bergen Emodis und Imae: gegen Osten an den Chinesischen Bergen/ so Damasi heissen/ und an Indianischen Meer: gegen Süden oder Mittag/ ebenmäßig an diesem Meer: gegen Westen oder Abend/ am Fluß Indo/ oder an Persien. Ligt also zwischen den 1. und 35. Gr. latitudinis, und zwischen den 108. und 147. Gr. longitudinis, die Insulen herum doch nicht darzu gerechnet. Seine Länge von den Indi Ursprung/ bey des Berges Caucasi Gipfel Paropamiso (jetzo Naugegrot) biß an das Vorgebürg des aureä Chersoneß/ oder des Königreichs Malaccä/ ist 600. Teutscher Meilen. Seine Breite von besagtem Damaster Bergen/ biß zum Vorgebürg Simplaneyo C. Comori 450. Unter dessen allen unterschiedlichen Völkern/ so auf die 900. sich erstrecken/ sind die Brachmanes/ Gymnosophisten und Gangaridä die berühmtesten gewesen. Heutiges Tages findet man darin Persianer/Mohren/Abyßiner/Jüden/ Araber/Tartern und gebohrne Indianer/ und auf die 47. Königreiche/ darunter 9. die vornehmsten/ Camboja/Sian/Pegu/Bengala/Orixa/Malabar/Narsinga/ Cambaja/ und die grossen Mogols Reich. Wird sonst gemeiniglich abgetheilet in Indien innerund ausserhalb des Flusses Gange.

Indien jenseits oder ausserhalb des Flusses Gangis/begreiffet die Königreiche Camboja/Sian/Pegu/ Bengala und Mogor.

Das Königreich Camboja hat eine Haubtstadt gleiches Namens. Die Portugiesen haben alda Kirchen und Klöster/ dahin kommen die Kauffleute aus Malacca/Coromandel/ Japan und China.

Das Königreich Siam hat die Haubt- und Königlichen Hof-Stadt/ ebenfalls Siam/ die Portugiesen waren alda in guten Wolstand/ heut zu Tage aber haben die Holländer den besten Handel.

Malacca ist alda eine vornehme Handelsstadt/ und hat auf 4. Teutsche Meilen in ihrem Umbkreyß/ ist auch neben ihrem Lande/welches eigentlich die güldne Halb-Insel/ ein eigen Königreich: Ist der Portugiesen/ welche alda einen Bischof und Jesuiter Collegium haben.

Das Königreich Pegu/welches etliche wegen des Goldreichen Flusses Gangis und Reichthum des Landes/ vor Salomonis Ophir halten; sonderlich darumb. Die Stadt gleiches Namens ist die Residenz des Königs in Pegu/ mit Mauren und Wassergräben umgeben/ welche werden die besten Elephanten gefunden. Die Einwohner opffern dem Teuffel. Des Königs Hofstadt ist sehr prächtig.

Das Königreich Bengala giebt dem Meerschoß daselbst den Namen/daß er Sinus de Bengala heisset/ vorzeiten hiesse er Sinus Gangeticus. Die Stadt gleiches Namens/ ist eine von den berühmtesten Indianischen Städten/ von allerhand Kostbarkeiten anzutreffen/ von dannen die beste Seide Zibeth/ Zucker/ Rioß zu uns hieher gebracht werden.

Das Königreich Mogor/ so die Mogoller oder Tartern innhaben/ ist gegen Norden gelegen/ und das britte Theil von ganz Ost-Indien/ und liegt theils dieß theils jenseits des Flusses Gangis. Der König wird der grosse Mogol genennet. Die vornehmsten Städte im Königreich des grossen Mogols sind.

Agra/ ist die allerfürtrefflichste Residenz des grossen Mogols/ liegt 28. Grad vom Æquatore in der Provinz Indostan am lustigen Bache Gemini/ist mit einem Graben von 100. Ellen breit umgeben/ hat sehr lange Gassen/ etliche bey einer Viertel-Meilen lang; Am Vordertheil ligt das prächtige Königliche Schloß; Es werden über zweymal hundert tausend bewehrter Mann darinn gefunden; Hat unter sich 40. kleine Städte /und viertahalb tausend Dörffer.

Delhy/ sonst Jehar Abad genannt/ ist eine herrliche Stadt/ auf einem freyen Feld erbauet/ alwo der heutiges Tages regierende Mogol Aurangzeb sich meistentheils aufhält. Hat herrlich und prächtige Gebäu/ sonderlich ist des Regenten Palast über die massen köstlich gebauet/ Anno 1663. brannten über 6000. Stroh-Dächer alda ab.

Lahor ist des grossen Mogols Semmer-Residenz/liegt unter dem 32. Grad. und 20. Min. an dem Fluß Rave sehr lustig; Hat ein trefliches Schloß/mit einer steinernen Mauer umgeben/ Item schöne Palläste/ in welchen die grossen Herren/wann der König alhier lieget/ sich aufhalten.

Amadabat hat den Namen vom König Amad/ welcher sie erbauet/ bekommen. Ist die Haubtstadt im Königreich Gusuratte/ mit einer starken Mauer und einem Graben / von anderthalb hundert Fuß breit umgeben.

Indien dißseits und innerhalb des Flusses Gangis wird auch Indostan genennet/und begreiffet in sich die Königreiche Orixa/ Narsinga/ Malabar/ Cambaja/ Kunkan/ Decan. Das Königreich Orixa liegt am Golfo de Bengala; Seine Haubtstadt ist Orixa/ des Königs Residenz aber zu Gollconda.

Das Königreich Narsinga erstrecket sich ans Vorgebürg Comori/ auf die 150. Meilen/ und ist breit 50. Meilen. Bißnagar ist eine vornehme Stadt alda/ welche dem König unterweilen residiret/ bißweilen aber sich zu Narsinga aufhält/ ist wol bevestiget. Die Städte Onor/ da viel Pfeffer wächset/ Batticala und Mangalar sind der Portugiesen. Zu Coromandel und Maliapor sind Indianische alte Christen/ so ihre Religion vom heiligen Thomä/welcher zu Maliapor begraben sey/ haben sollen. Können auf die 30000. gewapneter Christen daselbst herum aufbringen. Die Jesuiter haben auch eine Kirche und Collegium zu Maliapor / und ingleichen zu Negapatam und Chispan.

Das Königreich Malabar begreiffet in sich die Königreiche Travancor/Canlam/Cochin/Cranganor/ Cananor / Caulette und Calecut ist eine sehr grosse Stadt/ mit hohen Bäumen beseget/ etlichen welchen die Häuser ingenieur von den Strassen gebauet sind/ist sehr Volkreich an Mannschaft und Einwohnern.

Das Königreich Cambaja stoßet an Persien/ und liegt an des Indi Einfluß ins Meer / hat eine Stadt gleiches Namens/ so sehr groß und mit einer steinernen Mauer umgeben / hat 3. grosse Markt-Plätze. Die Einwohner sind meistentheils Banjanische und Rasbutische Herden.

Im Königreich Kunkan ist Visiapor die Haubtstadt/ liegt 25. Meilen von Goa / hat hohe Mauren/ und sehr tieffe Gräben/ist mit 1000. so wol Metallen als Eisernen Stucken versehen / begreifft 5. Meilen im Umkreiß/ hat 5. Thor und fünf Vorstädte/ ingleichen einen prächtigen Palast.

Goa ist eine Handel- und Haubtstadt im Königreich Decan/kan 3. Tage den Portugiesen zuständig

hat

hat 2. Castell / grosse Kirchen / Klöster und Paläster / ist mit keiner Ringmauer umgeben; Es residiret allda continuirlich ein Vice-Roy. Von denen bisher gehörigen Inseln folget etwas besser unten.

## Das Zwantzigste Capitel.
## Von dem Königreich Persien.

**Grentzen des Persische Reich.** — Das Königreich Persien / welches den Namen von Perseus / einem Griechischen Helden haben soll / ist vor Zeiten ein herrlich und berühmt Reich und Monarchie gewesen; heutiges Tages gehört alles zum Persischen Reiche / was von Norden nach Westen zwischen dem Caspischen Meer und dem Persischen Meer-Busen oder Sinu Persico; von Osten zu Westen aber den Euphrat (oder Morat zu) und die Grentzen Candahar in sich begreiffen. Ja es erstrecket sich noch an der Wester-Seite des Caspischen Meeres / zur Helffte derselben / an den Armenischen Geburg hinauf. Nach Westen aber biß an den Strom Kurb / Chane Kurkuh / vor Zeiten Oxus genannt / auf dessen Norder-Seiten die Usbeken oder Bucharischen Tartarn wohnen / welche zum Theil auch des Königs in Persien Tributarii sind.

**Lager.** Liegt diesem nach zwischen dem 32. und 44. Grad latitudinis;

**Länge.** Aber zwischen dem 80. und 125. Grad longitudinis. Seine it ge länge ist von Derbent am Caspischen Meer biß nach Ardavat / unserm / vom Fluß Indo / 450. teutscher Meilen.

**Breite.** Seine Breite von des Meeres Enge unter Aimo / biß an den Einfluß des Oxi und Caspischen Meer 300.

**Abtheilig.** Die berühmtesten Landschafften in Persien sind / Erak / Fars / Schirwan / Kilan / Adirweigan / Thabristan / oder Masanderan / Jran oder Karabach / Chorasan / Sabuistan / Eigestan / Kirman / Chussistna / Tzitire oder Dzarbel.

**Landschafft Erak.** Erak liegt mitten im Lande / an Fars oder Persien grentzend / und wird zum Unterscheid eines andern Erak / in welcher Landschafft Bagdad oder Babylon begriffen / Erak Agem genennet / und ist / was vor Alters Parthia gewesen.

**Stadt Jspahan.** Die fürnehmste Städte in diesem Parthia sind; Jspahan / die Königliche Residenz / liegt in einem gleichen und ebenen Felde / wird mit den Vorstädten im Umkreis auf 8. teutscher Meilen gerechnet / hat eine veste Burg und prächtige Königisches Haus. Wurde vor Zeiten Hecatompyle / von 100. Pforten / welche sie wegen der Grösse solle gehabt haben / also genennet.

**Caswin.** Caswin wurde vor Zeiten Arsatia genannt / hält in ihrem Umkreis eine gute Teutsche Weile / und leben darinn über 100000. Seelen / hat keine Stadt-Mauren. Der Königliche Palast stehet noch / worinn vor Zeiten die Persischen Könige Hof gehalten haben. Die übrigen Städte sind Suithanie / Sentan / Sawa / Kom / Kaschan / Abny / Schaherrzur / Ebbehor / Hemedan / Dertasin / Theberan / und Kapajan / woselbst die besten Bogen gemachet werden.

**Landschafft Fars.** Fars ist eigentlich Persien / so wohin der Untergang (so die Hure Thais verursachet) die berühmte Stadt Persepolis die Hauptstadt gewesen. Aus dessen überbliebenen Steinen solle die Gegenwärtige Stadt Schiras / so noch itzo im Flor ist / seyn erbauet worden. Liegt sehr lustig in Gebürgen / am Strom Bendemir / vor Zeiten Araxis genannt / hat eine treffliche Mosquee oder Kirche und Schule. Der Wein / so da wächst / ist der beste in gantz Persien. Es sind auch in dieser Landschafft noch 4. grosse Städte anzutreffen / als Kasirun / Bunisan / Firusabad und Attar. Zu dieser Landschafft wird die Gegend Lar her samt der Stadt selbiges Namens gezogen.

**Stadt Schiras.** **Po'er.** **Landschafft Schirwan. Hauptstatt Schamachie.** Schirwan hat vorzeiten Media Atropatia geheissen; ist das Norderteil von Medien gewesen. Die Hauptstadt ist Schamachie / heutiges Tages schlecht

fortificiret / hat einen grossen Bazar oder Markt / und zwen grosse Packhäuser / woselbst grosse Handelschafft getrieben wird.

**Baku.** Bakuje liegt an der See am Berge / davon die Bakuja-See auch den Namen bey den Scribenten Mare de Baku bekommen / treibet grossen Handel.

**Derbent.** Derbent / ist / wegen des engen Durchgangs / eines Derbent. von den Caspischen Pforten.

**Schabran.** Schabran ist ein kleines Städtlein in der Gegend Mikur / nicht ferne von der See gelegen.

**Erex.** Erex oder Arax ist vermählet / und zu nichts mehr / als die bloße Stette an Arax / so itzo Aribar genennet wird zu finden.

**Landschafft Kilan und de Baku.** Kilan hat den Namen von Kilek / einer sonderbaren Nation / so sich daselbst gesetzt / bekommen / wurde de vor Zeiten Hircania geheissen / und liegt recht an der Caspischen See / gleich als ein halber Mond / mit hohen Busch bewachsen Bergen umgeben / hat ein sehr fett feucht Erdreich mit vielen aus den Bergen entspringenden Bächen durchflossen / welche meistentheils gut Fischreich sind. Es wird diese Landschafft in viel kleine Provintien getheilet / unter denen sind; Kislagatsch / Moschichan / Buladi / Kileseran / Ditekeran / Ruht / Kohetzan / Deschteverdy Lengei kunani / Schicheran / Horwei Lissan / Kesker / Mojanderan / Marankui Alfara / Nokeran / Lemur / Tzxulanzan / Kechti / Altorabarh. Im Masanderan liegt die schöne lustige Stadt Ferabath / wurde vom König Abas in einem Jahr weiten und ebenen Feld erbauet / begreifft in ihrem Umkreis so viel als Rom / die meisten Einwohner sind Christen / hat heut zu Tage noch keine Mouren.

**Mosanderan.** **Stadt Ferabath.** Adirbeitzan ist der Südertheil von Meden / und also Media major gewesen. Wird durch die Mogarische Heide von Schirwan / und dem Strom Arax von Karabach geschieden / hat auf der Ost-Seite die Kilaner zu Nachbarn. Diese Landschafft ist voller Gebürge / und begreifft viel andere klein Landschafften in sich / als da sind; Erscheck / Chalchal / Meschkin / Marumei / Ketmeruth / Suldud / Serab / Ukam K. welche vor nehmsten Städte sind; Ardebil / Schich Sofi / des Stiffters der Persischen Secte Geburtsstadt / woselbst er auch gesessen / und neben vielen Königen begraben liegt.

**Landschafft Adirbeitzan.** **Stadt Erdebil.** Tabris / sonst Tauris genannt / ist vor Zeiten die weitberühmte Stadt Ecbatana / und im vorigen Seculo der Perser Königen Sitz gewesen. Wurde unter Schach Abas von den Türcken erobert / kam aber bald wieder unter Persische Gewalt.

**Tabris.** Jran oder Karabach ist die Landschafft / so zwischen den Strömen Arax und Kür gelegen / und begreifft in sich ein Theil von Armenien und Georgien; ist ein sehr fruchtbar Land / sonderlich von Seiden / und wird in unterschiedliche kleine Provintzen ausgetheilet / deren fürnehmste sind; Kappan / Eßhan / Eruan oder Iruan Zulfa / Kechtas / Sabus / Sarsebil / Kerchbulach / Uchlama / Aberan / Schörgel / Sarlshat / Inge / Ihabalmeleb / Thumanis / Alger / Ussiber. In diesem Tractibus sind unterschiedliche schöne Städte / Flecken und Festungen. Die bekanntesten See sind; Berda / Bilagan / Schemkur / Lenge / Berkubat / Nachschuan / Ordebat / Bajestied / Maku / Magiesburt / Tiflis / Uslber.

**Landschafft Iran oder Karabach.** **Chorasan.** Chorasan grentzet an Masanderan in Osten / hat vorzeiten Bactriana geheissen / wird in unterschiedliche kleine Landschafften abgetheilet / deren fürnehmste ist

Peri/

Stadt Herat. Jezi/ worinn Herat fast die gröste und schönste Stadt ist /woselbst die besten Tapezereyen gemachet worden ; die Indianer treiben grossen Handel darinnen. Die von Ispahan nach Candahz reisen / müssen hier durchziehen.

Mesched. Mesched ist mit Stadtmauren / Thürnen und andern Gebäuen wolgezieret ; es sollen bey 200. Thürme darinn zu zehlen seyn.

Sablustan. Sablustan lieget ferner nach Osten / dessen Einwohner Paropamisadæ sind genennet worden / nemlich von dem herumliegenden sehr hohen Gebirge / welches ein Theil vom Taurus ist / und Paropamisus genennet worden / ist mit vielen Hölzungen umgeben. Die Städte darinnen sind Bethabath / Melemine / Alabe/ Bust/ und Sarens.

Landschafft Sigestan. Siniztan / welches etliche Sigestan und Sagestan nennen / ist die Landschafft von Sablustan nach Süden gelegen / da vorzeiten die Drangæ sind angetroffen gewesen. Ist auch mit lauter Gebürgen umgeben. Die vornehmsten Städte sind : Siztan / Charluk/ Kezi/ ꝛc.

Landschafft Kirman. Kirman ist auch ein grosses Land / ligt zwischen Farsi und Sigestan / erstrecket sich hinunter bis an die See und Insel Ormus / von welcher selbige Gegend am festen Lande auch den Namen hat. Hat oben bey Norden eine grosse wüste Heyde / unter derselben aber nach der Seewerts seine Städte die Namen derselben sind: Berzie/Bermasir/Bem/Chabiß/Tzireft/Kamron/ und Ormus.

Kamron. Kamron weil es an der Meer-Pforte gelegen/ wird es bißweilen Bender bißweilen Bender-Kamron genennet. Ormus aber ist eine grosse Insel im Per-

sischen Meer-Busen/ bey 3. Meilen vom festen Lande gelegen / ist vor diesem den Portugiesen zuständig gewesen / welche grosse Kauffmannschafft darauf getrieben/ von SchachAbas aber wieder eingenommen/ und und dem Königreich Persien einverleibet.

Mekran. An diesem Striche lieget noch eine Landschafft nach Osten Mekeran/ so auch dem König in Persien gehorsamet / und wird mit unter die Landschafft Kitman gerechnet. Dessen bekannte Städte sind: Tihr/ Kiz/ Chalaf.

Landschafft Chusistan. Chusistan ist vorzeiten Susiana gewesen/ auch Elam/ dahero die Elamiter genennet worden / ligt zwischen Fars und dem Strom Digil/ in welcher vorzeiten die namhaffte Stadt Susa/ welcher Danielis Cap.8. gedacht wird/ gelegen. Selbige Stadt wird izo Desu genennet; solgende Städte sind auch allda: Abavas/ Ramehörmuz/ Schabur/ Ister und Arhan.

Landschafft Tigier. Tigier wird izund Diarbel genennet / woerdurch Mesopotamien verstanden wird/ ist begriffen zwischen den zweyen berühmten Strömen Euphrat und Tiger. Jener wird ihr Morawu/ dieser aber Digel genennet. Dieses Landist nicht allezeit beständig unter des Königs in Persien Bottmäßigkeit. Es sind auch nur zwo Principal-Städte in und an dessen Grenze Mosul/ so vorzeiten Niniva / und Bagdad Babolon ist genennet worden. Hiervon ein mehrers unter Babylonien.

Provinz und Stadt Candahar. Unter Persien gehöret auch heutiges Tages die Provinz Candahar. Die erstrecket sich im Umkreiß auf 32. Tagereisen. Und ist die Hauptstadt darinnen gleiches Namens/ in welcher zu Friedens-Zeiten grosses Gewerb getrieben wird von Persern/ Indianern/ Juden/ Armeniern und Benjanern.

## Das Ein und zwanzigste Capitel.
## Von der Türkey oder dem Türkischen Käyserthumb.

Grenzen des Türkischen Käyserthumbs. Je länder des Türkischen Käyserthumbs/ so viel deren in Asia sind/ liegen zwischen dem 11. und 45. Gr. latitudinis, und zwischen dem 53. und 100. Gr. longitudinis, Dann es endet sich an Tarterey/ Persien/ am roten Meer / an Africa ( oder am Arabischen Meerschoß und engen Hals des Landes daselbst) am Mittel-Ægidischen oder Weissen Meer. Ist also seine Länge vom Hellespont oder Stretto di Gallipoli/ biß nach Edie Matraca/ im Reich Arabien 600. Teutscher Meilen.

Länge. Seine Breite vom Mittel-Meer bey Gaza bis nach Astaman am See Atgi oder Mantiana/ unsern von der Stadt Lauri 255.

Breite. Die heutige Türkey begreiffet in sich Arabien/ Babylonien / Mesopotamien / Syrien/ Natolien oder Klein Asien / Armenien/ Albanien / Iberien/ und Colchis.

Arabien. Arabien stösset gegen Mitternacht an Syrien und Babylonien / gegen Abend an den Arabischen Meerschoß / oder das rothe Meer : gegen Mittag ans Arabische Meer / gegen Morgen an den Persischen Meerschoß; und ist dreyerley/ das Glückselige/Steinigte/ und Wüste. In reichen oder glückseligen Arabien/ so izo Ayman heisset/ waren die Saracener berühmet / so zuvor Agarener und Ismaeliter genennet worden ; die Sabäer / so auch hierinnen / hatten viel Weihrauch/ ihre Hauptstadt ware Saba / izo Zibit.

Das glückselige. Heutiges Tages sind Städte in diesem Arabien Medina Talnabi/ acht Tagereisen von Mecha gelegen/ ist die Stadt des Propheten / weil Mahomet allda begraben.

Stadt Medina. Mecca oder Mecha ist Mahomets Geburts-Stadt/dahin jährlich in die 40000 Wallfahrter sich versagen / dem Mahomet ihre schuldige Pflicht zu leisten/

Mecha. woryu den Groß-Türck allein 120000. Reichsthaler hergibt. In dieser Stadt sind über 6000. Häuser. Zidon / Zibith und sonderlich Aden sind vornehme Handelsstädte.

Das steinigte Arabien. Im steinigten Arabien/ welches an das gelobte Land stössset und an Egypten/ ware die Stadt Petræa davon biß Land Petræa Arabia genennet worden; item In H. Schrifft das steinerne Berge: Sinai und Horeb; die Saracener heissen dieses Land Barrah.

Wüst-Arabien/ so izo Aden heisset/ hat das steinichte Arabien/ wie auch Syrien gegen Abend: Gegen Mitternacht aber Mesopotamien/ gleichwie gegen Morgen Babylonien/ und gegen Mittag reich Arabien/ ist wenig / und an etlichen Orten gar nicht bewohnet.

Das wüste Babylonien. Babylonien in heiliger Schrifft Sinear/ izo Kaldar/ von dessen besten Stück Chaldæa genennet/stösset gegen dem Abend an Wüst Arabien und Mesopotamien/ von welchen es der Fluß Euphrates abscheidet : gegen Mitternacht an Assyrien/gegen Morgen an Susanam / von welchen beyden Ländern es durch den Fluß Euphrat und Tiger ( so an Susiana zusammen kommen ) abgesondert; gegen Mitternacht an den Persischen Meerschoß. Darinn zwischen dem Fluß Regio und Euphrat lage Babylon/ woraus Bagdad hernach erbauet worden/ aber nicht auf eben dieselbe Stelle.

Mesopotamien. Mesopotamia stösset gegen Morgen an Babylonien/ gegen Mitternacht an Assyrien/gegen Abend an Syrien/ und gegen Mittag Wüst Arabien. Die vornehmste Städte darinnen waren Edessa und Carne/ izo Caran / sonst Haran geheissen / wo Abraham gewohnet.

Syrien izo Soria. Syrien izo Soria/ begreifft heutiges Tages in sich Cöle-Syrien/ Palästina / Phönicien/ Antiochien/ und

N ij

und Comagena. Stößt also gegen Morgen an Mesopotamien und Wüst Arabien / gegen Mittag an das steinige Arabien; gegen Abend am Mittel-Meer / und an Cilicien / oder dessen Berg Amanum / gegen Mitternacht an das Armenier-Gebürg.

*Coelosyrien.* Coelosyrien / oder das hohle Syrien / lage zwischen dem rechten Syrien / Arabien und Mesopotamien / darinnen sind folgende Städte die vornehmsten:

*Stadt Damascus.* Damascus ist die Hauptstadt / liegt in einer sehr lustigen Gegend / an der Wurzel des Berges Libanon. Hat ein schön Castell mitten in der Stadt / allwo also zeit ein Türkischer Bassa Hof hält.

*Aleppo.* Aleppo ist eine gewaltige Stadt / hat ein herrliches Schloß auf einem sehr hohen Berg. Ist sonst wegen ihres großen Gewerbs und Kauffhandels in ganz Orient berühmt.

*Assyrien.* Assyrien ist heutiges Tages unter Türkischer Bottmäßigkeit: Mosul ware vorzeiten Ninive von Assur erbauet / ligt am Tigris-Fluß / hielte vorzeiten 490. Schritte in sich; hat bald den Persianern / bald den Türken zum Herrn / heut zu Tage ist sie unter Türkischer Bottmäßigkeit.

*Stadt Mosul.*

*Erzerum.* Erzerum ist die Hauptstadt in Assyrien / wo heutiges Tages ein Beglerberg residiret / wird auch Aeronsa / und Azamia genennet.

*Palästina.* Palästina wird das Stuck des gelobten Landes / so am Meer lieget / und da die Philister gewohnet / genennet / sonst aber auch vor das ganze gelobte Land genommen. Stößet gegen Morgen an Coelosyrien / gegen Mittag an das steinige Arabien / gegen Abend an das Egyptische Meer; gegen Mitternacht an Phönicien und den Berg Libanum / und begreifft in sich: Idumaea / Judaea / Samaria / und Unter-Galilaea.

*Idumaea.* In Idumaea war Edom / ist Anthade oder Agrippuld / und Gaza / Ascalon / Abdod / Accaro / Jamnia / rc.

*Judaea.* Judaea oder das Jüdische Land ist zweyerley / eines disseits / das andere jenseits des Jordans. Disseits des Jordans liegt Joppe ito Jasa / Lydda sonst Diospolis; Modhin und Jerusalem / dieses ist heutiges Tages in Form eines langen Zirkels erbauet / begreifet vier Welsche Meilen / hat eine gute Ringmauer / ist sehr schön und lustig. Der Berg Calvariae liegt ist mitten in der Stadt. Wird von Christen / Saracenen / Maroniten / Nestorianern / Georgianern / Abyssinern / Juden / Araben und Türken bewohnet. Sonst gehöret auch hieher Hebron / Rama / Emaus / Bethlehem / Bethanien / Jericho rc. In Judaea Peraea / das ist / jenseits des Jordans / oder dem vorigen gegen Abend / liegen Bethabara / Macherus Sudoci / Hasbon rc.

*Stadt Jerusalem.*

*Samaria.* In Samaria / so zwischen Judaea und Galilaea liegt Apollonia / Caesarea / Samaria / ito Sebaste / Sichem oder Sichar / Napolosa / Betharampta / Ephron / Phiel.

*Unter Galilaea.* Unter-Galilaea liegt Samarien gegen Mitternacht / und sind darinnen Capernaum / Bethsaida / Tiberias / Genezareth / Nazareth und klein Cana.

*Phönicien.* Phönicien liegt unter Galilaea / gegen Mitternacht / zwischen dem Berg Libano / und dem Fluß Eleutheri; darinnen eines heißet eigentlich Phönicien / sonst Ober-oder der Heyden Galilaea genennet / und liegt zwischen dem Fluß Cherseo / und dem Berg Anti-Libano / und sind darinn Ptolemais oder Acron / Torus / ito Sur oder Zur / Sorepto und Sidon alle am Meer.

*Ober-Galilaea.*

*Syrophöni-cien.* Syrophönicien wird genennet / was nemlich zwischen dem Antilibano und Libano / oder disseits des Flusses Eleutheri lieget / darinnen auch Baruto / Tripoli / die vornehmste Handelsstadt in Syrien; Alexandretta.

*Antiochien.* Antiochene oder Antiochia / liegt dem vorigen auch gegen Norden / zwischen dem Fluß Eleutheri und dem Berg Amano an Cilicia. Darianen sind die

Städte Laodicea / Apamia / Seleucia / Pieria mit dem Zunamen; Antiochia die Hauptstadt.

*Comagene.* Comagene liegt dem vorigen auch gegen Norden / zwischen dem Armenischen und Cilicischen Gebürg / Tauro und Amano / und dem Fluß Signa / dar ein ware die Hauptstadt Comagene; Samosata ist wegen des Ketzers Luciani Samosateni bekannt.

*Natolia.* Natolia sonst Anatolia / auch Klein Asien genannt / liegt wie eine halbe Insul / begreifft in sich Cilicien / Pamphylien / Lycien / Klein Asien eigentlich also genommen / Pontum / und Bithynien / Galatien und Cappadocien.

*Cilicia.* Cilicien / ito Carmania / liegt Syrien gegen Abend / oder auch Nordwesten / darinnen Issus / Tarsus oder Terassa.

*Pamphylia.* Pamphylien ito Mentaseli liegt dem vorigen gegen Westen / am Berg Tauro; darinn ist die Land / schafft Carbalia; und ein Theil von Pisidia; die vornehmsten Städte sind: Antiochia / Pisidia / Seleucia / Perga und Attalia.

*Lycia.* Lycia ito Aldinelli / liegt dem vorigen auch gegen Lycia / Westen oder Abend / an dem Berge Cadmo / und am Meer / darinnen Patara oder Patera.

*Klein Asien.* Klein Asien / oder Asien eigentlich genommen / ist heutiges Tages Sarcum / Descangil und Germian. Zu Sarcum gehörte vorzeiten Caria / und ware darinn Miletum ito Melago / Stratonice / Magnesia / Ayndus / Tripolis / Laodicea / der Fluß Meander fleust in diesem Lande. An dieses stieß Doris / item Jonia / so oberhalb Carien gegen Mitternacht lieget / darinn war Smyrna / Colophon / Ephesus / Item Aeolia / oberhalb Jonien gegen Mitternacht / von etlichen für ein Stuck Mysien gehalten / darinnen waren Phocaea / Cuma / und Elea. Endlich gehört hieher auch Lydia. Neben Sardi waren Magnesia und Philadelphia. Der berühmteste Berg hierinn ware Tmolus.

*Descangil.* Zu Descangil / so dem vorigen gegen Mitternacht / gehöret groß Mysien / darinnen Pergamus / da das Pergamen entstanden / und Trojanopolis; item klein Mysien / so zuvor auch Troas geheissen / darinn Ilium oder Troja / seiner zehenjährigen Belagerung und Zerstörung halber berühmt. Item klein Mysien / darinn Lampsacus / Abydus / Cyzicus / Dardania; item der Berg Ida.

*Germian.* Zu Germian / welches den vorigen beiden zur Ost-Seiten liegt gehöret mehrentheils Groß-Phrygien / darinn Gordia / Cyrenaea / Natolia / daher etliche das Land Natolien nennen.

*Pontus und Bithynia.* Pontus und Bithynia / ito Chiutale / und ein Land / vorzeiten waren ed drey unterschiedliche Länder. Alba ist Chalcedon / ito Scutari / gegen Constantinopel über; ist wegen des Concilii bekannt. Nicomedia heisset ito Nichor. Prusia ist eine große Stadt / unfern vom berühmten Berg Olympo / allwo sich vordessen die Türkische Sultanen oder Kayser aufgehalten / ehe Adrianopel und Constantinopel gewonnen / und unter der Türken Gewalt gebracht worden.

*Galatia.* Galatia oder Gallo-Graecia heisset ito Roni und Chiamcare / und liegt dem vorigen zur Ost-Seiten und Mitternacht am Euxinischen Meer / begreiffet ito in sich Paphlagonien; Sinope heisset ito Sinopi / Galorum ito Salli.

*Cappado-cia.* In Cappadocien / so dem vorigen zur Ost-Seiten / und auch den Euxinischen Meer gelegen / ist ito Amasia / Anabole / Sawad / und Genech die Länder. Die vornehmste Stadt ist Trapezund / wird von einem großen Berg umgeben.

*Armenia. Klein und Groß.* Armenien wird in Klein und Groß-Armenien untertheilet. Klein Armenien ito Pagian und Boyoch / liegt dem vorigen zur Ost-Seiten / dessen Städte Satala Groß und Nicepolis liegen in der Landschafft Artulena / Arana in Orbisana; Nysa ito Nisi in Murisana:

Comaana

Comana in Cataoria; Melitene in Melitena/ so alle zu klein Armenien gehören.

**Groß Armenien.** Groß Armenien/ itzo Turcomannia/ Popul und Curdi stößt gegen Abend an klein Armenien; gegen Mitternacht an die Berge Moschio/ an Colchis/ Iberien/ und Albanien; gegen Morgen ans Caspische Meer/ gegen Mittag an Taurum/ Assyrien und Mesopotamien. Die Städte waren Armauria/Thalina und Thaspia.

**Albania.** Albania/ wie auch nachfolgende zwey Länder/ sind nicht weniger Stück von Groß-Armenien/ liegen alle auf dem engen Lande/zwischen dem Euxinisch-und Caspischen Meer. Albanien ist itzo das Stuck von Georgien/ und waren darinnen die Städte: Albana und Getara.

## Das Zwey und zwanzigste Capitel.
## Von den vornehmsten Inseln in Asia.

**Rhodis.** IN Asien sind unterschiedliche nahmhaffte Inseln/ unter denen diese die vornehmsten sind/ und zwar so sind an der Türkey gelegene Inseln Rhodis und Cypern.

Die Insel Rhodis ligt zwischen der Insel Candia und dem Lande Lycia oder Aldinelli/ und ist berühmt wegen der Johanniter Ritter/ und wegen des grossen Sonnenbildes und Coloß. Die Stadt und Vestung ist vor Zeiten eine Hohe Schule gewesen; hat einen zweyfachen Meer-Port.

**Cypern.** Die Inseln Cypern sonst auch Macaria genennt/ liegt zwischen Cilicia oder Syria/ gegen dem Golfo de Laiazo/ zwischen dem 34. Gr.40. Min. und 36. Gr. 12. Min. latitudinis, oder 63. Gr. 16. Min. und 67. Gr. 24. Min. longitudinis, Anno 1570. zuvor gehörte sie den Venetianern.

**Maldivische Inseln.** Die Maldivischen Inseln/ welche an der Seiten Malabar besser gegen Westen/ zwischen dem 1.Gr. 12.Min. Mittägiger/ und dem 7. Gr.24. Min. Mitternächtiger Breite/ oder dem 100. Grad 36. Minuten/ und 105. Gr.48. Min. longitudinis liegen/ derer etliche tausend seyn sollen. Der vornehmste Ort darinn ist Mall.

**Ceylan.** Die Insel Ceylan ligt 34. Meilen von C. de Comorien/ hat fast eine Oval-Figur/ erstreckt sich 52. Meilen in die Länge/ nemlich von Puint de Galle/ welche nach dem Süd-West die äusserste Eck unter dem 6½. Grad bis an Jarom/ das andere Eck/ gegen der Küste Coromandel unter dem 10. Gr. Die Breite wird auf 37. Meilen gerechnet. Die vornehmsten Orte darinn sind; Puint de Galle am Süder-Eck / so vom Lande etwas hervor in die See schiesset/ gehört dem Holländern/darauf sie so wol als die Portugiesen starken Cammel-Handel treiben. Columbo gehört den Portugiesen/ ist mit einer starken Vestung versehen.

**Sumatra.** Die Sundischen Inseln sind: Sumatra ligt gegen Malacca über / ist lang auff die 70. Teutsche Meilen; die vornehmsten Städte darinnen sind: Achem / die R. Sidenz des Königs / ist ausserlesen bevestiget / und mit allerley köstlichem Gewürtz versehen. Salembam ist gleichfalls eine grosse und feste Stadt/ mit Lebens-Mitteln und köstlichen Sachen auffs beste versehen.

Iberia itzo das andere Theil Georgiens gegen Iberia. Abend/ ligt dem vorigen gegen Westen/ zwischen dem Berg Moschio und Caucaso. Die Städte darin sind Cubent/ Smarachi/ Zabrun/Sarachi und Tiflis/ so Mustapha Bassa Anno 1578. dem Persianer abgenommen.

**Colchis.** Colchis/ itzo Mengrelia/ ligt dem vorigen gegen Westen/ zwischen dem Berge Caucaso und dem Fluß Coraxe/ ist berühmt wegen des güldenen Flusses/ welches Jason mit Hülffe der Medea/ des Königs in Colchide Tochter/ überkommen. Darinn ist heutiges Tages Saratopolis/ eine nahmhaffte Stadt / hatte vor Zeiten 300. Nationen so sich wohnen/ derer jede ihre sonderbare Sprache redete.

Java ligt im Süderheil unter Sumatra/ **Java.** 7. Grad vom Æquatore. Die vornehmsten Oerter darinnen sind: Materan ist die Residenz des Königs/ welcher anderthalb hundert tausend Mann ins Feld stellen kan; seine wartet lauter Weibes-Volk auf; der Ort ist schlecht auferbauet. Jacarra oder Batavia ist der Holländer eigne Stadt / hat ein Castell an der See gelegen/ viel Bollwerke/ und ist mit groben Stücken wol versehen. Bantam ist auch eine grosse Stadt/ liegt 12. Meilen von Batavia / hat einen grossen Hafen/ steinerne Mauren und metallene Stücke/ die Häuser sind schlecht/ und nur mit Palmen-Blättern bedecket.

**Borneo.** Borneo ligt von Java nach Norden / recht unter der Æquinoctial-Linie/ soll im Umkreiß 250. Meilen begreiffen. Die vornehmsten Städte darinnen sind: Borneo ist die Hauptstadt und Residenz des Königes. Die Häuser/ deren über 200. sind nur von Holz/ die Mauren aber von Steinen aufgeführet. Bendarmassin/ hat einen Fürsten zum Regenten/ der dem König zu Borneo unterworffen/ ist ziemlich groß/ doch schlecht verwahret.

**Philippinische Inseln.** Unter den Philippinischen Inseln ist die vornehmste Lucon/ und die berühmteste Stadt und Vestung heisset Manilla/ allwo der Spanische Gubernator und ein Bischoff wohnet. Die Einwohner sind schlechte einfältige Leute/ und haben sich bey Ankunfft der Spanier häuffig tauffen lassen.

**Moluccische Inseln.** Unter denen Moluccischen Inseln werden verstanden erstlich die so genannte Moluccische/ darinn die Holländer Malaja besitzen/ ist eine sehr starke Vestung. Ferner Gilolo/ darinn der Haupt-Ort Gilolo bekommen / welcher aber wegen allzugrosser Hitze schlecht bewohnet ist. Und dann Celebes/ eine sehr grosse Insel/ da der Haupt-Ort auch Celebes heisset; die Einwohner waren vor diesem Menschen-Fresser/ sind aber itzo leutseliger. Macassar ist schlecht bevestiget/ die Einwohner sind Heyden / Mahumedisten und Christen.

**Japonische Inseln.** Unter den Japanischen Inseln sind die vornehmsten: Niphon/ darinn die Stadt Miaco/ Ximo/ darinn die Stadt Figer/ Xicoo/ darinn die Stadt Tosa.

## Das Drey und zwanzigste Capitel.
## Von dem III. Theil des Erdkreisses Africa/und erstlich von Egypten.

**Woher Africa den Namen bekommen.**  AFrica/ als der dritte Theil des Erdkreisses/ wird also genennet/ entweder von Africo/ dem König im Reich Arabien; oder vom Asro/ des Abrahams Nachkömmling / oder vom Griechischen Worte φ́κη; daß also Africa so viel heisse/ als ohne Kälte. Grenzet gegen Morgen mit dem Jüdischen **Grenzen.** Lande/ und besitzt Wüste/ mit dem steinigten Arabien und Sues/ als auch mit dem Arabischen Meerbusen und rothem Meer / dadurch es von Asien wird abgesondert. Gegen Mittag stösset es an das Æthiopische See/ gegen Mitternacht an die Meerstraße Gibraltar/

D

*Länge.* br altat/oder die Mittelländische See. In seiner gröſſeſten Länge/ nemlich von der Seeſtraſſe Gibraltar/ bis an das Ecke der guten Hoffnung/ begreiffet Africa 1200/und in ſeiner gröſſeſten Breite/ welche man vom

*Breite.* grünen Eck oder Cabo de Verde/ bis an das Vorgebürg Guardaful/ neben dem Munde des Arabiſchen Seebuſens rechnet 1050. Meilen.

*Eintheilung.* Africa wird gemeiniglich in ſieben Haupt-Theile oder Haupt-Gegenden eingetheilet/ als da ſind: Egypten/ Barbarey/ Biledulgerit/ die Wüſte Sarra/ das Land der Schwarzen/ Ober-und Nieder-Ethiopien oder Mohrenland. Von allen dieſen Ländern wollen

*Egypten.* wir kürzlich hier zu handeln uns befleiſſigen: Egypten hat zu Grenzen gegen Morgen das Arabiſche Wüſteneyen/ welche zwiſchen dem roten Meer und Egypten lie-

*Grenzen.* gen. gegen Abend die rauhen Lybiſchen Berge/ und Barbiſchen Wüſteneyen/ als auch Nubia; gegen Mittag Ethiopien oder Abyſſina/ die Bugiſchen Wildtniſſen/ und die Waſſer-Fälle des Nils/ und endlich gegen Mitternacht die Mittelländiſche See. Liegt zwi-

*Länge.* ſchen dem 31.Gr.20.Min.und 23.Grad 15.Min. latitudinis, oder zwiſchen dem 61.und 65.Gr.longitudi-

*Breite.* nis. Iſt alſo lang von des Nils Einfluß in das Meer/ biß nach Meracumpo/ ohngefähr auf 127. Teutſcher

*Abtheilung.* Meilen. Breite von Sues/ am roten Meer/ biß nach Alexandria/ fait eben ſo weit. Wird abgetheilet in Ober-und Unter-Egypten; oder in das Mittägige und Mitternächtige Egypten/ wird auch Thebais/ so Sahyd genennet/ und iſt wieder zweyerley. Eines/ ſo dem Fluß Nilo gegen Morgen liegt/ wird das Arabiſche Egypten genennet; das andere dem

Nilo gegen Abend gelegen/ wird das Lybiſche Egypten genennet. Unter-Egypten/ welches ſich bey Cairo anfähet/ und unten am Egyptiſchen Meer endet/ wird auch Delta genennet/ von ſeiner Figur △. Und iſt auch zweyerley: Erriſia/ ſo gegen Abend/ und Maremma/ ſo gegen Morgen lieget. Die vornehmſten Städte/ ſo allhier befindlich/ ſind folgende:

*Städte: Alcair oder Caito.* Cairo/ oder Alkair/ iſt die Haubtſtadt des ganzen Landes/ wird in vier Städte/ als Bulach/ Charaffa/ Alt-Kair/ und Neu-oder-Groß-Kair abgetheilet. Ubertrifft an Gröſſe die Städte Rom. Conſtantinopel/ und viel andere. Hat ein treffliches Schloß/und viel andere herrliche Gebäue.

*Alexandria.* Alexandria/ wurde Anno 300. vor Chriſti Geburt von Alexandro Magno erbauet/ ligt am Uſer des Mittelländiſchen See/ als ein länglichtes Creuz/ hält im Umfreiß in die 12. welſche Meilen/ wurde Anno 1624. von den Seerachbern ſehr verwüſtet/ wiewol in etwas wieder erbauet.

*Damiate.* Damiate/ ligt ohngefehr zwo Meilen von der See/ am Uſer des Nils/ von Gröſſe/ Gebäuen und Gegend ſehr berühmt. Wurde A.C.1217. von den Chriſten/ und A.1222. von den Türken erobert.

*Sayd.* Sayd/ ligt in derjenigen Landſchaft/ welche Delta genennet wird/iſt wol ſo groß/ oder zimlich bevölkert/ und mit ſchlechten Gebäuen verſehen.

*Suez.* Suez/ ligt auf dem Eck oder den Grenzen des Arabiſchen Meerbuſens/ ohngefehr 3. Tagereiſen von Alkair/ iſt rumb herum mit einer fruchtbaren ſandigten Wüſten umgeben/ hat einen trefflichen Hafen an der Nord-Seite der roten See.

## Das Vier und zwanzigſte Capitel.
## Von der Barbarey/ Biledulgerit und der Wüſten Sarra.

*Woher die Barbarey den Namen bekommen.* Ie Barbarey hat entweder den Namen bekommen/ von der ungehobelten Sprach und Sitten der Einwohner deſſelben inſgemein/ oder von denen vielen Wüſten und Einöden/ ſo in der Barbaren Sprache Bar heiſſen. Es ſtöſſet aber

*Grenzen.* gegen Morgen an Egypten/ gegen Abend an das Mittel-Meer/ ſo doch keine unterſcheidliche Namen daſelbſt hat/ als das Lybiſche/ das Cyrenaiſche/ Puniſche/ Africaniſche/ Numidiſche/ Iberiſche: Gegen Abend an das

*Lager.* Atlantiſche Meer: Gegen Mittag an Gätuliam oder den Berg Atlantum/ den gröſſeſten/ ingleichen an das innere Lybien/ und deſſen Wüſten/ wie dann auch an Ethiopien unter Egypten. Ligt alſo zwiſchen den 24. und 36.

*Länge und Breite.* gr. latitudinis, und zwiſchen dem 9. und 61.gr. longitudinis. Iſt dannenhero lang 676. teutſcher Meilen/ von Alexandria bis an das Atlantiſche Meer. Breit iſt dieſes Land nicht über 180. Teutſcher Meilen/ wo es am breiteſten.

*Abtheilung.* Peter d'Aviten und andere/ welche Dara nicht unter die Barbarey/ ſondern unter Numidien und Biledulgerid rechnen/ theilen ſie in 5. Theile oder Königreiche/ als: in Marocco/Fez/Algier/Tunis/und Tripoli. Und dieſes tauſche Fräulich unterſcheiden/ wann man die zwey Königreiche Telenſin und Tremiſe an das Reich Algier heftet/welches vor dieſem ein Theil des Tremiſiſchen Reichs ware/ und dann auch Barka dem Tripoliſchen Reich einverleibet.

*Königreich und Stadt Marocko.* Das Königreich Marocko wird in ſieben Landſchaften getheilet/ als da ſind. Marock/ Hea/ Sus/ Guzol/Dukale/Eſkure oder Haskore/ und Teble. In der Landſchaft Marocko iſt die Haubtſtadt gleiches Namens/ligt zwiſchen den Flüſſen Neſſis und Agmet/ iſt mit einer hohen Ringmauer/ einem Wall / und etlichen

Stadtgräben verſehen. Hat ein herrliches Schloß und koſtbaren Garten/die meiſten Kirchen ſind von Marmol gebauet. Sonſt ſind in dieſem Lande folgende Städte: Agmet/Elgiumube/Tagarat/Teneſe/Gemaagibid/ Tenuſet/Imziſmuy/Tambagoſt/Animmel.

*Landſchaft Hea.* In der Landſchaft Hea ſind folgende Städte beſindlich: Teduſt/Agogel/Aguel/Tefukel/Habefel/Tenrevit/Leutugagum/Teſogdelt/Tegteſe/Erdevet/Kuleibat/Elmuhadin/Treſene/Gazole/Tafalle/Magadot/Engzleguuigals Halid.

*Landſchaft Sus.* In der Landſchaft Sus iſt die Haubtſtadt Taruduant/erſtrecket ſich in die Länge auf 18. Meilen/in die Breite aber auf 8. Meilen/ligt am Fluß Agus/ware vor Zeiten die Haubtſtadt des ganzen Maroccdiſchen Königreiche. Die übrigen Städte ſind: Meſſe/Teyrut/Garedy Faraixa/Tedſe/Tagoaſt/Agre/Geribadem.

*Dukale.* In der Landſchaft Dukale ſind folgende Städte ſo: Azamor/Elmedina/Mazagan/Tit/Kantin/Saffi/Kante/Maramer/Jremu/Miarbir / Sudept/Tamarxes/Tergel/Benefaltz/Bulaguam.

*Haskore.* In der Landſchaft Haskore ſind die Städte: Elmadini/Alendin/Tagodaft/Elgiumuba/ und Bzo. In Teble

*Teble Gayule.* Teble ſind: Teſſe/Firtele/Zithet/und Eſtiat. In Gezule ſind gar keine bemauerte Städte/ und nichts als offne Dörffer/darunter etliche über 1000. Häuſer begreiffen.

*Königreich Landſchaft und Stadt Fez.* Das Königreich Fez hat ebenfalls ſieben Landſchaften/ Fez/ Temeſne/ Azgar/ Habat/ Erriff-Garet und Chaus. In der Landſchaft Fez/iſt die Haubtſtadt ebenfalls Fez/ mit wenig Bollwerken bevestiget/ hat 86. Thore/700. Kirchen/ und 62. Markplätze/ 200. vornehme Gaſſen/ der Fluß Fez ſchieſſet mit zweyen Armen in die Stadt. Die andern Städte ſind: Saler/ Teſenſare/Magmora/Mekines/Eſſiſet/Gemaa el mem

**Landschafft Temesne.**

mem/ Hamis Metagare/ Beni Bezil/ Makarmeda/ Habab/ Zavi/ Halvan/ und Tituli.

In der Landschafft Temesne sind die Städte: Korkos/ Almanfore/ Sala/ Kotima/ Rabat/ Nuchaile/ Abendum/ Tegegat/ Hain el Chaba/ Maderauvan/ Tagia und Zarfa. In der Landschafft Asgar sind die Städte Larache/ Elguincha/ Cosar el Cabir. In der Landschafft Habat ist berühmt die Stadt Tanger/ eine uralte Stadt am Uffer der Welt-See/ bey dem Ecke der Seerstraffe Gibraltar. Wurde Anno 1463. von Alfonso dem König in Portugal erobert/ ist heutiges Tages in des Königs von Engeland Gewalt. Ferner sind in dieser Landschafft die Städte: Tazimat/ Arzille/ Kosar Ezgachire/ Ezagen/ Beni Teude/ Mergo/ Tamsor/ Agla/ Natangien/ Bezat/ Homam/ und Tettegin.

**Landschafft Cerif.**
**Gareb.**
**Chaus.**

In der Landschafft Cerif sind die Städte: Komeri/ Tezga/ Tellez/ Bedis/ Gebba/ Tegaffe/ Seusaon/ Guazeval. In der Landschafft Gareb sind die Städte: Tarfogarello/ Fetis/ Tariotirato/ Meielle/ Kosafa/ Tezzote und Megara. In der Landschafft Chaus sind: Teurent/ Hadagia/ Garffis/ Dabdu/ Wezza/ Soffroo/ Meihaga/ Benihuhlud/ Hamlichoan/ Mendia/ Cetetga/ Umenverbraide/ Gerseluin.

**Landschafft, ten des Königreichs Algier.**
**Haubt-Städte Tremezen und Algier.**

Das Königreich Algier hält folgende Landschafften in sich: Tremezen oder Telensin/ Angad/ Benzararid/ Miliana/ Kufo/ Labes/ Tenes/ Tebeza/ Humarbat/ Haresolo/ Horan/ Sargel/ Algier/ Pugien/ Gigeri/ Constantine/ und Bone. Telensin oder Tremezen ist die Hauptstadt der Landschafft dieses Namens/ liegt 5. kleine Meilen von der mittelländischen See/ hat 5. Thore/ ein groffes Schloß/ 8. Haubtkirchen/ 10. Marktplätze und zierliche Häuser. Algier ist eine uralte Stadt in der Landschafft gleiches Namens/ ihre Ringmauren haben in ihrem Umkreis 3400. Schritte/ in die 1 5000. Häuser werden allda gefunden. Der Baffa oder Unterkönig hat ein herzliches Schloß. Die übrigen Städte sind in Tremezen: Hubet/ Trezgare/ Tezele/ in Angad: Guagide/ Tenzegast/ und Jili. In Benti-ararid: Beniarap/ Kalaa/ Umohaskar/ Bota. In Miliane: Miliani/ Megune/ Teffare. In Kufo: die Stadt Kufo. In Labes/ das Schloß Kalaa/ Antenes/ die Stadt gleiches Namens. In Tebeza/ ebenfalls Tebeza. In Humanbar: Tebekrit/ Ned-Rohm und Humanbar. In Harefol eine Stadt gleichen Namens. In Horan: Horan/ Mazagran/ Mostagan. In Sargel: Sargel und Brezkar. In Algier: auffer der gedachten Haubtstadt/ Metafus/ Teddeles/ Safa und Kol del Mudejaten. In Pugien: Bugien/ Mzile/ Dieffe/ Nekaus. In Gigeri: Gigeri. In Constantine: Constantine/ Kollo/ Sufaidada/ und Estore. In Bone: Bone/ Melzte/ und Tabarka. Die Franzosen haben in diesem Königreich Algier eine Festung/ welche sie Bastian de France nennen.

**Königreich und Stadt Tunis.**

Das Königreich Tunis hält in sich die Stadt Tunis/ die Herzschafft und Vestung Goletta/ die Stadt Carthago/ die Herzschafft und das Städtlein Biserte/ die Haubtmannschafften Urbs und Baggie/ die Landschafft Suse/ die Herzschafft und Stadt Africa/ oder Mahadie/ die Landhaubtmannschafft Kairaoan/ die Insel Tabarka und Galita. Tunis ist die Haubtstadt des Königreichs/ ligt 2. Meilen von der mittelländischen See/ hält eine kleine Meile im Umkreis/ hat eine Ringmauer/ die 40. Ellen hoch ist/ die Türken haben sie sehr übel zugerichtet; die Baffa Schloß ist schön gebauet.

**Königreich und Stadt Tripolis.**

Das Königreich Tripolis begreiffet heutiges Ta-

ges die Landschafften: Tripol/ Gerbes/ Ezza/ Mezellata/ Mehrata/ Taurta/ Barka oder Marmarita. Die Haubtstadt in diesem Königreich heißt ebenfalls Tripoli/ ist nicht groß aber sehr Volkreich/ hat sehr hohe und starke steinerne Mauren/ und zwo Schanzen/ item schöne Kirchen. Die Einwohner sind meistentheils Türken und Juden.

**Barka.**

Barka ist die Haubtstadt in der Landschafft gleiches Namens/ allwo der Unterkönig von Tripoli einen Befehlhaber liegen hat/ welcher allda gebietet. Die Einwohner leben den Wilden nicht viel ungleich.

**Biledulgerit.**

Biledulgerit oder Numidien/ oder auch das Datteland genannt/ beginnet Oftwerts an der Stadt Elekar/ die ohngefehr 25. Meilen von Egypten entfernet; und stöffet gegen Abend an das Land Run/welches an der groffen Welt-See lieget/ gegen Mitternacht an den Sudlichen Fuß des Berges Atlas/ und gegen den Mittag an die Lybische sandigte Wüste. Es begreiffet folgende Landschafften und Landstriche: Sus/ Ettula/ Nun/ Teffel/ Ifran/ die Landschafft oder das Königreich Dara: Tasilet/ Inata/ Segelmeffe/ die Landschafft Quemeg/ Matgara/ Ritel/ Bachilet/ Todga/ Farfala/ Tezerin/ Beriguani/ Bene-Beffeci/ Guazde/ Fizir/ Tesebir/ Tegorerin/ Mesiab/ das Königreich Tekert/ die Herzlichkeit Guargala/ die Landschafften Zib/ Biledulgerit/ Torregu/ Jar-izten/ Gedemes/ Kuffon oder Ferfen. Die vornemsten Städte darinnen sind: Teffet in der Landschafft gleiches Namens/ mit viel Mauren umzäunet/ begreifft ohngefehr 400. Haußgesinde. Die Einwohner sind hefflich von Gestalt. Tinzulin ist die allergrößte Stadt der Landschafft Darha/ hat ein sehr schönes Schloß.

**Landschafften.**
**Städte.**
**Teffet.**
**Tinzulin.**

Tafilet ist die Haubtstadt des Königreichs gleiches Namens/ mit hübschen Mauren versehen/ hat ein starkes Schloß/ es wohnen allda in 2000. Haußgesinde.

**Tafilet.**

Segelmeffe/ ist die Haubtstadt der Landschafft gleiches Namens/ ligt in einer Fläche/ an dem Fluß Ziz/ hat schöne und hohe Mauren/ und eine ziemliche Menschafft.

**Segelmeffe.**

Tegorarin/ ist die Haubtstadt der Landschafft gleiches Namens/ ein ziemlich weitläuftiger Ort.

**Tegorarin.**

Teufar/ ist eine alte Stadt in der Landschafft Biledulgerit/ in zwey Theile getheilet/ das eine bewohnen die Africaner/ und das andere die Araber.

**Teufar.**

Kaffa ist eine alte Stadt/ welche die Römer gestiftet/ hat ein schönes Schloß/ deffen Mauren sind 25. Ellen hoch/ und 5. dick. Hat hetzliche Kirchen und viel Volks.

**Kaffa.**

Sarra oder Zaara/ oder Lybien stöffet gegen Mitternacht an die Numidische Wüste/ gegen Morgen an Egypten/ gegen Mittag an das Land der Schwarzen/ und gegen Abend an die Weft-See Weltlze/ die fürnemsten Wohnplätze darinnen sind: Zuenziga/ in der Wüste gleiches Namens/ mit Arabern und Arabern bewohnet/ welche sich gar schlecht behelffen.

**Sarra oder Zaara.**
**Zuenziga.**

Targu/ in der Wüste gleichen Namens/ wird von Targu/ Arabern bewohnet/ welche zu früh das gefallene Manna fahlen.

**Targu.**

Lempta in der Wüsten Izuidi/ ein ungefunder Ort/ wird von trotzigen/ viehischen und wilden Volk bewohnet.

**Lempta.**

Berdau ist die vornehmste bemauerte Stadt in der Wüste gleiches Namens/ sehr bevolket. Noch andere Wüsten sind allda befindlich/ namentlich Zanbaga oder Zenega/ Tegaza/ Haich oder Terga/ Augele/ Serte und Algarchel.

**Berdau.**

## Das Fünf und zwantzigste Capitel.
# Von dem Land der Schwarzen/ Nieder-und
## Ober-Ethiopien.

*Grentzen des Landes der Schwartze.*

Aß Land der Schwarzen grentzet nach dem Morgen zu/ an den Nil/ nach dem Abend zu/ an die westliche Welt-See; gegen Mitternacht an die Lybischen Wü-sten/ und gegen dem Mittag an die Ethio-pische Welt-See. Hierinnen liegen viel Königreiche und Landschafften/ eines theils Landwerts ein/ eines theils nach dem Mittage zu/ längst der See. Die Kö-nigreiche innerhalb Landes/ davon ein iedes nach sei-nem Haubt-Ort genennet ist/sind: Gualata/Guinei/ Melli/ Tombut/Gago/ Guber/ Agades/ Kano/ Ka-sene/ Zegzeg/ Zamfara/ Guangara/ Burne/ Gaoga/ Nubien/ Bito/ Temiani/ Dauma/ Modra/ Gorhan/ Sennen/ und die Wüste Set und Seu. Die ersten 15 Königreiche liegen meistentheils am Flusse Niger/ durch welche die Kauffleute von Gualata sehr sicher nach Meair reisen/ wiewol der Weeg ziemlich lang ist. Die andern/ als Bito/ Temiam/ Dauma/ Madra/ Gorhan und Sennen liegen mehr südlicher und nach dem Morgen zu.

*Seine Königreiche und Land-schafften.*

Die an der See gelegnen Landstriche/ We-sten nach Osten/ sind das Königreich Zenega/ oder das Land der Jalofer/ das Königreich Gambea/ als auch Kassan/ Kantor/ und Versala/ das Königreich der Barbesinei/ Arriaveer und Zalupper/ das Königreich der Kasanger und Kasamanser/ der Buranner/ die Inseln der Blieger/ oder Bigiohober/ die Königreiche Guinale/ Biguba/ Mandinga/ Bena/ Sou-sos/ Serre Lions/ oder Belimberre/ die Inseln der Götzen/de los Idolos genennet/ Bravas/ das gantze Guinee mit seinen untergehörigen Landschafften/ Strauden und Königreichen/ als die Landschafften Boini/ Zilm/ und Quiliga/ das Königreich Quoia/ der Seestrand/ das Vorgebürgs Mesurado/der Korn-Strand/ der Elephanten Zahn-Strand / Quaqua als auch der Sechs-und Fünf-Bands-Strand/ der Gold-Strand/das Königreich Atzin oder der Achin/ die Landschafft klein Inkassan/ die Landschafft oder das Königreich Anten/das Königreich Guassio oder Groß Kommende/ das Königreich Fetu/die Vestung Mei-ne/ oder zum H. Gürgen/ das Königreich Sabu/das Königreich Fantin/ das Königreich oder die Land-schafft Agruana/ das Jan-Konkomsland/ das Königreich Atara/ das Königreich Labdeber/die Land-schafft Ringo/das Königreich Jomira/ das Königreich Groß Inkassia/ das Königreich Inkassia Jaqina/ die Landschafft Sabeu/die Königreiche Abem/ Mom-pa/ Bassa/ Wausi/ Abrandoe / Kusforo/ und Bo-noe/ die Landschafft Arti/das Königreich Akanien/ die Landschafft Inta und Abim/ Atam/ Aqua/ San-quai/ Arumboe/ Abonu/ Quaboe/ Tafoe/ Aboera/ Kammanah/ Sckoea/ Yatabi/ Akarabi/ Insoko/ die Königreiche Ardeo/ Ullami/ Benin/ Isagoe/ Jaboe/ Odobo/ Istanna/ Gaboe/ Biafar/ Auverre oder Farkaboe/ die Landschafften Kalbarien/ Krike/ Mako/ Bani/ die Landschafft Ambobino/ oder das hohe Land der Amboer/ die Inseln des Amboes/ die Insel Koris-ko/ die Länder bey dem Flusse Gabon/ und das Vor-gebürge Lope-Gonsalves.

*Städte.*

Die vornemsten Städ-te in diesem Königreich/ und Ländern sind: Gaga an der Gage/ liegt am Fluß Zenega/ in dem Königreich gleiches Namens/ hat gantz keine Ringmauer auch nur schlechte Häuser/ doch ist das Königliche Schloß sehr prächtig erbauet.

*Gaga.*

*Borno.*

Borno ist die Haubtstadt des so benamsten Kö-

nigreichs/ mit schlechten Wohnungen versehen; Die Einwohner leben ohne Gottesdienst wie das Vieh.

Gualata ist die Residenz des Königs von Guala-ta/ hat keine Mauren. Die Einwohner leben ärmlich/ und beten das Feuer an.

*Gualata.*

Genhoa ist der Haubt-Ort des Königreichs glei-ches Namens/ gantz offen; die Häuser sind nur kleine Hütten mit Stroh gedecket.

*Genhoa.*

Tombur ist die Haubtstadt des Königreichs glei-ches Namens/ hatte ehemals prächtige Häuser/ aber ietzund nur kleine Hütten von Holtz und Kreiden ge-macht und mit Stroh gedecket. Doch ist noch allda ei-ne prächtige Kirche und Schloß/des Königs Sitz.

*Tombut.*

Agades oder der auf den Lybischen Grentzen/ ist die Haubtstadt deß so benamsten Königreichs; ist mit Mauren umgeben. Das Königliche Schloß liegt mitten in der Stadt.

*Agades.*

Cano ist die Haubtstadt im Königreich gleiches Namens/ hat eine Mauer von steinigter Kreide/ mit Holtz durchzogen. Die Einwohner nehren sich mit Vieh-Zucht und Land-Bau.

*Cano.*

Cassena ist die Haubt-Ort selbiges Reichs. Die Einwohner sind Kohl-Pechschwartz/ haben grosse Na-sen und dicke Lippen.

*Cassena.*

Gangara ist der Haubt-Ort selbiges Reichs/ un-bemauret. Die Einwohner treiben grossen Kauffhan-del; Ihr König kan 9000. Mann ins Feld stellen.

*Gangara.*

Zanfara ist der Haubt-Ort des Königreichs glei-ches Namens/ schlecht gebauet. Die Einwohner sind grob/ wüst/und bösen Verstande.

*Zanfara.*

Zegzeg ist die Haubtstadt selbiges Königreichs/sehr groß. Die Einwohner liegen wegen der Kälte glühen-de Kohlen unter die Bettstätten/ um auf solche weise warm zu schlaffen.

*Zegzeg.*

Meili ist der Haubt-Ort des Königreichs/ be-greifft über 6000. Haußgesinde/ die Einwohner sind alle Mahometaner.

*Meili.*

Kurcheo/der Haubt-Ort solches Königreichs/hat keine Mauren/und ist schlecht bewohnet.

*Kurcheo.*

Mina/ von einer nechst dabey gelegenen Gold-Mine also genennet/liegt auf den Grentzen des König-reichs Fetu/ist eine treffliche Vestung/ auf einem hohen Steinfelsen/ 32. Ruten lang/ und 14. breit. Die Hol-länder eroberten sie Anno 1637. von den Portugiesen.

*Mina.*

Benin ist die Haubtstadt des Königreichs gleiches Namens/ begreifft in dem Schloß in ihrem Umbfang 5. oder 6. Meilen/ hat sehr zierlich gebaute Häuser und 30. gantz gerade Gassen. Der König kan in einem Tag 20000. Kriegs-Leute zu Felde bringen.

*Benin.*

Nubia ist die Haubtstadt in diesem Königreich/ al-wo der König residiret. Die Einwohner ernehren sich mit dem Kauff-Handel/ sind sehr streitbar; die Stad begreifft ohngefehr in die 10000. Häuser in sich.

*Nubia.*

Gorham ist der Haubt-Ort solches Königreichs. Die Einwohner sind schlimmer als das Vieh/ und verbringen ein elendes Leben.

Auf das Land der Schwarzen folget eine weit-ausgestreckte Gegend/ welche die Land-Beschreiber ge-meiniglich Nieder-Ethiopien/ gleichwie das Abissi-nische Reich Ober-Ethiopien/zu nennen pflegen. Die-ses Nieder-Ethiopien begreifft unterschiedliche Königreiche/ Länder und Völker/ als: Das Königreich Lo-pango oder Bramerland/das Königreich Ansiko/ Ka-tongo/ Goi/ Kongo/ die Landschafft Beckemeale/ Okango/ Koube oder Pombo von Akongo/ das Kö-nigreich

*Nieder-Ethiopien.*

*Länder und Königreiche.*

nigreich Jungeno/ Makoko/ Giribuma/ Pombo/ die Grafschaft oder das Hertzogthum Ambuila/oder Amboille/ das Königreich Angola oder Dongo/ die Insel Lovando/ die Landschaft Quisama/ Libolo/ Benguela/ das Königreich Matamau/ oder Klimbebe/ die Kafferey oder das Land der Kaffer oder Hottentotten/ die Goringhaikoner/ Gorochauker/ Goringhaiket/ Kochocker/ die greissen und kleinen Karigurker und Hosaer/ die Kamauker/ die Koboner/ die Souker/ Namaker / Brigaudier / Heusuler / die Rebben/ und Dachs-Insel/ das Reich Monomotapa/ die Königreiche Azag und Doro/ mit der Landschaft Torosa oder Butua/ das Königreich oder Land Inhambane/ oder Inhamior/ das Königreich Monoemugi/ oder Mimeamaie / Sofala/ das Land Zangebar/ die Inseln Quirimba/ die Königreiche Mongalo und Angos oder Anche/ das Königreich und die Insel Mosambike/ das Königreich Quiloa/ Mondase/ Melinde/ Lamoy Pate/ Sian/ Chelitie/ und Ampaza/ das Land Ajan/ Brava/ das Königreich Madagaro/ Abel oder Zeila/ die Insel Barbara/ Sakotoro/ das neue Arabien oder Trogloditen Land/ das Hafen Arfiko/oder Erikoko/die Insel Mayna/Dalaka/Bebelmandel.

*Städte: Mozambique.*

Die vornemste Städte darinnen sind: Mozambique ist die Haubt-Ort in der Insel gleiches Namens/ ist sehr gross/und hat Mauren mit schön gebauten Häusern/ als auch etliche Kirchen und Klöster/ wie auch sehr grosse Häuser.

*Quiloa.*

Quiloa ist die Haubtstadt des Landes gleiches Namens/ mit hohen Häusern nach der Spanischen Weise gebauet/und mit prächtigen Sälern/ Kammern/ Haußraht und fruchtbaren Gärten versehen.

*Adea.*

Adea ist der Haubt-Ort in solchem Königreich/ ziemlich Volkreich/doch schlecht gebauet.

*S. Salvator.*

S. Salvator liegt mitten im Königreich Kongo/ auf einem sehr hohen Berge/ hat neben Mauren noch Wälle/ doch ein schönes Schloß. Des Königs Hof ist so groß/ als eine gemeine Stadt.

*Congo.*

Congo ist die Haubtstadt des Königreichs solches Namens/allwo der König residiret/ hat saubere Wohnungen/und schöne Gebäue/doch ist die Stadt schlecht befestiget.

*S. Pol de Laonda.*

S. Pol de Laonda liegt im Königreich Angola/ wurde Anno 1568. von den Portugiesen erbauet/ hat viel schöne Häuser/ Kirchen und Klöster. Die Holländer haben sie Anno 1640. erobert.

*Monomotapa.*

Monomotapa/ des Königs Residentz/ hat ein herrliches und sehr grosses Schloß. Fast alle Häuser sind spitzig zugebauet/sehr weit/und mit Holtz und Erde ausgeführet/auch von innen und aussen geweisset.

*Butua.*

Butua/ der Haubt-Ort der Landschaft gleiches Namens/hat herrliche Gebäue/die sehr fest sind. Die Einwohner beschirmen sich vor der Winters-Kälte/ mit Kleidern von Thierfellen.

*Zofala.*

Zofala im Königreich gleiches Namens liegt auf einer Insel des Flusses Quanna/ allwo die Portugalier eine Festung haben/ welche sie Anno 1500. erbanet.

*Ober Ethiopien oder Abissina.*

Das Ober-Ethiopien oder Reich Abissina/ oder der auch Priesters-Jans-Land stösset/gegen Norden oder Mitternacht an Egypten/gegen Morgen an den Arabischen Meerhafen/gegen Mittag an das äusserse Ethiopien. Ist lang von Captia im Lande Belo auf die 510 Teutschen Meilen/ wo es am breitersten/also ohngefehr vom See Nigro/ bis zum See Zatigar/ auf die 360. Meilen. Liegt zwischen dem 23. Gr. Mitternächtiger und dem 16. Grad Mittägiger Breite; also zwischen beyden Tropicis, aber zwischen dem 50. und 83. Gr. longitudinis.

*Länder.*

Die vornemsten Länder sind: Tigre/Bernagas/Angote/Danut/Dambea/Amara/Bagameder/Bizame/Amahara/Narea/Taoa/Magaja/Salemt/Ogara/Abargale/Dolfiat/Saguebe/Seimen/Zalana/Osefa und Dobas.

*Städte.*

Die vornemsten Städte sind/ Barua ist die Haubtstadt in Barnagas/ schlecht befestiget/und nicht zum besten bewohnt.

*Caximo.*

Caximo ware vor Zeiten der Sitz der Königin von Saba/welche Salomon besuchete; allda befinden sich 12. Grab-Spitzen und 2. schöne Kirchen.

*Angote.*

Angote ist die Haubtstadt des Königreichs gleiches Namens/ dicht bey dem Königreich Tigre/ hat in die 1000. Häuser in sich.

*Danut.*

Danut ist der Haubt-Ort im Königreich gleiches Namens/ hat schlechte Wohnungen/ und wenig Einwohner.

*Amara.*

Amara ist der Haubt-Ort des Königreichs gleiches Namens. Die Einwohner sind sehr arm/und beheiffen sich mit gar geringer Kost.

# Das Sechs und zwanzigste Capitel.
## Von den vornehmsten Inseln in Africa.

*Inseln. Madera.*

IN Africa sind folgende die vornemsten Inseln: Madera liegt zwischen dem Ende des Meeres Gibraltar/ und den Canarischen Inseln / unter dem 30. Grad und 30. min. Norderbreite. Hat im Umkreiß 35. Teutsche Meilen/ ist 15. Meilen von Osten nach Westen lang/und 6. breit. Die Haubtstadt darinn ist Fonzal/ des Bischoffs Sitz/ hat 3. Kirchen/ 2. Klöster/ und ein Jesuiter-Collegium.

*Canarische Inseln.*

Die Canarischen Inseln liegen zwischen dem 20. und 26.Gr. Norderbreite/ 70. oder 80. Meilen von der Barbarey/ als da sind:

*Groß Canarien.*

Groß Canarien/ darinn die Stadt Canarien einen Bischoff hat/ auch sind etliche Klöster/ als S. Francisci/ und andere/ darauf.

*Teneriffa.*

Teneriffa liegt 6. Meilen von Groß-Canarien/ unter dem 27. Grad und 30. min. Norder-Breite; der vornehmste Ort allda heisset Laguna.

*Forteventura.*

Forteventura liegt am nechsten an der Barbarey/ unter dem 28. Grad Norder-Breit/ hat 15. Meilen in der Länge/ und 3. grosse in der Breite. Der Haubt-Ort ist Forteventura.

*Lancelote.*

Lancelote / hat in der Länge 12. und in der Breite 7. Meilen. Der Haubt-Ort ist Lancelote.

*Palme.*

Palme/ liegt unter dem 28. Gr. Norderbreite. Der Haupt-Ort heisset Palma.

*Ferro.*

Ferro liegt unter dem 26. Grad und 40. min. Norderbreite. Die Haubtstadt heisset Hierro/ hat eine Kirche und Kloster S. Francisci gewidmet.

*Caboverdische Inseln.*

Die Caboverdischen Inseln liegen gegen über dem vesten Lande Africa; zwischen Cabo Blanc u.Cabo Verd/vom 19. biß zum 15.gr. Norderbreite/ ohngefehr 42. Meilen von dem Lande/ und ohngefehr 90. Meilen in der See. Die fürnemsten Ort darinnen sind:

*S. Jago.*

S. Jago / ist ohngefehr 12. Meilen lang/ Der vornehmste Ort darauf/ wird auch S. Jago genennet/ ist die Haubtstadt dieser und anderer Inseln/ und die Wohnung des Portugallischen Bischoffs.

*S. Nicolo.*

S. Nicolo / ist mit dem Nord-West-Ende unter dem 16. Grad und 20. Minuten gelegen. Hat 7. oder 8. Meilen in der Länge.

*S. Lucia.*

S. Lucia liegt gestreckt Nord-Ost nach Osten/ das Süd-Ende unter dem 16. Grad und 1½. min. ist hoch und bevichtet/ 8. oder 9. Meilen lang.

*S. Vincente.*

St. Vincente ist 5. Meilen lang unter dem 15. Grad te.

P

S.Thomas Insel.

15. Grad / und erstrecket sich West-Süd-West.

Die S. Thomas-Inseln wurden am Thomas-Tage von einem Portugiesischen Haubtmann entdecket. Begreiffet in sich die eigentlich so genannte S. Thomas-Insel / und die Insel S. Helena. Der vornehme Ort darinn ist Pavoahasan liegt mitten in See-Busen / auf einem ebenen Platz / an der Nord-Seite / ist mehr länglicht als rund / begreiffet ohngefehr 1500. Häuser in sich / hat 3. Kirchen / und ein sehr veiles Castell.

Insel S. Helena.

Madagascarische Inseln.

Die Madagascarischen Inseln haben ihren Anfang gegen Norden / von 11. oder 12. Grad und etlichen Minuten. Ihre Länge von Mittag nach Mitternacht zu / wird gerechnet auf 1200. Spanische oder 100. Teutsche Meilen / die Breite auf 70. Meilen. Die vornehmsten Inseln sind: Dauphine / Bourbon und Comerres. Darinn sind befindlich Franshere und die Vestung Dauphin.

Zocotora.

Die Insel Zocotora liegt auf der Norder Breite von 20. Graden und 50. Min. ohngefehr 15. Meilen Sudwerts vom vesten Lande des Königreichs Adel / hat nicht mehr als eine Stadt / auch Zocotora benamset / liegt am Fuß des Vorgebürgs Treta nach Suden zu / da der Sultan oder Arabische Haubtmann seinen Sitz hat.

---

## Das Sieben und zwantzigste Capitel.
# Vom Vierten Theil des Erdkreisses America.

Woher America den Namen bekommen.

**A**Merica hat den Namen von einem Italiener / und von Geburt einem Florentiner / Americo Vesputio; wiewol nicht er / sondern Christophorus Columbus / ein Genueser/daßelbe vor ihme erstesmals entdecket hat. Di-

Grentzen.

ser neue Welt-Theil endet sich gegen Mitternacht an Eißmeer / gegen Morgen an Atlantischen Oceano/ oder Mar del Nort; Gegen Mittag an der Meeres-Enge des Magellani / gegen Abend an Mar del Zur.

Lage.

Liegt dann enhero zwischen dem 67. Grad Mitternächtiger / und dem 54. Grad Mittägiger Breite: Aber

Länge.

zwischen dem 168. und 360. Grad Longitudinis. Ist lang vom C. de Fortuna / bey der Meeres-Enge Anian / biß an die Meeres-Enge Magellani / wann man dem krummen Meer-Gestad nachgehet / 2570. Teutscher Meilen; nach gerader Linie aber / von der Meeres-Enge Anian / biß zur Meeres-Enge Magellani

Breite.

1900. Seine Breite erstrecket sich auf 1396.Meilen.

Abtheilung.

Wird abgetheilet in das Mitternächtige und Mit-

Das Mitternächtige.

tägige America. Das Mitternächtige begreiffet in sich in einer Kürtze folgende Reich und Lande:

Canada.

Canada oder neu Franckreich / neu Engeland / neu Niederland und Virginien. Darinn sind folgende berühmte Ort: Quebec / Bristom / Pompejoc/ Gothebourg / Gnaffebourg / neu Amsterdam / welche letzere Stadt auf der Insel der Manhattaner lieget / um welche ein Wall von Erde gehet / auf deßen äusserstem Bollwerke / nach dem Fluße zu / eine Windmühle / mit einem grossen Stacken stehet. Es ist allda ein Stadthalter.

Florida.

Florida liegt zwischen Virginien / und neu Spannien / ist Anno. C. 1512. von Johann Pontio erfunden worden. Die vornehmsten Ort darinnen sind: Vitarucho / Cofa / Cofachiqvi / Coca/ Qviqval-tangvi / Aminoja / S. Matthæo / Meliot.

Neu-Mexico.

Neu-Mexico wurde Anno 1581. von dem Franciscaner Mönch Augustin Ruis entdecket. Die vornehmsten Ort darinnen sind: S. Fe / oder Neu-Mexico / Acoma.

Neu-Spannien.

Neu-Spannien ist ein vornehmes Theil des Mitternächtigen Americkens/ von Jukatans Östlichen Eck ab / biß dahin / da Mechoakan an Guadalajara stösset / 360. Meilen lang / und von Panufoos/Nord-der-Ende/biß an die Süd-See 180. breit. Die vornehmsten Städte darinnen sind:

Städte:

Mexico.

Mexico / vor Zeiten Tenustitan genennet / hat mehr als 60000. Häuser/welche als Inseln von einander geschieden / doch hier und dar mit steinernen Brücken wieder aneinander geheftset liegen. Wird in 4. Haubt-Theile getheilet / in denen sich mehr als 4000. Spannische Bürger / und 3000. Jüdische Haus-Gesinde darinnen befinden.

Acapulco.

Acapulco/ auch eine sehr grosse Stadt/ und ge-

---

waltig bevölkert/ doch mit schlechten Häusern versehn.

Mechoakan eine Bischoffliche Haubt-Stadt / hat 94. Schulen / 50. Kirchen / unterschiedliche Gast-Häuser und Klöster / vor die Franciscaner und Augustiner Mönche.

Mechoakan.

Guadalajara/ die Haupt-Stadt des so benamsten Landes in Neu Gallißien / ist Anno 1531. erbauet worden: Alda wird ein hoher Königlicher Gerichtsstuhl gehalten. Hat eine vortreffliche Haubt-Kirche. Der Bischoff stehet unter dem Mexicoischen Ertz-Bischoff.

Guadalajara.

San Jago de Guatemala / liegt in der Landschafft gleiches Namens / in einem Thal zwischen zweyen schmauchenden Bergen / allda in die 600. Spannier / und mehr als 2000. Indianer wohnen. Hat eine prächtige Kirche und 2. Klöster.

San Jago de Guatemala.

Vera Cruz / liegt eine Viertel-Stunde von der Mexicoischen See ab. Ehemals ware sie voll Arbeits-Leute / welche die Spannischen Schiffe ledig machten / und wieder mit neuen Gütern beluden / meistentheils bewohnet.

Vera Cruz.

Panuco ist die Haubtstadt selbiges Landes / wird heutiges Tages Villa de Sant Istevan del Puerto genennet/liegt in einer lustigen Gegend/und wird allda ein grosser Saltzhandel getrieben.

Panuco.

Les Angeles / ein ziemlicher Ort mit schönen Wohnungen versehen / und ziemlich bevölkelt.

Les Angeles.

Merida ist der Haubtstadt in der Landschafft Jukatan / hat einen Bischoff und Befehlshaber / welcher über des Königs Einkünffte zu schalten hat.

Merida.

Leon ist die Haubtstadt in der Landschafft: Nicaragua / rund herum mit Wäldern umringet. Hat eine ziemlich grosse Kirche und fünff Klöster/ wie auch etliche Wohnungen vor die Königlichen Schatzmeister. Unter den Einwohnern finden sich 120000. Indianer / welche die Schatzung bezahlen.

Leon.

Carthago liegt in Neugranada / auf einer lustigen Fläche / zwischen zweyen Flüssen / ist ziemlich bevölkt und bevestiget.

Carthago.

Trujillo / in der Landschafft Guatemala / liegt an einem weiten See-Busen / auf einem hohen Berg/ ist mit einer sehr dicken und hohen Mauer bevestiget. Hat eine herrlich-erbauete Kirche. Die Häuser sind mit Blättern von Palmen-Bäumen bedecket.

Trujillo.

Das Mittägige America begreiffet in sich folgende Länder. 1. Terra Firma/ darinn sind diese Ort: Panama/ liegt an der Sudlichen Welt-See/hat 310. höltzerne Häuser / 600. Bürger/die Guineische Mohren ungerechnet.

Länder des Mittägigen Americæ.

Terra Firma.

Städte daselbst.

Nombre de Dios hatte breite Gassen / hohe höltzerne Häuser / und eine Kirche. Frantz Drake verbrannte sie. Wurde aber hernach wieder schöner erbauet/ als sie zuvor gewesen.

Nombre de Dios.

Cartagena ist die Haubtstadt derselben Landschafft/

Cartagena.

schafft / hat unterschiedliche Vestungen / Horn- und andere Befestigungs-Werke/durch die Schiffahrt auf Spannien nehmen die Bürger allhier an Reich-thümern immer mehr und mehr zu.

*S.Fe de Bogota.*
S. Fe de Bogota / eine ziemliche grosse Stadt/ mit vielen Wohnungen und Einwohnern versehen.

*S. Marcha.*
S. Martha liegt an der Mitternächtigen Welt-See / hat einen Bischofflichen Stuhl / und eine schöne Haubt-Kirche ; Die Häuser sind aus Schilffrohr geflochten / und mit Palmen-Blättern bedecket.

*Venezuela.*
Venezuela liegt in einer Wasserlosen Fläche / welche auf allen Seiten mit Bergen umgeben ist / und hat eine gesunde Lufft / und eine gute Saltz Pfanne / wie auch zween Häfen. Ihre Kirche gehö-ret unter das Bistum Domingo.

*Comana.*
Comana ist ein gesunder lieblicher Ort / hat schöne Wohnhäuser und gute Gemächlichkeit.

*Manoa.*
Manoa oder Dourdo / ist ein Goldreicher Ort/ allwo die Spannier grosses Gut erbeutet.

*des Königreichs Peru Städte: Lima.*
Das Königreich und Landschafft Peru hat fol-gende berühmte Ort: Lima / solle die gesundeste Ort in America seyn / hat ziemlich dicke Mauren / und sehr reiche Kauff-leute/ welches mancheßmal solche Schif-fe nach Panama zu abschicken/davon ein jedes mehr als 2000000. Reichs-Thr. werht ist.

*Cusco*
Cusko ist die Haubtstadt des ganz Reichs/hat sehr prächtige Häuser/item ein trefflich Königliches Schloß und Sonnen-Haus der Sonne ; der König in Peru residirte daselbst ; Heut zu Tage aber ist sie unter Spannischer Bottmäßigkeit.

*Quito*
Quito liegt auf einem Trucknen und sandigten Grund / und wird durch einen Graben mitten von-einander geschnitten. Hat 4. Märkte / 3. Kirchen / 5000. Peruaner müssen allhier ihre Schatzung ent-richten.

*Balza*
Balza ligt an einem sehr guten sichern Hafen der Südlichen Welt-See. Wurde Anno 1528. von Thomas Kandisch in die Aschen gelegt/ aber her-nach wieder erbauet.

*Sevilla*
Sevilla liegt an einem bequemen Ort / und ist mit Lebens-Mitteln überflüssig versehen/ wiewol nit gar vest.

*Popajan.*
Popajan liegt auf einer hohen Fläche / und hat eine grosse Kirch mit einem Kloster.

*La Plata.*
La Plata liegt unter einem gemäßigten Him-mel / auf einem fruchtbaren Boden / allwo ein Ober-Gericht gehalten wird.

*Potoffi.*
Potoffi / sonst die Käyserliche Stadt genennet/ ist mit allerley Lebens-Mitteln versehen. Mehr als 5000. Peruaner wohnen hieher ; so sind auch in die 500. Spannische Haushalten allhier.

*S. Cruz de la Sierra.*
S. Cruz de la Sierra liegt am Fuß eines Ber-ges / auf einer weiten und breiten Fläche. Neben der Kirchen erblicket man ein herrliches Kloster / die Häu-ser sind steinern / und mit Palmen-Blättern bedeckt.

*Landschafft Chili.*
Die Landschafft Chili stößet / nach Mitter-nacht zu/an Peru/ und gegen dem Mittag/ an das Vor-gebürg Diego Gallego / da es längst der See hinauf 270. Meilen sich ausstrecket. Dagegen ist seine Brei-te nicht mehr als 20. ja weniger Meilen. Die vor-nehmsten Ort darinnen sind:

*Städte. S. Jago de Chili.*
S. Jago de Chili ist die Haubt-Stadt dieses

Reichs/allwo der Lands-Haubtmann seinen Hof hält. Die Haubt-Kirche ist ein herrlich Gebäu. Allda sind 800. Häuser. Unter ihr Gebiet gehören mehr als 80000. Eingebohrne.

*Imperial.*
Imperial / ist ein grosser Ort / am Ufer des Flusses Hauten. Die Einwohner allhier / wann sie die eingebohrne Benachbarten nicht verhinderten / würden aus den nechstgelegnen Bergwercken viel Goldes zu wegen bringen.

*zu Concep-tion.*
La Conception liegt bey der Südlichen Welt-See / hat eine Kirche und 2. Klöster ; Ist mit ei-ner starken Mauer und einem festen Schloß versehen.

*Mendoza.*
Mendoza liegt auf dem Gebürge Andes in einer unfruchtbaren Gegend. Ist doch mit aller-hand Lebens-Mitteln wol versehen.

*Landschafft Brasilien.*
Die Landschafft Brasilien beginnet nach Mitternacht zu / bey dem Flusse Para / und endiget sich vor dem Strom Kapibari / zwo Meilen über dem Städtlein S. Vinzent. Gegen dem Morgen flösst es an die Nordliche Welt-See/ und wird gegen dem Abend von Peru durch ein wüstes Gebürge geschie-den. Die vornehmste Städte darinnen sind:

*Städte: S. Salva-dor.*
S. Salvador liegt zwischen dem scharffen Eck Tapagive und dem Antons-Schloß / wurde von Thoma von Sosa erbauet / ist sehr vest / und mit schönen Gebäuen gezieret.

*Olinda.*
Olinda liegt auf unterschiedlichen Hügeln : Ist mit 14. Bollwercken und einem steinernen Schloß be-vestiget ; Das Jesuiter Kloster ist ein mehr als Kö-niglicher Bau / und heutiges Tages in der Holländer Händen.

*Paraiba.*
Paraiba liegt 5. Meilen von der Mitternächti-schen Welt-See / dicht bey dem eben also genannten Fluß. Ist mit gross/wiewol mit prächtigen Gebäuen ver-sehen / hat 3. schöne Kirchen/ und neben so viel Klöster.

*Maynan.*
Maynan ist ein lustiger Ort / aber schlecht be-vestiget / mit mittelmässigen Gebäuen versehen.

*Spiritu Santo.*
Spiritu Santo begrifft in ihrem Umkreiß 200. Häuser / eine Zucker-Mühle / und ein Jesuiter Kloster. Treibet starken Handel mit Baumwolle und Brasilien-Holz.

*S. Vincen-te.*
S. Vincente liegt an einem Fluß/ der aus der See Landwerts ein strömet / und anderwerts wieder in die See fället. Hat ziemliche Gebäue.

*Städte der Landschaft Paraguay: Corduba.*
Die Landschafft Paraguay hat folgende Städte: Coeduba hat eine gesunde Lufft/und ist mit Viechreichen Weiden/ wie auch vielen kleinen Dörf-fern umringet. Ist ziemlich bevölkert/ und mit schö-nen Gebäuen versehen.

*Buenos Ayres.*
Buenos Ayres/ wurde Anno 1535. von Peter Mendoza auf einen flachen Boden / welcher dem Ma-ro kotten zustehet / erbauet / hat obngesehr 400. Ein-wohner ; welche sich mit dem Landbau und Kauffhan-del ernehren.

*Landschafft Magella-nica.*
Die Landschafft Magellanika / also von dem ersten Entdecker Ferdinand Magagilan genennet / grenzet / nach Mitternacht zu/ an Chili und Rio de la Plata. Darinnen ist C. de S. Phelipe / wurde von den Spanniern deswegen erbauet/ damit sie die Fahrten / aus der Mitternächtischen Welt-See / in die Südliche / vor sich allein / als eigen / behalten möchten.

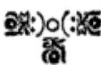

## Das Acht und zwanzigste Capitel.
## Von den vornehmsten Inseln in America.

*Inseln Terraneuf.*

Die vornehmsten Americanischen Inseln sind unter andern die Inseln Terraneuf/ welche vor Neu-Frankreich liegen/ darinnen sind die vornehmsten Terraneuf und Assumption. Die berühmteste Stadt ist S. Pierre/ gehöret den Frantzosen.

*Antillen.*
*Hispaniola.*

Die Antillen sind: Hispaniola/ ward Anno 1492. zu erst von Christoph Colon entdecket/ ligt als ein Castanien-Blat/ und begreifft im Umgang 150. Meilen. Die Vornehmste Stadt darinn ist S. Domingo/ liegt auf einem flachen Grunde. Ist beynahe viereckicht/ voll schöner Häuser / nach der Spannischen Weise gebauet. Allda ist ein Ertz-Bistum.

*Cuba.*

Cuba ist vom Westlichen Vorgebürge Anton/ biß an das Ostliche Maytz/ 213. Meilen lang/ und 65. breit. Die vornehmste Stadt ist Havana/ hat einen trefflichen Hafen/ darin mehr als 100. Schiffe lauffen können/ hat drey herrliche Vestungen/ 2. Kirchen/ und herrliche Häuser.

*Jamaica.*

Jamaica ist im Umgang 150. Meilen groß. Die vornehmste Stadt ist Sevilla/ wurde Anno 1596. von den Engelländern erobert/ aber bald wieder verlassen. Die Spannier besitzen sie noch.

*PortoRico*

Porto Rico erstrecket sich nach dem Morgen und Abend zu / auf 45. Meilen in die länge / und zwischen 20. und 30. in die Breite. Die vornehmste Stadt ist S. Juan.

*S. Christoffels Insel.*

S. Christophels-Insel/ liegt 17. Staffeln von der Nord-Seite des Mittags-Striches / ist in ihrem Umkreis 25. Meilen groß.

*Guadalupe.*

Guadalupe ist in ihrem Umkreis 60. Meilen groß und wird durch eine schmale Fahrt in zwey Theile unterschieden.

*Californien.*

Californien/ beginnet am Vorgebürg des H. Lucas unter dem 22. Grad/ und erstrecket sich von dar/ biß zum Vorgebürg Mandazino/ auf 500. Meilen.

*Magellanische Inseln.*

Die Magelanische Inseln sind Feu und Estats die vornehmsten.

*Assores oder Sperbens Inseln.*

Die Assores oder Sperbers-Inseln/ deren berühmteste Tercera genennet wird / begreifft im Umkreiß 16. Meilen. Hat Wein/ Ochsen/ Cederbaum/ und Wend-Lücher zu färben. Die Haubtstadt darinn ist Angra/ liegt rundherum mit spitzigen Felsen umgeben / und nach der See zu wie ein halber Mond; Der Stadthalter und der Ertz-Bischoff wohnen beyde auf prächtigen Schlössern. Aber vor dißmal genug von den Americanischen Inseln/ und machen wir darbey zugleich dieses Wercks völliges

E N D E.